INSBECTOR KEN

Atgofion Plismon yn y Gorllewin Gwyllt

INSBECTOR KEN

Atgofion Plismon yn y Gorllewin Gwyllt

KEN LEWIS

yl Lolfa

Hoffai'r awdur ddiolch i deulu Nathaniel Jones a theulu Gruff Jenkins y gof am roi iddo luniau o'r ddau. Diolch hefyd i Mrs Brenda Jones am ei help i gasglu hen luniau o ardal Cwrtnewydd.

Argraffiad cyntaf: 2015

Dymuna'r cyhoeddwyr gydnabod cymorth ariannol Cyngor Llyfrau Cymru

Llun y clawr: Tim Jones
Cynllun y clawr: Y Lolfa

Rhif Llyfr Rhyngwladol: 978 1 78461 124 8

Cyhoeddwyd ac argraffwyd yng Nghymru gan
Y Lolfa Cyf., Talybont, Ceredigion SY24 5HE
gwefan www.ylolfa.com
e-bost ylolfa@ylolfa.com
ffôn 01970 832 304
ffacs 832 782

Atgofion Cynnar yn yr Ardal

AR 7 EBRILL 1941 y gwelais olau dydd am y tro cyntaf, a hynny o dan law y meddyg Owain Lloyd yn ysbyty Aberystwyth. Roedd hyn cyn adeg y 'National Health', ac felly costiodd fy nyfodiad i'r byd 12 gini i'm rhieni, Tom a Getta Lewis – swm a fyddai'n cyfateb i tua £700 heddiw. Ar y pryd roedd fy nhad yn aelod o'r fyddin Brydeinig ac felly roedd oddi cartref am y rhan fwyaf o'm magwraeth gynnar. Tan iddo ddychwelyd o'r fyddin, bu Mam a minnau'n byw gyda'm tad-cu a'm mam-gu yn Bryn View, Cwrtnewydd. Does gen i fawr o gof am fy mam nac ychwaith am fy mam-gu yn ystod cyfnod cynnar fy magwraeth. Mae'n amlwg mai bachgen fy nhad-cu oeddwn i. Roedd ef, Tom Davies, yn fardd gwlad, ac i gofio am fy mhen-blwydd cyntaf fe gyfansoddodd y penillion canlynol:

Lythyrgludydd dos yn ebrwydd
Ar fyr rybudd dos yn rhwydd
A rho hwn i Thomas Kenneth
O Bryn View ar ben ei flwydd.

Aberystwyth man dy eni
Lle prydferthaf yn y byd
Ond yn sŵn yr afon Feithgen
Siglir dy foreol grud.

Rwyf yn rhoi fy nymuniadau
Gorau fedraf iti'n rhwydd
Carwn hefyd dy atgofio
Dy fod heddiw'n blentyn blwydd.

5

Caret ofyn un dymuniad
Dyma fe debygaf i
Ai 'run rhai fydd eto'n dathlu
Flwyddyn nawr fy mhen-blwydd i?

Tŷ wedi'i adeiladu gan fy nhad-cu oedd Bryn View, rhyw hanner ffordd rhwng pentrefi gwledig Cwrtnewydd a Gorsgoch, yn ymyl yr enwog 'Cware Allt Goch'. Fel y sylweddolir, roedd hi'n adeg yr Ail Ryfel Byd ac felly roedd prinder o bopeth – yn cynnwys bwyd – ym mhobman. Roedd hyn hefyd cyn dyfodiad y *sewerage scheme* a'r Awdurdod Dŵr a chyn dyfodiad trydan i'r ardal. Er mwyn hwyluso pethau, roedd gan fy nhad-cu grochan mawr caeedig o dan y graig i ddal y dŵr a darddai yno, a phiben yn ymestyn o waelod y crochan yma i dap y tu fewn i'r tŷ. Tybiaf fod cynnwys y crochan hwn yn fwy na digon ar gyfer anghenion y teulu.

I gael golau yn ystod oriau'r nos defnyddid lampau paraffîn a chanhwyllau. Nid oedd y goleuni yma i fod yn weladwy y tu allan i'r tŷ ac felly defnyddid llieiniau du ar bob ffenestr – roedd hon yn rheol a fodolai trwy'r wlad, sef y *blackout*.

Roedd y tŷ bach wedi'i leoli ym mhen pella'r ardd yn ymyl y cwt ieir, rhyw chwarter canllath o'r tŷ ei hun. Cofiaf yn iawn am y papur a ddefnyddid yno – papur dyddiol wedi'i dorri'n sgwariau, gyda thwll yn nhop pob un a chortyn wedi'i glymu drwy'r tyllau hynny. Byddai'r papur yn hongian ar hoelen yn ymyl y sedd. Yr ochr arall i'r tŷ roedd y twlc lle cedwid y mochyn i'w dewhau a'i ladd i fwydo'r teulu. Cofiaf yn iawn am Josh Tanralltgoch yn lladd mochyn drwy ei waedu i farwolaeth yn y sied yn ymyl y tŷ. Cofiaf am y creadur wedyn yn cael ei dorri a'i halltu ac yna'i hongian o dan y nenfwd ar reilen nes y byddai ei angen.

Rhentai fy nhad-cu dri chae gan y stad leol, yn ogystal â hen dŷ a ddefnyddiai i aeafu dwy fuwch. Wrth reswm, byddai'r gwartheg yn pori y tu allan yn ystod tymhorau'r gwanwyn a'r haf, a hefyd am ran o'r hydref, ac yn gaeafu o dan do Cwmfeithgen. Bryd hynny roedd yn ofynnol cael porthiant iddynt, a gwair i orwedd arno. I sicrhau hyn, câi gwair ei dyfu yn y tri chae a'i dorri ar ddechrau'r haf. Nid oedd sôn bryd hynny am *silage*, a thybiaf, pe bai unrhyw un wedi awgrymu y fath beth wrtho, y byddai fy nhad-cu wedi dweud eu bod yn wallgof. Cofiaf yn iawn am ddwy fuwch fy nhad-cu, er mai dim ond rhyw dair oed oeddwn ar y pryd. Eu henwau oedd Penwen a Cochen. Rhoddai'r ddwy yma laeth i'r teulu ac fe wnâi fy mam-gu fenyn a chaws ohono. Gwerthai fy nhad-cu y llaeth a oedd dros ben i'r gwasanaeth llaeth lleol. Roedd gennym hefyd ardd gynhwysfawr bob ochr i'r tŷ, lle tyfid pob math o lysiau. Gellir gweld felly fod Bryn View, fel pob tyddyn arall yn yr ardal, fwy neu lai yn hunangynhaliol.

Roedd fy nhad-cu hefyd yn cael ei gyflogi gan y cyngor sir lleol i edrych ar ôl yr heolydd. Roedd felly yn un o fois y 'cadach coch'. Gelwid y dynion wrth yr enw hwn am fod y cadach coch a wisgent rownd eu gyddfau yn cael ei ddefnyddio fel fflag bob ochr i'r ardal lle byddent yn gweithio. Roedd ganddynt eu hardaloedd penodedig eu hunain ac fe gymerent falchder mawr mewn edrych ar eu hôl.

Er fy mod yn ifanc iawn ar y pryd, cofiaf yn iawn am symudiadau fy nhad-cu ar ddiwrnod lladd gwair. Fe godai gyda'r wawr gan fyned efo'i bladur i dorri'r gwair yn ymyl mynedfa'r caeau gwair. Roedd hyn i sicrhau na fyddai'r un blewyn yn cael ei golli drwy gael ei sathru dan dracd y gaseg neu o dan olwynion peiriant lladd gwair Dafydd Evans o fferm Allt Goch. Cofiaf hefyd adeg y cynaeafu, pan fyddai fy mam-gu yn dod â the, brechdanau a theisennau allan i'r gweithwyr. Deuai dros ddwsin o ddynion a gwragedd lleol i'r cae i gynnig help llaw, a byddwn i'n cael rhannu rhai o'r danteithion yn eu cysgod. Wrth feddwl am hyn, medraf hyd heddiw flasu'r bara menyn a'r caws roedd fy mam-gu wedi'i wneud. Heblaw am ei gwaith yn ystod cyfnod y cynhaeaf gwair, nid oes gen i gof arall am fy mam-gu o'm plentyndod cynnar, ond cofiaf yn iawn am bron bopeth roedd fy nhad-cu yn ei wneud.

Bu dau faciwî yn aros yn Bryn View, ac er bod dros saith

deg o flynyddoedd ers hynny, mae'r cysylltiad rhyngom yn
parhau hyd heddiw. Hwy oedd yn gyfrifol am ddysgu rhai
geiriau Saesneg i mi, yn enwedig y gair 'down', y byddwn yn
ei ddefnyddio yn weddol aml wrth chwarae ar y siglen roedd
fy nhad-cu wedi'i gwneud yn ymyl y tŷ.

Hyd yma nid wyf wedi sôn am rieni fy nhad, sef fy nhad-
cu a'm mam-gu arall, Evan a Gretta Lewis, Pantmorynion,
Gorrig, Llandysul. Does gen i fawr o gof o'r naill na'r llall.
Tybiaf nad oeddent yn medru dod i'n gweld oherwydd mor
anodd oedd hi i deithio yn y cyfnod. Gwn fod Evan Lewis,
fel Tom Davies, yn fardd gwlad. Dyma benillion serch a
gyfansoddodd i'w ddarpar wraig:

O lwybrau'r byd yn gyfan
Rwy'n credu nawr nad oes
Un lle fel glannau'r Cerdin
O'r Gorrig i Dregroes.

Er hardded yw'r dyffrynnoedd
Ar lannau Teifi lân
Gwell ydyw glannau'r Ithan
Lle tyfa'r meillion mân.

O Gerdin fach anwylaf
Wrth fyned ar dy daith
Cei gwmni llawer cornant
Cyn gweld y moroedd maith.

Wrth odre Castell Gwion
Yr Ithan ddaw i'th gôl
Gan adael ar ei hymdaith
Brydferthwch byd ar ôl.

Beth wnes erioed yn groes i ti
Na elli eto'm caru
Fe fuom gynt yn gynnes iawn
Pob dydd yn llawn o dlysni.

Gofynnaf nawr it dderbyn hon
Rwyf bron â marw o hiraeth.
A gaf i eto roi ryw ddydd
Fy llaw yn llaw fy ngeneth?

A chlymu cwlwm glân o serch
Fy annwyl ferch gariadus.
Ac eiddo ti fy ngeneth lon
Fydd calon Evan Lewis.

Roedd yn arferiad yn yr ardal ar y pryd i gynnal cyngherddau lleol i roi cymorth ariannol i dylwyth y milwyr a oedd yn y rhyfel, yn ogystal ag i groesawu'r milwyr hynny yn ôl o'r fyddin. Cantorion, adroddwyr a beirdd gwlad lleol fyddai'r diddanwyr. Cynhaliwyd y ddau fath o gyngerdd i'm tad – y cyntaf ar 14 Tachwedd 1940, pan oedd yn aelod o'r fyddin, a'r llall i'w groesawu yn ôl ar ddiwedd y rhyfel. Cafodd y ddau eu cynnal yn yr un lleoliad, sef festri capel Carmel, Pren-gwyn, lle roedd ef a'i dylwyth yn aelodau selog. Roedd fy nhad, cyn iddo briodi fy mam, yn gorfod teithio i'w gweld ar ei feic, fwy nag wyth milltir un ffordd, a rhaid cofio hefyd bod y ffordd yn un serth ofnadwy. Mae gwaith y ddiweddar Kate Davies, Ardwyn, Pren-gwyn, a adroddwyd gan y ddiweddar Mary Jones, Lodge, Berthlwyd, yn y cyngerdd cyntaf yn cyfeirio at hynny:

Fe briododd Tom ac nid yw'n syn
Trafeiliodd lot dros Pyllau'r Bryn.
Bob amser roedd yn mynd mewn brys
Yn dwmpath coch gan sychu chwys.
Diolchwn fod yr hewl yn llydan
Waeth mynd roedd fel pe yn hedfan.

A glywsoch am y tro anniben
Un nos ddigwyddodd yn nhro y dderwen?
Car a'i lond oedd wedi moelyd
Ond ni chollwyd yno yr un bywyd.
Tom gyrhaeddodd 'nôl o garu
Neu siŵr fe fyddai rhai'n galaru.

Erioed bu Tom yn gwneud ei ore
I wneud pob lles pan ddele'r cyfle.
Ac mi wn yn siŵr peth bynnag ddaw
Fe geidw Tom y gelyn draw.
A chadw Hitler draw i'r Aig
Rhag iddo ddod a chipio'i wraig.

Ni wyddys pwy oedd awdur y penillion canlynol, a gafodd
eu canu ar y dôn 'My Bonnie':

Tom Lewis ddaeth adre o'r diwedd
Tom Lewis ddaeth 'nôl i Bren-gwyn
Ond dyna sydd waetha amdano
Yn briod mae Tom erbyn hyn.

> *Cytgan:*
> Beth wnawn ni, beth wnawn ni?
> Beth wnawn ni nawr ym Mhren-gwyn, Pren-gwyn?
> Beth wnawn ni, beth wnawn ni,
> A'r bechgyn yn caru yn dynn?

Roedd merched bach glân o Landysul
A merched Tregroes a Phren-gwyn
Yn meddwl cael Tom Pantmorwynion
I'w garu a'i wasgu yn dynn.

> *Cytgan*

Hawdd nabod wrth weled y merched
Bod nhw wedi cael y fath siom
Pan glywsom mai merch o Gwrtnewydd
Oedd oreu o ddigon gan Tom.

> *Cytgan*

Arhoswn ein dwy yn gysurus
Mae gobaith bod rhywun i ddod
Yn garwyr bach selog rhyw getyn
I Sychdu a hefyd Tanco'd.

> *Cytgan*

Ar ôl i Nhad ddychwelyd adref ar ddiwedd y rhyfel aeth ef, Mam a minnau i fyw i Bantyronnen Fach, Blaencwrt. Tŷ bychan oedd hwn – dwy ystafell i fyny a dwy i lawr – a Nhad yn ei rentu gan John Tomos, Tynffordd, am wyth bunt y flwyddyn (yn yr hen arian). Cafodd fy nhad waith fel saer maen gan adeiladwr tai o Lanybydder, Tomos John, ac fe âi i'w waith bob dydd ar gefn hen feic modur.

Roedd Pantyronnen Fach wedi'i adeiladu mewn stryd fechan o dai ac yn ogystal â mi yn y stryd hon roedd yna bedwar o blant eraill. Yn y tŷ drws nesaf roedd Lyn, a ddaeth yn ganwr gwlad enwog, yn byw, a rhyw ddau gan llath i ffwrdd roedd Pantycelyn, fferm fechan lle trigai'r diweddar Terry Evans, a oedd bryd hynny yn ddisgybl yn Ysgol Ramadeg Aberaeron. Rhyw ganllath a hanner o'n tŷ ni roedd fferm fechan arall sef Taigwynion, lle roedd y diweddar Wyn Rees yn byw. Heblaw am Wyn, roedd y plant eraill i gyd yn hŷn na mi. Cofiaf yn iawn amdanom yn ysmygu ar ben tas wair Taigwynion – Lyn oedd un o'r bechgyn fu'n gyfrifol am ddod â'r sigarennau i ni. Tybed beth fyddai ein tynged wedi bod pe byddai'r das wair wedi mynd ar dân?

Cofiaf am sêl y Cnap, fferm fechan arall gerllaw. Yn rhan o'r sêl roedd cadair olwyn oedd yn cael ei gweithio gan freichiau'r gyrrwr. Roedd hon ar gyfer y ddiweddar Judith, a drigai yn y Cnap ac a oedd yn ffaeledig. Prynodd Dafydd Siop Inn, sacr lleol, y gadair olwyn yn ogystal â llawer o bethau eraill, ond ni ddaeth i'w nôl am rai dyddiau. Gwelodd Terry ei gyfle un prynhawn a dyma fe'n cael tro yn y gadair olwyn. Fe aeth fel cath o dân heibio ein tŷ ni. Roeddwn i'n sefyll y tu allan i'r tŷ yn ymyl fy mam ar y pryd a chofiaf yn iawn amdani'n gweiddi arno, 'Cymer bwyll, Terry. Ti'n siŵr o gael dy ladd.' Wyddai hi ddim bryd hynny, wrth gwrs, fy mod i wedi bod yn ei gôl yn y gadair olwyn ychydig ynghynt a'm bod yn bwriadu mynd arni eto. O fewn rhyw hanner awr dyma Terry'n pasio ein tŷ ni eto, gyda fi yn ei gôl. Methodd droi'r tro yn ymyl Tynffordd a dyma ni'n dau a'r gadair olwyn i fyny i ben y clawdd ac i ganol y drysni. Roedd fy nghoesau a'm breichiau mewn tipyn o gyflwr. Cafodd y gadair olwyn ei gadael yn y fan a'r lle ac nid wyf yn gwybod pwy aeth â hi oddi yno – fy nhad efallai.

Cofiaf hefyd am eira mawr 1947. Roeddwn i a rhai o blant eraill y stryd yn ddisgyblion yn Ysgol Gynradd Cwrtnewydd lle roedd David Lloyd Lewis yn brifathro. Roedd ofn Mr Lewis ar rieni'r plant hyd yn oed ac oherwydd hyn, er bod yr eira'n gorchuddio'r hewl i fyny i dop y cloddiau mewn mannau, fe geisiwyd mynd i'r ysgol. Yn amlwg, oherwydd y tywydd garw, ofer fu pob ymdrech.

Cof arall sydd gen i tra oeddwn yn byw ym Mhantyronnen Fach yw mynd gyda'm tad-cu ar gefn fy meic Elswick newydd, a gefais yn anrheg un Nadolig, o Bryn View i ysgol Sul capel Brynhafod, Gorsgoch, lle roedd fy nhad-cu yn athro ar y dosbarth hŷn. Ar ôl i'r ysgol Sul orffen awn gartref i Bantyronnen Fach am ginio. Yn ystod y cyfnod yma roedd fy nhad-cu yn graddol golli ei olwg a'r flwyddyn ganlynol fe aeth yn hollol ddall.

Mae un achlysur arall o'r cyfnod hwn sydd yn fyw iawn yn fy nghof. Tra oeddwn yn byw ym Mhantyronnen Fach ceisiodd tarw Ffosffald Uchaf ddod allan i'r hewl yn ymyl Tynffordd. Roeddwn yn sefyll y tu fewn i gât Tynffordd gyda llawer o blant eraill tra oedd John Tynffordd yn pwyso'i wn ar ben y gât ac yn gweiddi 'Os daw e dros y clawdd yna fe gaiff y "bomb shell".' Roedd y tarw â bwmbwrth dros ei lygaid. Daeth Willi, gwas Taigwynion, o rywle yng nghwmni ei ast fach. Heb feddwl ddwywaith, aeth i mewn i'r cae at y tarw ac anfon yr ast ato. Ar unwaith, ac er rhyddhad i bawb, anfonodd yr ast y tarw i ffwrdd oddi wrth y clawdd ac yn ôl i gyfeiriad fferm Ffosffald. Rwy'n siŵr, pe byddai'r tarw wedi dod dros y clawdd, y byddai John Tynffordd wedi'i saethu.

Cwrtnewydd

YM MIS MAWRTH 1949 prynodd fy rhieni dŷ ym mhentref Cwrtnewydd, sef Cledlyn Park, a symudon ni fel teulu i fyw yno. Yma yng nghanol y pentref roedd: yr ysgol gynradd; dau gapel, sef capel Seion (Bedyddwyr) a Chapel y Bryn (Undodiaid); gweithdy Ifan y crydd; efail Gruff y gof; melin Rhys; swyddfa'r Post Brenhinol; tair siop; ac un tafarn, y Red Lion. Rhyw hanner milltir o'r pentref roedd cwar Allt Goch. Ar y pryd, cyflogai'r perchenogion lleol tua hanner cant o ddynion yno.

Roedd pob gwraig briod yn y pentref yn wraig tŷ – fydden nhw ddim yn gweithio yn unman arall. Edrych ar ôl eu gwŷr a'u cartrefi oedd eu gwaith. Yr unig ferched a fyddai'n gweithio oedd y merched sengl. Dyna'r drefn. Gellir felly ddychmygu bod y pentref yn fyw o fenywod ac yn fwrlwm o siarad drwy'r dydd! Ni feiddiai'r un ddynes droedio i mewn i dŷ tafarn. Cofiaf am un yn gwneud hynny a bu sôn amdani drwy'r ardal gyfan.

Er mai dim ond rhyw 8 oed oeddwn i, a dim ond wedi symud rhyw filltir a hanner o Bantyronnen Fach, sylwais ar yr enwau Seisnig a oedd ar lawer o dai y pentref: South End, Melrose Park, Cambrian House, Cledlyn Park a Cledlyn Dale, Milford House, Richmond, Blue Bell, Cross Hands, Castle Green, Alexandria House, Clarence House, heb anghofio tŷ tafarn y Red Lion. Tybiaf fod y rhain wedi'u henwi adeg y 'Welsh Not' ac wedi cadw eu henwau ers hynny. Bryd hynny, gelwid y pentref ei hun yn New Court.

Gan fod y cyfnod yma ymhell cyn dyfodiad y peiriannau ffermio mecanyddol presennol, cyflogai perchenogion y ffermydd mwyaf weision a morynion ifanc iawn, rhai ohonynt yn ddim ond 15 oed, sef yr oed cyfreithlon i ymadael â'r ysgol.

Soniais ynghynt am brifathro'r ysgol, sef David Lloyd Lewis – allan o'i glyw byddem yn ei alw'n Dai. Ei briod, Bronwen, a Miss Martha Jones, Tegfryn oedd yn gyfrifol am fy addysg bore oes. Roedd Mr Lewis yn ddyn eithaf cas ac fe gaem, bob un yn ei dro, y gansen yn weddol aml ganddo, ac weithiau'n ddieisiau ac ar gam. Roedden ni i gyd yn ei ofni. Byddem yn gwybod yn iawn pa hwyl roedd e ynddi – pan oedd mewn hwyliau da fe grychai ei dalcen, ond os nad oedd crych ar ei dalcen, yna byddai'n rhaid bod yn ofalus iawn beth roedden ni'n ei ddweud a'i wneud.

Cofiaf amdano yn cael ei fodur cyntaf, Austin 7, a'i rif oedd JS 5. Roedd yn ofalus iawn ohono ac fe gâi ei sychu a'i lanhau yn ddyddiol bron. Yn aml câi rhai o blant yr ysgol y dasg honno. Cofiaf yn iawn am rai o'r bechgyn wedi cael y fath dasg un diwrnod, a hynny y tu allan i'r garej lle cadwai Mr Lewis y modur. Roeddwn i a'r plant lleiaf mewn gwers gyda'r prifathro pan glywsom yr ergyd ryfeddaf yn dod o gyfeiriad y garej. Rhedodd Mr Lewis allan, cyn dod yn ôl i'r dosbarth yn arwain Derek South, mab y garej leol, wrth ei glust. Yna rhoddodd y gansen iddo ar ei ben-ôl. Yn ôl y sôn, roedd Derek, a oedd yn gyfarwydd â cherbydau, wedi mynd i mewn i'r cerbyd ac wedi'i startio pan oedd mewn gêr. Wrth gwrs, aeth y modur yn syth i mewn i bart ôl y garej. Wrth lwc, ni chafodd yr un o'r plant oedd yn glanhau'r car niwed, nac ychwaith fodur Mr Lewis. Ac wrth gwrs, roedd Mr Lewis ar fai am adael y goriadau yn ei gar.

Roedd yn weddol amlwg bod gan Mr Lewis ei ffefrynnau yn yr ysgol, a'r rhain yn aml iawn, ond nid bob tro, yn feibion a merched ffermwyr. Yn ôl y sôn roedd eu rhieni yn dod â thatws a moron a chynnyrch o'r fath o'u ffermydd iddo ac oherwydd hyn byddai ef yn 'edrych ar ôl' eu plant.

Yn ogystal â pherllan afalau, roedd gan Dŷ'r Ysgol ardd yn ei ymyl ac ar waelod yr ardd roedd coeden eirin yn tyfu.

Roedd yn bosib estyn yr eirin o dop y wal a oedd yn gwahanu gardd Tŷ'r Ysgol a gardd Clarence House y drws nesaf. Yn y gwanwyn a'r haf bydden ni, y plant hŷn, yn cael mynd i'r ardd i'w chwynnu, ei phalu a'i gosod, ac fe fydden ni'n edrych ar ei hôl, gan gynnwys casglu ei chynnyrch ar ddiwedd yr haf. Roedd yna reol gaeth nad oedd yr un ohonon ni i fyned yn agos at y berllan nac at y goeden eirin. Byddai un disgybl llawer hŷn na ni, sef Victor Cwm-mawr, yn gyfrifol amdanon ni pan fydden ni'n gweithio yn yr ardd. Nid oedd Victor wedi mynd i'r ysgol uwchradd – cafodd ei addysg yn ysgol Cwrtnewydd tan iddo fod yn 15 oed.

Fel y soniais, roedd gan Mr Lewis Austin 7, ac yn hwyr un prynhawn ar ôl yr ysgol, â'r eirin yn barod i'w casglu, gwelwyd Mr a Mrs Lewis yn mynd yn eu car tua Llanybydder. Dyma oedd ein cyfle. Gyda John Cledlyn Dale, dyma fi'n dringo i ben y wal yn ymyl y goeden eirin ac yn bwyta un ochr yn unig o un o'r ddwy eirinen a oedd arni. Wrth reswm, roedd yr ochr hon yn anweledig o Dŷ'r Ysgol. Gwnaeth John yr un peth i'r llall. Wrth edrych yn ôl – a chan gofio mai dim ond dwy eirinen oedd ar y goeden – roedden ni'n cymryd risg. Pan dynnwyd y ddwy eirinen beth amser ar ôl hyn, ni ddywedodd Mr Lewis yr un gair am eu cyflwr.

Dro arall, am fy mod wedi ennill yr ail wobr mewn cystadleuaeth llawysgrifen, cefais fy newis gan Mr Lewis i fynd allan i stacio coed tân yn y sied yng nghefn Tŷ'r Ysgol, sied a oedd uwchben afon Cledlyn Fach. Roedd Mr Lewis wedi prynu llwyth o goed tân ac roedd y rhain wedi'u gollwng yn un pentwr y tu allan i'r sied. Roedd colfenni mawr ar lawer o'r coed ac felly gwaith anodd oedd eu stacio'n daclus. Er mwyn hwyluso'r gwaith, teflais bron bob un coedyn â cholfen arno i'r afon. Ond roeddwn wedi anghofio y byddai Mr Lewis, yn ôl ei arfer dyddiol, yn mynd i'r Swyddfa Bost leol oddeutu tri o'r gloch y prynhawn, a'r adeilad hwnnw yr ochr arall i afon Cledlyn Fach. Rhaid fyddai iddo, felly, ddefnyddio pont yr afon, a hynny ar ddau achlysur o fewn munudau i'w gilydd. Ar ei ddychweliad i'r ysgol, wrth iddo groesi'r bont, gwelodd

lawer o goed yn arnofio tuag ato. Sylweddolodd ar unwaith
mai ei goed ef oedd y rhain. Daeth ataf ar garlam a chan gydio
yn fy nghlust arweiniodd fi i mewn i'r dosbarth, lle cefais y
gansen ar fy mhen-ôl o flaen y plant i gyd. Ni soniais wrth
Mam na Nhad am y gansen a gefais rhag ofn i mi gael rhagor
o gerydd am y digwyddiad.

Roedd gan Mr Lewis gath Siämaidd. Hon oedd ei ffefryn
pennaf a châi ei thrin fel pe bai'n blentyn iddo. Un bore, yn
ystod amser chwarae, dyma'r gath yn dod i mewn i iard yr
ysgol gan lusgo trap llygod mawr (*gin trap*) gerfydd ei choes
flaen. Roedd yn mewian yn gas ac yn dangos ei dannedd.
Aeth un o'r plant i nôl Mr Lewis a dyma fe'n dod at y gath ac
yn mynd i'w chyffwrdd. Wrth weld hyn, dyma Eddie Griffiths,
fferm y Cwrt, yn gweiddi arno, 'Taflwch sach drosti, syr, cyn
cwrdd â hi.' Ni wrandawodd y prifathro ar gyngor Eddie, ac
fel roedd ei law yn nesáu at y gath dyma hi'n neidio i fyny
ac yn brathu ei fys, i lawr i'r asgwrn. Ar hyn, dyma fe'n codi
ei fraich i fyny, gyda'r gath a'r trap yn hongian wrth ei fys.
Roedd y rhan fwyaf o gig ei fys bach yng ngheg y gath. Cofiaf
yn iawn amdano'n rhedeg i'r tŷ ac yn socian ei fys, a oedd yn
waed i gyd, mewn ïodin. Ni chofiaf sut y cafwyd y gath yn
rhydd o'r trap, ond tybiaf fod un o fechgyn y ffermydd wedi
rhoi sach drosti, rhag iddo gael ei frathu, ac yna wedi agor y
trap.

Bachgen o'r enw Alun, a oedd yn byw efo'i dad-cu yn fferm
Pensarn, fferm a oedd â thir yn ymyl yr ysgol, gafodd y bai
am y trychineb. Tybiai Mr Lewis ei fod wedi bod yn trapio
cwningod yn y cae gerllaw a bod y gath wedi mynd i mewn i
un o'r trapiau yma. Ni chafodd Alun fyth faddeuant ganddo.
Rydw i erbyn hyn yn gwybod mai William Jones, Cross
Hands, oedd yn gyfrifol am y trychineb. Oherwydd bod llygod
mawr yn dod o'r felin i fwyta bwyd ei ffowls, rhoddodd drap
neu ddau i lawr i'w dal, ond yn anffodus nid llygoden fawr a
aeth i mewn i'w drap ond cath Mr Lewis. Roedd William yn
ymwybodol o'r anffawd hon ond tybiaf, gan fod Eric ei fab yn
ddisgybl yn ysgol Cwrtnewydd ac y byddai Mr Lewis yn dial

arno pe byddai'r gwir yn dod i'r amlwg, iddo benderfynu mai gwell o lawer oedd cadw'r holl beth yn gyfrinachol ac i Alun gael y bai, er bod hynny ar gam.

Cofiaf hefyd am Eddie fferm y Cwrt, ar ei flwyddyn gyntaf yn Ysgol Gyfun Llanbedr Pont Steffan, yn dod allan o'r bws ysgol ar yr un eiliad ag yr oedd Mr Lewis yn pasio yn ei gar. Gwaeddodd Eddie arno, 'Sut wyt ti, Dai boi?' gan feddwl ei fod yn eithaf diogel i weiddi'r fath beth am ei fod wedi gadael yr ysgol. Ond nid felly y bu. Stopiodd Mr Lewis ei gar, dod allan ohono a rhoi eithaf coten i Eddie. 'Sgwn i sut byddai Mr Lewis yn ymdopi heddiw? Cred rhai nad oes digon o ddisgyblaeth yn ein hysgolion, ac er fy mod i'n cytuno i raddau, eto i gyd, ni fyddwn yn hoffi gweld disgyblaeth Mr Lewis yn dychwelyd. Ar 20 Ebrill 1959, caewyd drysau hen ysgol y pentref ac agor drysau yr ysgol newydd ar dop rhiw Pensarn, lle bu Mr Lewis yn brifathro tan ei ymddeoliad ym mis Medi 1969.

Mrs Bronwen Lewis oedd gwraig y prifathro, a hefyd ei ddirprwy. Roedd hi'n ddynes hawddgar a mwyn, ac yn gyfrifol am addysg dosbarth canol yr ysgol. Ymddiddorai mewn canu ac actio. O dan ei hyfforddiant, enillodd côr bach yr ysgol y wobr gyntaf yn Eisteddfod Genedlaethol yr Urdd, Abergwaun yn 1951 am ganu 'Y Cipar'. Roedd gen i ran allweddol yn y darn hwnnw – fi oedd yn canu 'Wel Sir' a 'Dyma hi' wrth ateb Sulwen, Blaenhirbant Isaf, a ganai'r ddau gwestiwn 'Shoni bach?' a 'Mae dy gân?'. Yn yr un eisteddfod, enillodd cân actol y plant dan 11 oed y wobr gyntaf a'r gân actol i blant o dan 15 oed yr ail wobr. Cofiaf yn iawn ddod yn ôl i'r pentref y noson honno. Roedd pawb allan i'n croesawu. Cofiaf hefyd am fy nhad, a oedd yn glanhau simdde Bryn Seion, cartref pregethwr capel Seion a Brynhafod, y noson honno. I ddathlu ein llwyddiant, yn lle ei glanhau gyda brws fe'i rhoddodd ar dân yn fwriadol. Roedd y fflamau i'w gweld yn dod allan ohoni am ryw hanner awr ac yn ymestyn yn uchel i'r awyr. Gan fod y tŷ yn edrych i lawr ar y pentref a hithau'n noson hollol dywyll, roedd yn olygfa hyfryd.

Y flwyddyn ganlynol cafodd y côr dan 12 oed yr un llwyddiant yn Eisteddfod yr Urdd, Machynlleth yn canu y darn 'Y Crwydryn'. Cipiodd aelodau'r gân actol o dan 11 oed y wobr gyntaf yn yr un eisteddfod. Ar ôl yr eisteddfod yma, am ryw reswm dirgel, ni fu Mrs Lewis ac aelodau'r ysgol yn cystadlu wedyn. Roedd hi'n gyfeilyddes benigamp ac fe'i perchid gan bawb yn yr ardal am ei gallu i drin plant a hefyd am ei dawn gerddorol. Fel ei gŵr, bu'n athrawes yn yr ysgol newydd tan ei hymddeoliad ym mis Medi 1969. Er mwyn llongyfarch Mrs Lewis a'r plant ac i ddathlu eu llwyddiant yn Eisteddfod Abergwaun, cyfansoddodd fy nhad-cu, Tom Davies, y penillion canlynol:

Llongyfarchwn Mrs Lewis
Mor llwyddiannus fu ei gwaith,
Yn Eisteddfod Urdd y Cymru
Curo'r cewri yno wnaeth.

Uchel fu safon y canu
Rhaid oedd anrhydeddu'r côr,
A diguro ydoedd chwarae
Difyr gampau Glan y Môr.

Yn ei gwaith yr ymafaeliodd
Daliodd i fod ar y blaen
Cipio wnaeth y cwpan arian
Oddi ar lwyfan Abergwaun.

Wedi i'r ddedfryd gael ei rhoddi
Wedi i'r glorian gael ei throi
Trefnwyd fod i gôr Cwrtnewydd
Ar y radio gael ei roi.

Bu eu lleisiau yn telori
Yng nghhartrefi Cymru i gyd
Hefyd dros y cyfandiroedd
Bron i bedwar ban y byd.

Bydded i'r ysgoldy eto
I barhau i ddal ei dir
Erys yma rhwng ei furiau
Athrawesau gorau'r sir.

Boed i'r rhai maent yn eu meithrin
Eto i festyn at y nod
Fel y byddant o wasanaeth
I'r genhedlaeth sydd i ddod.

Miss Martha Letitia Jones, Tegfryn oedd yn gyfrifol am ddosbarth babanod yr ysgol. Hi hefyd oedd yn arbenigo ar ein dysgu i adrodd ac yn cynghori Mrs Lewis pa eiriau y byddai'n rhaid i ni roddi pwyslais arnynt yn ein canu. Bu'n athrawes yn yr ysgol o 1917 tan ei hymddeoliad yn 1959. Yn wahanol i Mr a Mrs Lewis, nid aeth hi i ddysgu yn yr ysgol newydd.

Ni fyddai'r un ysgol yn medru cyflawni ei gwaith yn ddilys heb gogyddion, felly roedd gwaith Miss Betty Davies, Delfryn a Miss Eirlys Williams, Spring Gardens yn bwysig ofnadwy. Cofiaf yn iawn am eu cawl blasus wedi'i wneud o gig eidion a chynnyrch llysiau lleol. Nid oedd gennym ddewis pa fwyd i'w gael. Rhaid oedd bwyta'r hyn oedd wedi'i goginio neu fod hebddo. Ni chofiaf am unrhyw blentyn yn gwrthod y bwyd – wrth edrych yn ôl, efallai fod cymaint o ofn Mr Lewis arnon ni fel na fyddem yn meiddio peidio â'i fwyta. Cofiaf amdano'n dweud bod yn rhaid cnoi'r cig 32 o weithiau cyn ei lyncu. Ni chofiaf ychwaith am unrhyw achlysur pan fu sglodion ar y fwydlen. Does gen i ddim amheuaeth nad Betty ac Eirlys oedd y ddwy gogyddes orau a gafodd unrhyw ysgol erioed.

Yn nyddiau cynnar fy magwraeth roedd yn ofynnol arnaf, fel bron pob plentyn arall, fynychu'r capel deirgwaith ar y Sul. Roedd fy mam yn organyddes yng nghapel y Bedyddwyr, Seion, Cwrtnewydd, a Nhad yn aelod o gapel annibynnol Carmel, Pantydefaid, Llandysul. Roedd fy nhad-cu, Tom Davies, yn flaenor yng nghapel Brynhafod, Gorsgoch, chwaer eglwys capel Seion, er bod tylwyth agosaf fy mam i gyd yn aelodau yn Seion. Y gweinidog cyntaf a gofiaf yn gyfrifol am gapel Seion oedd y Parchedig Iorwerth Davies. Oherwydd bod ganddo ofalaeth dwy eglwys roedd yr oedfaon wedi'u trefnu fel bod yna gwrdd pregethu yn Seion yn y bore ar un Sul ac yn y prynhawn ar y Sul canlynol.

Gyda phob parch iddo, gan fy mod mor ifanc, doeddwn i'n deall dim o'i bregethau, a byddwn yn difyrru fy hun, yng nghwmni John, Cledlyn Dale, drwy chwarae â het Mrs Price, Tŷ'r Capel, a eisteddai y tu blaen i ni ac a fyddai'n cwympo i gysgu yn ystod y weddi. Rwy'n cofio un achlysur pan roddodd John *chewing gum* yn ei gwallt ac yna ym mhluen ei het. Ar ôl hyn cafodd y ddau ohonon ni ein gorfodi i eistedd gyda fy mam ger yr organ – un bob ochr iddi.

Cofiaf hefyd am John yn torri gwynt un nos Sul, rhyw hanner ffordd drwy'r weddi, a finnau'n chwerthin yn uchel ac yn methu stopio. Ar hyn, dyma fy modryb Sally, chwaer fy mam, a eisteddai yn yr ail gôr y tu ôl i ni, yn codi, gafael yn fy mraich a'm harwain allan o'r oedfa. Does gen i ddim cof beth a ddigwyddodd ar ôl i mi gyrraedd adref, ond tybiaf i mi gael clipen neu ddwy gan fy mam, rhywbeth a ddigwyddai'n weddol aml. Wrth edrych yn ôl, credaf nad oedd y fath gerydd heb achos.

Er nad oeddwn yn rhy hoff o fynychu oedfaon y capel, byddwn yn mwynhau'n fawr iawn yn yr ysgol Sul, a gynhelid yn y festri oedd ynghlwm wrth y capel. Tybiaf fod rhyw ugain o blant a'r un nifer o oedolion yn mynychu'r ysgol Sul yn y cyfnod yma. Un achlysur a erys yn fyw yn y cof yw'r parti Nadolig, pan fyddai anrheg arbennig i'r plentyn a oedd wedi mynychu'r ysgol Sul y nifer fwyaf o weithiau yn ystod y flwyddyn. Cyn mynd o'r ardal i weithio bûm yn athro ar y plant hŷn yn yr ysgol Sul, ac oherwydd nad yw hi'n bodoli mwyach mae'r ffaith honno yn dod â llawer o atgofion a boddhad i mi. Yn yr un modd, rwyf yn ddiolchgar i Mam, a ddysgodd lawer o emynau o'r *Llawlyfr Moliant* i mi, emynau a fydd ar fy nghof tra byddaf i byw.

Rhaid cofio bod hwn yn gyfnod pan oedd hi'n

anghyfreithlon i siopau a thafarndai agor eu drysau ar y Sul, a hefyd yn gyfnod cyn dyfodiad y teledu. Roedd mynychu'r ysgol Sul a'r cwrdd, felly, yn ddigwyddiadau pan gâi pobl leol gyfle i gyfarfod â'i gilydd a chyfle i'r menywod ddangos eu dillad gorau. Gan gofio hyn, ni ellir dweud bod trigolion y pentref yr adeg honno, o angenrheidrwydd, yn fwy duwiol ac yn well na'r rhai sydd yn byw yma heddiw, yn enwedig o gofio yr atynfeydd sydd i'w cael ar y Sul heddiw, gyda'r siopau a'r tafarndai ar agor.

Heblaw am yr ysgol Sul, defnyddid y festri yn aml i gynnal cyngherddau ac eisteddfodau, gan gynnwys y 'Sale of Work' blynyddol i godi arian i'r capel, sy'n bodoli hyd heddiw. Byddai aelodau Capel y Bryn hefyd yn defnyddio'r festri i gynnal cyngherddau ac eisteddfodau. Er bod yr ysgol Sul wedi darfod ers rhai blynyddoedd bellach, ac er mai nifer fechan sydd yn mynychu'r capel ar y Sul, mae ei ddrysau ar agor o hyd.

Fel y soniais, y diweddar Barchedig Iorwerth Davies oedd yn gyfrifol am eglwysi Seion, Cwrtnewydd a Brynhafod, Gorsgoch. Mae'r ffaith fod y bugail presennol yn gyfrifol am chwe eglwys yn yr ardal yn dangos y gostyngiad a fu yn nifer aelodau'r eglwysi ers dyddiau Mr Davies. 'Sgwn i a fydd yna ddiwygiad arall? Rwy'n amau hynny'n fawr iawn.

Wrth gwrs, dyma ardal y 'Smotyn Du', ardal y gred Undodaidd a'i chapeli. Heblaw am gapel godidog Brondeifi, Llanbedr Pont Steffan, Capel y Bryn yw un o gapeli harddaf yr enwad, wedi'i adeiladu rhyw ganllath o ganol y pentref ar yr ochr orllewinol, gyda'r festri rhyw hanner canllath o'r pentref i'r dwyrain. Does gen i ddim anhawster efo'r gred Undodaidd, ac mae llawer o'm ffrindiau agosaf yn perthyn iddi. Rwy'n sicr, pe byddwn i fy hun wedi fy ngeni ar aelwyd Undodaidd, yna Undodwr fyddwn innau hefyd.

Nid dyma oedd agwedd pawb, ac er bod trigolion y pentref a'r dalgylch yn ffrindiau mynwesol ar hyd yr wythnos, nid felly roedd hi wastad ar y Sul. Roedd fy nhylwyth i yn weddol 'gaeth' eu crefydd ac yn gwrthod cydnabod y gred Undodaidd.

Pan fyddwn yn dweud wrth fy modryb fod Undodwr wedi dweud rhywbeth wrtha i, dywedai, 'Paid gwrando arno fe. Hen sosyn yw e.' Ni olygai ei geiriau fawr ddim i mi ar y pryd, ond wrth edrych yn ôl roedd ei hymateb yn dangos y rhaniad rhwng y ddau enwad.

Er gwaethaf hyn, byddai aelodau'r ddau gapel yn cefnogi ei gilydd ym mhopeth a ddigwyddai yn y pentref, yn y naill eglwys a'r llall. Ni fyddai'r cyfeirio at Gapel y Bryn yn gyflawn heb i mi sôn am y diweddar Barchedig Jacob Davies, ffrind i'm tad adeg ei addysg gynnar yn ysgol Tre-groes a galwr gweddol aml yn Bryn View efo'm tad-cu, er bod y ddau'n perthyn i ddwy gred wahanol. Ymddiddorai'r ddau nid yn unig mewn barddoniaeth ond hefyd yng nghynnwys y Beibl, a oedd wastad ar y bwrdd neu ar ochr y cwpwrdd gwydr yng nghegin fach Bryn View.

Ymddiddorai Jacob yn yr ieuenctid lleol heb gymryd unrhyw sylw i ba enwad y perthynent. Un Nadolig, yng nghwmni llawer o'm ffrindiau, ymunais gydag ef ac ieuenctid y capeli Undodaidd lleol i ganu carolau yn yr ardal. Dyma'r adeg y ffurfiwyd Côr y Fflam ganddo. Cofiaf amdanaf yn dweud wrth fy mam a'm modryb fy mod yn ei edmygu'n fawr iawn fel arweinydd yr ifanc. Bu ei farwolaeth ac yntau'n ddyn cymharol ifanc yn golled enfawr nid yn unig i'r enwad Undodaidd ond i'r ardal gyfan.

***

Ym mis Hydref 1953 daeth trydan i bentref Cwrtnewydd ac i gofio'r achlysur hwn lluniodd fy nhad-cu y penillion canlynol, gan anfon copi i'r Parchedig Jacob Davies:

Cawn fod llawer o welliannau
Mwy efallai nag a fu
Gwelir heddiw yng Nghwrtnewydd
Olau trydan ymhob tŷ.

Canu clodydd sydd i'w clywed
Gwared da o'r dyddiau blin
Ni fydd angen cannwyll weren
Na dim perffiwm paraffîn.

Os yw dydd y pethau bychain
Bron â'u diystyru'n llwyr
Erys eto yng Nghwrtnewydd
Olau gwan y gannwyll gŵyr.

Bellach wedi cael y golau
Yn ddi-os roedd eisiau 'shade'
Gwelwn o wahanol luniau
Rhain i gyd yn 'ready made'.

Pan yn taflu ei oleuni
Mae yn ail i olau dydd
Nis gall dim i guddio rhagddo
Chwilio y cilfachau fydd.

Cawn fod llawer hen gornelyn
Lle'r arferai'r corryn fod
Am flynyddoedd dros y golwg
Nawr i'r amlwg wedi dod.

Mae'n goleuo mewn ac allan
Mae y cyfan dan gontrol
Oddi mewn i ddrws y senedd
Golau i eistedd ar y stôl.

Gwraig y tŷ ar ddiwrnod smwddio
Dim ond cydio yn y carn
A rhoi hanner tro i'r trydan
Mynd ei hunan fydd yr harn.

Mynnodd Mari stof i bobi
Pob ryw fath o bethau neis:
Teisen, tarten, ffroesen, twmplen
Chips a chopen, poten reis.

Gŵr y tŷ ar ei ddychweliad
Wedi pwys a gwres y dydd
Yno yn ei gadair freichiau
Yn mwynhau y moethau fydd.

Os fydd galw am gael golau
Ni fydd eisiau croesi'n gro's
A brasgamu lawr o'r gwely
I gynnu'r tilly ganol nos.

Ond ymestyn dros yr erchwyn
Mae 'na linyn yno i gael
Os dewiswch, cewch dywyllwch
Neu oleuni pob yn ail.

Felin, foel nid â yn angof
Siop y gof na gweithdy'r crydd
Yn y gwesty a'r addoldy
Rhoddi ei oleuni fydd.

Dyma ymateb D. Jacob Davies i'w benillion, ar y testun 'Golau Trydan y Cwm', a oedd eto i ddod:

Ni ddaeth y golau trydan
Er iddo ddod i bobman
Mae'r Cwm yn dal yn sych o hyd
Er bod addewid weithian.

Mae yma lu o wifrau
A gweision teg mewn lifrau,
A gwŷr y Cwm sy'n gofyn pam
Fod galw am y golau.

Mae yma eisoes Lantarn
Mewn teml fechan unfarn,
A Heulwen Deg Goleuni'r Byd
I'n cadw i gyd yn gadarn.

Lle byddo teulu diddan
Yn byw mewn hyfryd hafan
Ni raid i ni gael ready made
Nac unrhyw shade o shidan.

Lle byddo'r gwir yn sefyll
Does angen cynnau cannwyll
Lle bo brawdoliaeth yn ei grym
Does nemor ddim yn dywyll.

Ond na ymffrostiwn ormod
Ac esgus nad oes cysgod
Tywyllwch erys yn ein plith
Yn felltith ac yn falltod.

Crwydrasom yr anialwch
Afradus heb hyfrydwch
A'r ormes fwyaf ar bob cnaf
A'r hyllaf oedd tywyllwch.

Ffarwél i bob tylluan
Pan ddelo'r golau trydan
Ffarwél i ofnau'r berth a'r ffos
Pan na fydd nos yn unman

Ffarwél i hen fwganod
Y Toili a'r bwcïod,
Y tylwyth teg ânt ffwrdd yn rhes
A'u diles hanes hynod.

Croesawn bob llygedyn
A ddaw â thwyll i derfyn
A throi y nos yn olau dydd
Yn wastad fydd ein testun.

Gweithdai, Tafarndai a Siopau'r Pentref

ROEDD GWEITHDY IFAN y crydd yn edrych i lawr ar iard yr ysgol ac fe fyddai Ifan, nad oedd ganddo blant ei hun, yn mwynhau ein cwmni bob amser, yn enwedig amser chwarae ac ar ôl oriau ysgol. Yn aml byddwn yn holi fy hun sut roedd Mam yn ymwybodol o'm drygioni neu fy ymladd ar yr iard yn ystod oriau ysgol neu hyd yn oed ar ôl hynny. Wedi meddwl, Ifan oedd yr unig berson a allai fod wedi dweud wrthi. Drwy'r haf, byddai Ifan yn ein bwydo gydag afalau bwyta a oedd wedi cwympo oddi ar y ddwy goeden yn ei ardd. Ar ôl ysgol, yn yr hwyr brynhawn, a hefyd ar fore dydd Sadwrn fe fydden ni, fel plant, yn mynychu gweithdy Ifan yn weddol aml, yn enwedig ar ddyddiau gwlyb. Dyma ble caem ni storïau am ddynion yr ardal a'u campau, rhai'n wir ond y rhan fwyaf ohonynt yn gelwydd.

Cofiaf yn glir am ddyn dieithr o ardal Dihewyd yn dod i'r gweithdy tra oeddwn i a rhyw chwech o blant eraill yno. Un o'r rhain oedd Margaret Maesllyn, a oedd yn tua 14 oed ac yn ymadael â'r ysgol y flwyddyn ganlynol. Roedd Margaret rhyw bedair blynedd yn hŷn na mi a chanddi ateb parod i bob cwestiwn a gâi ei ofyn iddi. Yng nghlyw'r dyn dieithr, dyma Ifan yn gofyn iddi beth roedd hi am ei wneud y flwyddyn ganlynol. Heb feddwl ddwywaith, dyma hi'n ateb ei bod am fynd yn forwyn ar fferm mewn pentref cyfagos, gan enwi'r fferm a'i pherchennog. Roedd sôn am ei pherchennog drwy'r ardal gyfan am ei hoffter o'r *ladies*, ac yn amlwg dyma'r rheswm yr enwodd Margaret ef. Ar glywed hyn, dyma'r dyn

26

dieithr yn rhoddi chwe cheiniog iddi, gan gyflwyno ei hun iddi fel y dyn yr oedd hi newydd ei enwi. Ni wyddai Margaret beth i'w ddweud nac i'w wneud. Gallaf ddweud yn hollol sicr mai dyma un o'r achlysuron prin pan welwyd Margaret yn gegrwth.

Atyniad arall yn y pentref i ni fel plant oedd efail Gruff y gof. Roedd Gruff yn storïwr heb ei ail ac yn ei elfen yn dysgu geiriau Lladin i ni'r plant lleiaf. Nid oedd Gruff yn deall Lladin felly ni wyddai ystyr y geiriau, a oedd yn fynych yn rhegfeydd. Rhoddai bob anogaeth i ni eu hailadrodd wrth ein rhieni ac fe gofiaf yn iawn amdanaf yn dweud un neu ddau ohonynt wrth fy nhad a'm mam. Eu hymateb oedd dweud wrthyf beidio â gwrando arno a'i fod yn ddyn drwg.

Awn i mewn i efail Gruff heb ofidio a fyddai ef yno ai peidio, a defnyddio ei offer. Cofiaf yn iawn ymweld â'r efail yng nghwmni'r diweddar Eifion Jenkins yr Aber, oedd yn berthynas i Gruff. Ym mhoced Eifion roedd bwled .22 fyw roedd wedi'i darganfod yn ei gartref. Wedi iddo weld nad oedd Gruff yn yr efail, rhoddodd Eifion y fwled yn dynn yn y feis, rhoddi pen hoelen yn erbyn ei phen tanio ac yna bwrw'r hoelen yn galed â mwrthwl Gruff. Ar unwaith, dyma ergyd fyddarol ac ar yr un pryd dyma ben y fwled yn bwrw'r wal o'm blaen ac yna'n tasgu oddi ar y wal a bwrw'r einion a oedd yn ein hymyl. Er mai dim ond rhyw 10 oed oeddwn ar y pryd, roeddwn yn ddigon hen i ddeall y trychineb a allasai fod wedi digwydd yn efail Gruff y gof y prynhawn hwnnw. Wrth edrych yn ôl, credaf mai dyma'r unig achlysur i mi glywed Gruff yn codi ei lais arnon ni, ond ddywedodd e yr un gair am y digwyddiad wrth ein rhieni. Credai, fwy na thebyg, fod y bregeth a gawson ni ganddo'n ddigonol, ac na fydden ni'n gwneud y fath beth fyth eto. Wedi'r digwyddiad, byddai efail Gruff ar glo pan na fyddai ef ei hun yno.

Roedd Gruff yn storïwr heb ei ail, er bod y cyfan yn gelwydd. Cofiaf ef yn sôn amdano'i hun gyda'r Marines yng nghanol y Sahara. Roedd y tywydd mor boeth nes y byddai'r camelod a'u harweinwyr yn llewygu ac yn marw ar ôl treulio wythnos yno, ond roedd ef wedi aros yno am fis. Ar yr un anadl, soniai amdano'i hun yn yr Antarctig ac am un fan lle roedd hi'n rhy oer i'r brodorion fyw yno am fwy na thridiau ar y tro. Bu ef yno am bythefnos. Wedi clywed y chwedlau hyn, credem fod Gruff y gof yn dipyn o foi.

Yn ystod fy magwraeth roedd melin Cwrtnewydd yn lle prysur ofnadwy a byddai'r rhod yn troi bron yn ddyddiol adeg y cynhaeaf. Oherwydd bod y rhod wedi'i lleoli ddim ond rhyw 40 llath o'm cartref, fe fyddem yn ei chlywed yn eglur a chlywed hefyd y dynfa arni pan fyddai Rhys, perchennog y felin, yn malu. Oherwydd y gallai gwerthyd a pheiriannau'r felin wneud niwed corfforol i ni'r plant, does gen i ddim cof amdanon ni'n chwarae yno. Ond nid dyna'r sefyllfa yn y ddau bynfarch, sef y ddwy ffrwd a oedd yn gyfrifol am weithio'r rhod, ac a oedd wedi'u rhannu o afonydd Cledlyn Fach a'r Feithgen ac yna'n cwrdd â'i gilydd ym mhownd y felin. Ar ei daith o ryw dri chwarter milltir roedd pynfarch y Cledlyn yn gyfrifol am droi dwy rod arall, sef rhod y Wern, fferm fechan gerllaw, a rhod gweithdy'r gof. Nid oedd pynfarch y Feithgen mor weithgar – dim ond rhyw chwarter milltir o hyd ydoedd, a dim ond yn gyfrifol am weithio rhod y felin. Ar ddiwedd pob haf byddai Rhys yn stopio'r dŵr rhag dod i mewn i'r ddau bynfarch er mwyn eu glanhau yn barod erbyn y tymor canlynol. Wrth reswm, oherwydd prinder dŵr, ni fedrai'r un o'r tair rhod droi yr adeg honno.

Roedd Ffred Maesllyn Isaf yn byw yn ymyl pownd y felin ac yn bysgotwr, haf a gaeaf. Gwyddai'n union pryd y byddai Rhys yn glanhau'r ddwy ffrwd. O fewn munudau byddai ef yno yng nghwmni rhyw bump o blant y pentref gyda'u bwcedi yn dal pysgod, a'r rheini'n weddol rwydd i'w dal oherwydd prinder dŵr. Unwaith y flwyddyn y byddai Rhys yn glanhau'r ddwy ffrwd a phownd y felin, ond bydden ni'r plant, er mwyn dal pysgod, yn troi'r dŵr i ffwrdd ein hunain rhyw ddwywaith, gan atal y llif rhag dod i un o'r rhain ar y tro a gobeithio na fyddai Rhys yn sylwi. Pe bai'n defnyddio'r rhod yna fe fyddai'n gwybod yn weddol glou am ein gweithred ac yn dod i enau'r ddwy ffrwd i symud y rhwystrau yr oeddem wedi eu gosod.

Wrth sôn am y felin mae'n rhaid i mi hefyd sôn am Rhys a'i fodur. Heblaw am lorïau cwar Allt Goch, dim ond tri pherchennog car oedd yn y pentref. Roedd gan Mr Lewis, y prifathro, Austin 7 bach fel bocs, Austin 8 oedd gan Sammy Tremle ac Austin 10 gan Rhys y Felin. Dyma'r car y byddai Rhys yn ei ddefnyddio i gario'r sachau llawn blawd o'r felin i'r ffermydd lleol. Roedd gan y car 'sgil' y tu ôl a ddeuai allan yn syth er mwyn cario'r sachau. Wrth edrych yn ôl, sylweddolaf nad oedd Rhys yn gyrru'n gyflymach na rhyw ddeg milltir yr awr, ac yn arafach na hynny pan fyddai'n cario dwy sach yn llawn blawd. Cofiaf yn iawn am John Cledlyn Dale a minnau yn gweld Rhys yn gyrru ei gar yn ymyl efail y gof ac yn paratoi i fynd i fyny rhiw Tegfryn, a oedd yn rhiw weddol serth. Dyma ni'n dau yn rhedeg ar ei ôl ac yn neidio ar ben y ddau bwn a gariai. Gyda'r pwysau ychwanegol, dyma'r car yn dod i stop yn ymyl mynedfa Garth, tŷ a oedd hanner ffordd i fyny'r rhiw. Allan â Rhys o'i gar a rhoi pregeth i ni ein dau, gan ein rhybuddio y byddai'n dweud wrth ein mamau pe byddem yn gwneud hyn eto. Cofiaf yn iawn ei eiriau: 'Damo ti, Cledlyn Park, bydda i'n gweud wrth dy fam.' Erys yn fyw yn fy nghof y ffaith iddo fethu â dechrau o'r fan honno a gorfod mynd yn ôl i waelod y rhiw er mwyn ennill digon o gyflymdra i'w choncro.

Yn ogystal â'r ysgol, a chyn dyfodiad y teledu i'r ardal, roedd y Swyddfa Bost yn atyniad arall i'r pentrefwyr a'r bobl leol. Roedd wedi'i lleoli yn Alexandria House yng nghanol y pentref, a'r bostfeistres ar y pryd oedd Nellie Davies, mam Brenda a oedd yn un o'm ffrindiau, er ei bod ychydig yn iau na mi. Bob bore, heblaw am ddyddiau Sul a'r Nadolig, cyrhaeddai'r cerbyd post o Lanybydder tua wyth o'r gloch â llythyrau a pharseli i drigolion y pentref a'r cylch. Byddai'r rhain yn cael eu gwahanu i ddwy ardal yn y swyddfa, sef un yn cynnwys y pentref ei hun a phentref bach yr Aber, a'r llall yn cynnwys yr ardal i'r gogledd o'r pentref gan gynnwys y cwar, y ffermydd lleol ac ardal i'r dde o Gorsgoch. Dyletswydd y ddau bostmon lleol wedyn oedd sicrhau bod y llythyron a'r parseli yn cyrraedd pen eu taith. Yn ogystal â bod yn gyfrifol am lythyron a pharseli a ddeuai i mewn i'r swyddfa, Mrs Davies oedd yn gyfrifol am ddosbarthu arian i'r pensiynwyr lleol. Rhwng popeth, yr atgof sydd gen i o'r swyddfa, fel plentyn, yw ei bod yn lle prysur iawn â chwsmeriaid ynddi bob amser.

Heblaw am Swyddfa'r Post a werthai, yn fwy diweddar, sglodion a melysion mân, roedd yn y pentref ei hun dair siop arall ac un ym mhentref yr Aber gerllaw. Roedd Siop y Cambrian yn enwog o Aberystwyth i Abertawe am ei nwyddau amrywiol a gweddol rad, ac er bod trafnidiaeth yn brin iawn ar ddiwedd yr Ail Ryfel Byd deuai prynwyr o ardaloedd eang i'r siop yn weddol aml. Daisy, merch sengl, oedd perchennog y siop. Gwerthai bob peth – dillad, bwydydd, sigârs, pob peth ond dodrefn. Y cof cyntaf sydd gen i amdani yw ar ddechrau'r pumdegau. Rwy'n ei gweld yn awr y tu allan i'w siop â sigarét yn ei cheg, ei gwallt brith ar wrych, eisiau ymolch arni, a blew hir gwyn yn tyfu o dan ei gên. Disgwyliai am Rover, ei chi labrador melyn. Bob bore byddai Rover yn mynd i lawr i Swyddfa'r Post a byddai Nellie yn rhoddi copi o'r *Western Mail* yn ei geg. Wedyn byddai yntau yn cerdded yn ôl bob cam i'r Cambrian ar y lein wen ar ganol yr hewl ac yn gosod y papur wrth draed Daisy. Yn amlwg, heblaw am draffig y cwar ac ymwelwyr prin i'r ardal, roedd presenoldeb ceir ar yr heolydd yn ddigwyddiad prin. Wrth edrych yn ôl, nid oedd yna *sell-by date* ar yr un o'r bwydydd a werthai Daisy, ac ni ddywedai wrth unrhyw un pwy oedd ei chyflenwr. Cadwai gannoedd o bunnoedd yn nhop ei sanau neilon, ac ni feddyliai ddwywaith am godi ei sgyrt er mwyn cyrraedd yr arian hynny.

Ar ôl marwolaeth fy nhad, ymhlith ei farddoniaeth cefais afael ar rai penillion oedd siŵr o fod yn ymwneud â siop Daisy y Cambrian. Ni wyddys pwy yw eu hawdur ond mae'n bosib mai fy nhad neu fy nhad-cu oedd yn gyfrifol am eu cyfansoddi. Gan fod nifer fawr o'r penillion yn hollol, hollol annealladwy rhaid oedd i mi eu haddasu fel a ganlyn:

Siop y Cambrian

Gwyddoch oll am siop y Cambrian
Siop 'rhen Daisy yw yn siŵr
Am flynyddoedd cyn y rhyfel
Gwerthai bob peth – blawd a fflŵr.

Llestri pridd, tywelion sychu,
Sebon shafo, sgadan hallt,
Moddion peswch, powdwr golchi,
Ffags a matches, cribau gwallt.

Enw Cambrian Stores sydd arni
Mewn sement ar wal y siop.
Ni feddyliech fod 'na lawer
Wrth fynd heibio ar yr hop.

Ond tu fewn y mae y cyfan
Hyd y top i gyd dan sack,
Ac roedd pob peth byd am arian
Yn y sied wrth ddrws y bac.

Gwerthai bethau oedd i siwtio
Dyn, anifail, tost neu iach.
Roedd 'da hi foddion bron at bob peth.
Lot o siopwraig Daisy fach.

Pan ddôi'r bugail ar ymweliad
I'n tŷ ni, fi'n cofio Mam
Yn fy anfon i Siop Cambrian
I nôl buns a phot o jam.

Neb o'r ardal fyddai'n trwblu
Cario gwds o'r dre 'da'r bws.
Siop 'rhen Daisy oedd mor handi
Ac yn llawer llai o ffws.

Roedd department 'na i'r ladies
Sanau silk a roll-ons du.
Byddai rhain yn anweledig,
Nid i lygaid plant fel fi.

Ond fe gofier fe ddaeth Hitler
A'i hen fombs i gorddi'r byd.
Gyda'r rhyfel fe ddaeth prinder
I bob siop drwy'r wlad i gyd.

Ond roedd Daisy lot o g'nawes
Am ei bod yn weddol dynn
Dyma hi yn dechrau cwato
Pob peth oedd yn mynd yn brin.

Pan ddôi un fel mam â'i phapur
Negeseuon fe wnâi lw.
Edrych dros ei sbecs yn fanwl.
Strôc a strôc drwy'u hanner nhw.

'Sdim i'w gael,' dywedai'n dyner,
'Sori' gyda gwên fach neis.
Ond roedd ganddi stôr ar gyfer
Fancy friends at fancy preis.

Ond i sied ar bwys y storws
Daeth llygoden fawr am dro.
Chwilio oedd am beth i fwyta,
Pip ffordd hyn a chewc ffordd 'co.

Lot o stwff oedd yn y storws
Rhein i gyd mewn bocsys tin,
Biscuits, pics a phethe fel'ny
Ro'nt i gyd dan glawr y bin.

Methu wedyn cael briwsionyn
Yn y sied ar bwys y tŷ
Cyrraedd wnaeth y siop ei hunan,
Dyma'r storfa, nawr am sbri.

Yr wyf weithiau fel ar adain
Mynd i fyd dychymyg glân,
Ac fe glywaf 'rhen lygoden
Yn ei hwyl yn seinio cân.

Dan y cownter, dan y cownter
Dyma Nefoedd, gwyn fy myd.
Y mae yma wledd o wleddoedd
I holl lygod mawr y byd.

Dan y cownter, dan y cownter
Dyma'r fan y gwnaf fy nyth
Y mae pob peth i mi yma
Ni fydd eisiau symud byth.

Brecwast ffein o gaws ac Oxo,
Wedi gweld fod stôr yn sbâr,
Cwympo i gysgu 'nghanol nylons
Oedd yn costio guinea'r pâr.

Aeth diwrnodau heibio rywsut
Heb i Daisy wneud 'run note,
Na syspecto dim am visit
Yr hen lady'n ei fur coat.

Mas bob nos o'i gwâl y deuai
Mewn a mas fel oedd hi'n myn'
Cysgu drwy y dydd yn dawel
Gyda'i bola'n real dynn.

Ond un bore clywodd Daisy
Bwmp yn drâr yr arian use
Gwrando'n astud, bwmp fach arall.
Daisy'n awr yn troi yn biws.

Yn dawel bach 'rol nôl yr allwedd
Llaw fach wen yn crynu'n lân.
Agor drâr ac o'r Trugaredd
Dyma hi mas fel cath o dân.

Lot o notes yn hedfan pobman
Fel conffeti yn y gwynt,
Rhyw dri chant papurau chweigen
A rhyw ddau gant papur punt.

Daisy druan fach a ffeintodd
Lwc fod brandy yn y tŷ.
Rhedodd rhywun lan i'r garage
'Nôl y daeth 'da Monty'r ci.

Hss a Monty – mewn â'r terrier
Hwnnw'n letric ym mhob owns.
Cwt ar lan a blew fel weiers,
Mewn o dan y cownter – pounce.

Mas â'r salmon, mas â'r peaches,
Er mwyn Monty i gael chance,
Mas â'r cwdau, mas â'r boxes
Mas â'r vests a mas â'r pants.

Rhyfedd ar fath speed hedfana
Stori faglog drwy y lle.
Cyn pen winc roedd 'na gymanfa.
Bobol annwyl dyna le.

Daisy druan aeth i'r parlwr
Mas o'r golwg yn ei phwps.
'Rôl dod nôl a gweld y pentwr
Sgrechen nes ei bod yn swps.

Wrthi'n clirio gyda'i chwilber
Bu fy nhad am lawer awr.
Wedyn nid oedd dan y cownter
Dim, ond twll llygoden fawr.

Miss Hannah Davies, a oedd yn byw yn Clarence House, tŷ gerllaw, oedd yn gyfrifol am redeg y Siop Gornel. Credaf mai'r stad leol oedd berchen y siop. Fel Daisy Cambrian, roedd Hannah hefyd yn ddibriod, ond yn wahanol i'r Cambrian, nwyddau i'w bwyta yn unig a werthai Miss Davies.

Oherwydd bodolaeth dwy siop mewn un pentref bach, rhaid oedd bod yn ofalus ym mhle y byddech yn siopa a cheisio mynd i un siop heb i berchennog y llall wybod am hynny. Cofiaf yn iawn amdanaf yn mynd ar ran Mam i nôl menyn o Cambrian. Pan ofynnais i Daisy am hwnnw dyma hi'n ymateb, 'Oes dim menyn i gael yn Siop Gornel 'te?' Roedd yn amlwg ei bod yn gwybod bod fy mam wedi bod yn siopa yn Siop Gornel yn ddiweddar. Roedd pawb yn lleol yn ymwybodol nad oedd dim cariad rhwng Hannah a Daisy felly rhaid oedd treio bod yn deg a siopa gyda'r ddwy.

Dwy chwaer oedd yn berchen siop y Blue Bell, ac fel Daisy a Hannah Davies roedd y ddwy, sef Lizzie a Rachel Evans, yn ddibriod. Gwerthu melysion yn unig a wnâi'r ddwy Miss Evans a hynny o ystafell ffrynt y tŷ, a oedd wedi'i haddasu at y gwaith. Nid oeddent, felly, yn peri rhyw lawer o ofid i naill ai Hannah na Daisy, ond yn awr ac yn y man fe fyddai Daisy yn gofyn i mi, 'Sut sweets sydd yn Blue Bell nawr?'

Er nad oedd siop Isfryn yn y pentref ei hun, dim ond rhyw filltir i ffwrdd ym mhentref bach yr Aber yr oedd hi, a gwerthai bop a sigarennau. Câi ei defnyddio'n weddol aml gan drigolion pentref Cwrtnewydd, yn enwedig ar ddydd Sul, oherwydd o dan y Shops Act roedd yn ofynnol i bob siop fod ar gau bryd hynny. Wrth edrych yn ôl, roedd hi'n amlwg nad oedd y gyfraith wedi cyrraedd pentre'r Aber! Cofiaf yn iawn am John Cledlyn Dale a minnau yn mynd i Isfryn dros Ffred Maesllyn un dydd Sul i mofyn deg o Woodbines iddo. Roeddem wedi cael benthyg ei feic. Ar dop rhiw Tegfryn dyma fi'n mynd ar y bar a John yn ei reidio o'r sêt. Ond wedi inni fynd rhyw ganllath dyma fodur yn canu ei gorn y tu ôl i ni. Dyma John yn stopio'r beic a'r ddau ohonon ni'n dod oddi arno. Stopiodd y modur y tu ôl i ni ac allan ohono daeth y plismon lleol, sef y diweddar Emrys Davies, a oedd yn byw yng ngorsaf yr heddlu Dre-fach. Cawson ni bregeth ganddo am fynd yn ddau ar y beic a'n rhybuddio, os gwelai ni eto'n gwneud y fath beth, y byddai'n ein riportio ac y byddai'n rhaid i ni ymddangos mewn llys barn. Yn rhyfedd, ni ofynnodd i ni ble roedden ni'n mynd. Ar ôl ein rhybuddio aeth yn ôl i'w fodur ac ymlaen am yr Aber a Chwmsychbant.

Ar ôl cael y sigarennau i Ffred dyma ni'n cychwyn yn ôl ar ein taith i Gwrtnewydd, gyda John ar gefn y beic a minnau'n rhedeg wrth ei ochr. Ar dop rhiw Tegfryn, rhyw 200 llath o sgwâr y pentref, dyma John yn dweud wrtha i, 'Jwmpa ar y bar. Ddalith y diawl mohonon ni rhagor.' Gwrandewais ar ei gyngor a neidio ar far y beic. Ar hynny, dyma John yn mynd fel cath o dân i lawr am sgwâr y pentref. Wedi cyrraedd y sgwâr, yn ymyl Castle Green, pwy oedd yno'n aros? Ie, neb llai na Cwnstabl Davies. Yn amlwg, roedd wedi dod yn ôl i Gwrtnewydd ar yr hewl fawr dros riw Pensarn. Pan welodd e John a finnau eto yn ddau ar y beic dyma fe'n cerdded aton ni. Cofiaf yn iawn John yn dweud wrtho, 'Sorry, sir, mistake oedd e', a phan ofynnodd y plismon am ei enw dyma fe'n rhoddi fy enw a'm cyfeiriad i iddo. Pan ofynnodd am fy enw a'm cyfeiriad i wedyn, nid oedd gen i ddewis ond rhoddi iddo enw a chyfeiriad John. Ni fu yr un ohonon ni mewn llys ond cofiaf yn iawn i mi gael coten gan fy mam am y drosedd. Roedd yn amlwg bod y cwnstabl wedi dweud wrthi am y digwyddiad.

Yn ogystal â festri Seion, tafarn y Red Lion oedd canolbwynt arall yr ardal, ac roedd wedi'i leoli yng nghanol y pentref. Ar ochr yr adeilad roedd mynedfa i'w gefn – yr *archway* – a dyma lle cedwid y casgenni cwrw a lle byddai'r perchennog yn sychu ei dillad. Yn union ar y dde ac uwchben roedd y storws lle byddem ni'r plant yn chwarae pan fyddai hi'n bwrw glaw. Josuah a Mei Jones oedd perchenogion y lle a nhw oedd yn gyfrifol am ei redeg. Roedd Josuah yn ddyn tew a boliog ofnadwy, a Mei ei wraig yn denau. Er bod llawer o lwyrymwrthodwyr yn y pentref, roedd y ddau'n barchus iawn, gyda Mei yn aelod o Gapel y Bryn ac yn mynychu yno'n weddol gyson ar y Sul. Oherwydd ei faint, nid wyf yn meddwl bod Josuah yn gadael y Red Lion – does gen i'r un cof o'i weld yn mynd i unman, nac ychwaith o glywed amdano yn mynd oddi yno.

Bryd hynny, yr oriau agor cyfreithlon i dafarndai yng Ngheredigion oedd o un ar ddeg y bore hyd dri yn y prynhawn ac o chwech o'r gloch y nos hyd ddeg, gydag ugain munud ar ddiwedd pob sesiwn i 'yfed lawr'. Roedd yn anghyfreithlon ac yn drosedd ddifrifol gwerthu diod feddwol ar y Sul, ac yn drosedd i werthu ac yfed diod feddwol mewn tŷ tafarn ar adeg heblaw am yr oriau penodol. I fod yn deg â'r ddau dafarnwr, rwy'n siŵr eu bod wedi ceisio eu gorau glas i gadw at y rheolau yn ymwneud â'r oriau penodedig ond pan feddyliaf am y cymeriadau a oedd yn mynychu eu tafarn ni fyddai unrhyw syndod – ac eithrio ar y Sul efallai – pe bai'r ddeddf yn ymwneud â'r oriau yfed yn cael ei thorri'n rheolaidd, yn arbennig pan na fyddai'r cwnstabl lleol yn gweithio. Roedd hwnnw wedi'i leoli ym mhentref Dre-fach, rhyw ddwy filltir o Gwrtnewydd, ac yn rhyfedd iawn byddai'r cymeriadau a fynychai'r 'deml' yma'n gwybod yn iawn pryd roedd ar ddyletswydd.

Rhyw hanner milltir o'r pentref roedd cwar Allt Goch ac felly roedd y tŷ tafarn o fewn cyrraedd rhwydd i'r gweithwyr. Gan ei fod ar agor adeg eu hamser bwyd, manteisiai rhai ohonyn nhw ar hyn, yn enwedig yn ystod tywydd twym yr haf. Bydden nhw yn y tŷ tafarn am rhyw hanner awr cyn dychwelyd at eu gwaith. Nid felly fyddai hi gyda'r nos, nac ychwaith ar brynhawn dydd Sadwrn ar ôl gorffen gwaith, er na fyddai'n iawn i fi ddweud bod pob aelod o'r gweithlu ar y pryd yn mynychu'r tŷ tafarn yn rheolaidd. Tecach fyddai dweud bod y rhan fwyaf ohonyn nhw'n cael peint neu ddau yn y Red Lion ar nos Wener pae, yn ogystal â gweithwyr y ffermydd llcol a rhai o'r pentrefwyr, felly fe fyddai canu da yn y Red ac ar y bont ar ôl stop tap. Cofiaf yn iawn am y canu emynau ar y bont, a lleisiau bendigedig y cantorion. Cofiaf am Mam a llawer o drigolion eraill y pentref yn agor ffenestri eu hystafelloedd gwely er mwyn clywed y canu hyd at ganol nos. Ni chofiaf am unrhyw gŵyn am y canu ond cofiaf yn iawn am Mam yn dweud y bore canlynol gymaint roedd hi wedi mwynhau canu'r bont y noswaith cynt. Wrth edrych yn ôl, rhaid bod yn agos at rhyw 30 o ddynion yn canu ar y bont yr adeg hynny. Parhaodd y canu am rhyw wyth mlynedd arall ac mae'n bleser gen i ddweud fy mod i fy hun wedi bod yn aelod o glwb canu pont Cwrtnewydd. 'Sgwn i beth fyddai ymateb trigolion newydd y pentref pe byddai rhyw 30 o ddynion yn dechrau canu emynau Cymraeg ar y bont am hanner awr wedi deg ar nos Wener erbyn hyn?

Erys rhai digwyddiadau yn ymwneud â'r Red Lion yn fyw yn fy nghof. Un o'r rhain oedd y diwrnod hela a gâi ei gynnal yn flynyddol ar ddechrau'r flwyddyn newydd. Cofiaf yn iawn am y cwrw twym a'r *punch* yn llifo fel dŵr yn yr iard y tu allan i'r dafarn, a'r bont a'r sgwâr yn llawn ceffylau hela. Gwisgai mwyafrif y marchogion gotiau hela coch ac eraill rai glas. Cofiaf am un o'r achlysuron hyn, ar ddechrau'r flwyddyn 1953, a'r diweddar Tom, Meinigwynion Mawr, Gorsgoch yn cael ei herio i fynd ar gefn ei geffyl mynydd i mewn i'r dafarn drwy ddrws y ffrynt, yfed peint wrth y bar heb ddod i lawr o'i geffyl a dod yn ôl allan drwy'r drws cefn. Heb feddwl ddwywaith, dyma Tom yn mynd i mewn i'r dafarn ac yn cwblhau'r sialens heb ddim problem. Fe geisiodd un neu ddau gymeriad lleol efelychu camp Tom ond ofer fu eu hymdrechion oherwydd bod eu ceffylau yn rhy fawr i fynd drwy'r drws.

Ar un o'r achlysuron hyn roedd mochyn y tafarn wedi'i ladd ac wedi'i ddodi i hongian i oeri yn yr *archway*, ac yno hefyd roedd dillad Mei yn sychu. Yn eu mysg roedd ei blwmer melyn. Y bore canlynol, pan aeth Mei i'r *archway* i nôl ei dillad, beth oedd yn ei hwynebu ond twrch daear yn hongian yn lle'r mochyn, a'i blwmer melyn wedi'i lenwi â *chippings*. Cafwyd hyd i'r mochyn wedi'i ddodi i fyny yn y storws. Ni chyfaddefodd neb i'r ddwy drosedd yma ond does gen i ddim amheuaeth nad rhai o gwsmeriaid gorau Mei oedd yn gyfrifol.

Un digwyddiad arall a erys yn fyw yn fy nghof yn ymwneud â'r dafarn yw noswaith Guto Ffowc yn 1956. Roedd tyrfa ohonon ni o'r pentref a phlant yr ysgol leol wedi bod gyda Mr Lewis, y prifathro, i ben Foel y Bryn, lle bu'n ceisio anfon roced fawr a wnaed yn yr ysgol i'r awyr, a hynny'n aflwyddiannus. Roedd hi tua wyth o'r gloch pan gyrhaeddon ni'n ôl i bont y pentref. Ar ôl ymadawiad Mr Lewis a'r mamau a'r plant lleiaf, fe gyneuwyd tân ar y bont, tân a oedd yn cael ei fwydo gydag ysgubau o sied wair Rhys y Felin. Ar un adeg fe basiodd Rhys y tân, ar ei ffordd am ei beint, gan wneud y sylw, 'Mae 'da chi dân da yma, bois.' Ychydig a wyddai mai ei ysgubau ef oedd yn gyfrifol am hynny.

Heblaw am rai *bangers*, roedd y rhan fwyaf o dân gwyllt bechgyn y bont wedi'u defnyddio. Daeth yn amlwg fod y Red â'i lond o gwsmeriaid a bod rhai ohonyn nhw'n tanio tân gwyllt y tu fewn i'r dafarn. Deuai'r mwg glas rhyfeddaf allan drwy'r drws mawr derw agored, a sŵn ergydio. Roedd Mei yn meddwl mai ni'r bechgyn ar y bont oedd yn gyfrifol am hyn, felly dyma hi'n cau a chloi'r drws.

Wrth weld hyn, aeth dau o'r bechgyn ymlaen at y drws, rhoddi dwy 'Little Atom' yn nhwll yr allwedd a'u cynnau. O fewn eiliadau dyma'r ergyd ryfeddaf a'r peth nesaf a welsom oedd golau gwan a mwg yn dod allan drwy hollt yn y drws. Roedd y tân gwyllt wedi hollti'r drws o'i dop i'w waelod, a'r clo'n deilchion. Daeth Mei allan a mynd ar ei hunion i'r ciosg gyferbyn â'r dafarn. Gwelwyd hi'n cydio yn y ffôn a'i godi i'w chlust. Ni feddyliodd yr un ohonom ei bod wedi ffonio'r heddlu, ond ymhen rhyw hanner awr dyma'r Cwnstabl Ieuan Evans, Dre-fach yn cyrraedd y sgwâr. Wrth ei weld, rhedon ni i gyd oddi yno i bob cyfeiriad. Croesais yr afon, â'm traed yn wlyb diferol, gan ddod allan yn ymyl y Blue Bell. Yn y fan honno roedd fy nhad yn aros amdana i. Roedd wedi clywed y twrw ac wedi dod allan i weld beth oedd ei achos. Nid oes raid i mi ddweud beth ges i ar ôl cyrraedd adref. Ni chredaf fod neb wedi'u cyhuddo nac ychwaith wedi'u cosbi am y difrod i'r drws ac ni chredaf fod Mei wedi gwneud cwyn swyddogol i'r heddlu am y difrod. Wedi meddwl, ni allai'n dda iawn wneud y fath gŵyn gan fod perthnasau agos bron pob un oedd ar y sgwâr y noswaith honno yn gwsmeriaid da iddi.

Heblaw am weithdai Ianto'r crydd a Gruff y gof, roedd yna un fan a oedd yn ffefryn i ni i gyd ac yn well nag unman arall yn yr ardal, sef Foel y Bryn. Erys heddiw yn union fel y cofiaf ef dros hanner canrif yn ôl. Llecyn ydyw o ryw ddeg erw wedi'i blannu â choed deri ac ynn ac yn llawer uwch na'r pentref ei hun. Gellir dweud bod pentref Cwrtnewydd wedi'i adeiladu yn ei gysgod. O'r gwanwyn hyd nes iddynt golli eu dail yn yr hydref, byddai'r coed yn rhoddi cysgod oddi wrth yr haul i ni chwarae yno, ac yn ein cysgodi rhag y glaw yn yr un modd. Ie, dyma lle bydden ni'n chwarae bob dydd bron, gan ddringo'r coed a chwarae cwato. Pan oeddwn yn 10 oed, cwympais oddi ar un o'r coed yma gan dorri asgwrn yn fy mraich chwith. Wnaeth hynny mo fy stopio rhag mynd yno, nac ychwaith rhag dringo'r coed.

Ar ben y foel ac allan o'r coed roedd tŵr a oedd yn rhyw 12 troedfedd o uchder ac wedi'i wneud yn gyfan gwbwl o gerrig gwynion. Yn ôl y sôn, cafodd ei adeiladu yn y flwyddyn 1911 i gofio dyfodiad Siôr y pumed i'r orsedd. Dringem i'w dop bron bob tro y byddem yno. Wrth feddwl yn ôl, ni chofiaf weld unrhyw damaid o sment yn dal y cerrig at ei gilydd ac felly rhaid eu bod wedi'u torri bob yr un i siâp arbennig er mwyn cloi yn ei gilydd. Tristwch oedd darganfod nad yw'r tŵr yno bellach a'i fod wedi'i ddinistrio.

Fyddai neb yr adeg honno'n cloi drysau eu tai. Yn hytrach, bydden nhw wastad ar agor ac yn estyn croeso i bawb yn yr ardal. Roedd yn gyfnod hefyd pan oedd traddodiadau cymunedol yn dal yn gryf. Adeg priodasau, roedd yn arferiad mewn llawer man yng Nghymru i ddal rhaff o flaen moduron y priodfab a'r briodferch a'u gorfodi i daflu arian i ddalwyr y rhaff cyn y caent fynd ymlaen ar eu ffordd. Bu'n arferiad hefyd i wneud drygioni yn ymyl cartref y priodfab y noswaith cyn ei briodas. Yn ardal Cwrtnewydd, byddai disgwyl mawr am y nosweithiau hynny, gyda llawer o ymgynghori ynghylch pa ddifrod y gellid ei wneud i geisio atal y priodfab rhag cyrraedd yr eglwys y diwrnod canlynol.

Mewn un achos, torrwyd onnen fawr i lawr â thrawslif a bwyell – cyn adeg y *chainsaw* – ar ochr y ffordd oedd yn fynedfa i fferm a chartref y priodfab. Gan fod y goeden wedi cwympo ar draws y ffordd yn gyfan gwbwl, ni fyddai modd ei symud heb ei thorri. Wrth lwc, roedd mynedfa arall i'w gartref ar hyd ffordd arall, ffordd a fyddai ar unrhyw ddiwrnod arall yn anaddas i gerbydau, ond y diwrnod hwnnw, gyda chymorth tractor, llwyddwyd i'w defnyddio.

Mewn achos arall roedd cartref y priodfab ar fferm rhyw ddwy filltir o bentref Cwrtnewydd. Aed ati i droi rhyw ddwsin o warheg y ffermwr o'r caeau ac allan i'r hewl a'u harwain am sgwâr Cwrtnewydd. Aethpwyd hefyd â rhaca wair, a dwy olwyn haearn iddi, i'r un fan. Yno'n wynebu'r priodfab wrth iddo gyrraedd y pentref roedd y gwartheg a'r rhaca.

Y noson cyn priodas un o brif arweinwyr y drygioni, roedd gan lawer o fechgyn lleol reswm i'w atal rhag mynd i'r eglwys y bore canlynol. Am hanner nos cyrhaeddodd rhyw ddwsin ohonon ni, y rhan fwyaf yn ffermwyr, gartref y priodfab. Daeth yn amlwg fod ei dad yn ein disgwyl a'i fod yn barod am yr ymweliad. Ar ôl rhybudd a bloedd ganddo, daeth yn amlwg fod ganddo wn yn ei feddiant. Penderfynwyd nad oedd yn werth mentro mynd yn agos at y tŷ, ond gwelwyd bod cae o ŷd wedi'i dorri yn ysgubau gerllaw. O fewn rhyw ddwy awr, gyda phawb yn helpu, gwnaed helem fawr o ŷd yng nghanol y cae gyda brig yr ysgubau i gyd yn wynebu am allan. Nid oes gen i unrhyw amheuaeth nad oedd y tad wedi fy adnabod, ond pan ddywedodd wrth Mam fy mod i yno, tyngodd hithau wrtho fy mod i yn fy ngwely yn gynnar y noson honno. Ychydig a wyddai hi fy mod wedi mynd allan drwy ffenestr fy ystafell wely rhyw hanner awr ar ôl iddi hi a Nhad fyned i'w gwely.

Cymeriadau'r Pentref

YN RHYFEDD DDIGON, byddai trigolion y pentref a hyd yn oed yr ardal gyfan yn cael eu hadnabod wrth eu henwau cyntaf ac enwau eu cartrefi, neu weithiau eu gwaith. Dyma rai enghreifftiau: Tom a Getta Cledlyn, Jac a Bessie Frondes, Rhys y Felin, Ffred Maesllyn, Mei a Josuah Red Lion, Ianto a Lizzie Crydd, Dewi South, Bronnie a Nest Langro, Sally a Tom Bryn View, Ifor Gwynfil a Gruff y Gof. Mae'r rhestr yn ddiddiwedd. Dim ond rhai a gâi eu galw wrth eu cyfenwau: Mr a Mrs Lewis Tŷ'r Ysgol, Mr a Mrs Davies y Mans, Evans Drefach (y plismon lleol), Miss Jones Tegfryn a Mr a Mrs Cledlyn Davies, Dolardd. Sylwer bod y rhain naill ai'n ymwneud â'r weinidogaeth, yn athrawon neu'n athrawon wedi ymddeol, yn ogystal â'r plismon lleol. Rhaid dod i'r casgliad bod eu galw wrth eu cyfenwau yn ymwneud â'u galwedigaethau, ac naill ai'n arwydd o barch neu o ofn.

Rhaid i mi bwysleisio, yn ystod adeg fy magwraeth, mai Cymry Cymraeg eu hiaith oedd holl drigolion pentref Cwrtnewydd a'r cyffiniau agos. Ac fel pob pentref drwy'r wlad, nid oedd Cwrtnewydd heb ei gymeriadau hoffus a rhai drwg. A dweud y gwir, credaf fod y rhan fwyaf o ddynion y pentref yn euog o wneud llawer o fân ddrygioni a thynnu coes, a hynny'n weddol reolaidd. Wrth edrych yn ôl, credaf fod hynny wedi sicrhau cymdeithas glòs a hapus yn y pentref yr adeg honno. Rhaid cofio bod hyn cyn dyfodiad golau trydan a dŵr i'r pentref, a hefyd ymhell cyn dyfodiad y teledu. Rhaid felly oedd cymdeithasu'n weddol aml a dyma lle byddai'r tynnu coes a'r drygioni yn digwydd.

Roedd y rhan fwyaf o ddynion y pentref yn gymeriadau

yn eu ffyrdd eu hunain, ond roedd yna un a oedd, yn fy marn i, yn fwy o gymeriad na'r un o'r lleill. Cwrddais â Nathaniel Jones, Tynfron, neu Nat, am y tro cyntaf pan oeddwn yn rhyw 13 oed a phan oedd Nathaniel a'i wraig yn ffermio tyddyn Tynfron rhyw ddwy filltir o'r pentref ei hun. Fe euthum i'w gartref i gynnig help llaw iddo adeg y cynhaeaf gwair. Roedd hyn yn arferiad gan bron bob un o blant y pentref yn ystod gwyliau'r haf. Rhaid dweud nad oeddwn hyd yn oed wedi clywed am Nat cyn hynny, a phan dderbyniodd fy nghynnig am help ces dipyn o sioc. Wedi i mi fod yn ei gwmni am ryw hanner awr, ac ar ôl iddo fy holi am fy nhylwyth, daeth rhagor o blant, rhai yn hŷn na mi, i'r clos. Dysgais yn weddol glou gan y rhain bod Nathaniel yn talu'n dda, a bod ei storïau yn rhai penigamp. Wedi clywed rhai o'i storïau ar fy ymweliad cyntaf â Thynfron, edrychwn ymlaen at ragor o ymweliadau er mwyn clywed mwy o storïau Nathaniel.

Pan adroddais rai ohonynt wrth Mam, daeth yn weddol amlwg mai straeon celwydd golau oeddent i gyd. Wedi meddwl am eu cynnwys, roedd pob un yn ddiddorol ac yn dal sylw'r plant am amser. Ac os mai celwydd oeddent, celwydd am Nathaniel ei hun oedd y storïau. Adroddaf rai ohonynt yma.

Ddiwedd yr haf bwriadai Nathaniel fynd â llwyth o wair mewn gambo o Dynfron i fferm yn ymyl Ceinewydd. Wedi rhoddi'r cyfrwy ar y gaseg dyma Nathaniel yn rhoddi breichiau'r gambo yn sownd wrth y cyfrwy ac yn dechrau ar ei ffordd. Ar waelod y lôn dyma un o'r rhaffau a ddaliai'r gambo wrth y cyfrwy yn torri ac yn union ar ôl hynny dyma'r llall yr ochr arall yn diodde'r un dynged. Heb fod â rhaff arall yn ei feddiant, ac yntau ddim yn mofyn cerdded yn ôl i'w gartref, dyma Nathaniel yn mynd ati i chwilio am nadroedd yn y gors gerllaw. O fewn dim, roedd wedi dal dwy wiber. Ar ôl eu blingo dyma fe'n eu defnyddio i ailglymu'r gambo wrth y cyfrwy ac yn ailgychwyn am Geinewydd. Wedi dadlwytho'r gwair a dechrau'n ôl am Dynfron, wrth ymyl Synod Inn dyma'r tywydd yn newid a hithau'n dechrau glawio. Ar hyn dyma

Nathaniel yn mynd ar gefn y gaseg ac yn gwneud ei ffordd yn y glaw am Dynfron. Wedi cyrraedd adref, tawelodd y glaw ac fe ailymddangosodd yr haul. Sylwodd Nat nad oedd y gambo ganddo mwyach ond bod yna ddau linyn gwyn yn ymestyn o ochrau'r cyfrwy ar gefn y gaseg yn ôl ar hyd y lôn mor bell ag y gallai weld. Roedd y ddau linyn yma'n hollol dynn. Pan oedd wrthi'n pendroni am y rhain, clywodd sŵn olwynion haearn yn nesáu ato ac, yn wir, o fewn rhai eiliadau dyma'r gambo'n ymddangos ac yn dod i fyny lôn y fferm ato, ac at y gaseg a'r cyfrwy lle roedd Nathaniel wedi clymu ochrau'r gambo yn gynharach yn y dydd. Esboniad Nathaniel am y digwyddiad oedd bod y glaw a gafwyd yn ymyl Synod Inn wedi ymestyn croen y nadroedd a bod y llygedyn o haul a gafwyd ar ôl iddo gyrraedd adref wedi'u sychu yn ôl i'w maint gwreiddiol ac felly wedi tynnu'r gambo yn ôl at y cyfrwy.

Rhyw ddwy flynedd ar ôl hyn, ar ei ymddeoliad o'i waith ffermio, dyma Nathaniel, ei wraig a Fflei ei ast ddefaid yn symud i Tegfan i fyw. Byngalo bychan yng Nghwrtnewydd wedi'i leoli yn ymyl y Mans oedd Tegfan, yn edrych i lawr ar y pentref. O fewn rhyw wythnos wedi iddo symud, dywedodd Nathaniel wrthyf ei fod yn hoff iawn o bysgota. Am mai pysgota oedd fy hoff hobi, ni fu'n hir iawn cyn i ni'n dau ddod yn ffrindiau gweddol glòs, er bod dros hanner can mlynedd o wahaniaeth rhyngom o ran ein hoedran. Dechreuais ei alw'n Nat ac fe aem gyda'n gilydd i bysgota yn weddol aml i'r Cledlyn a'r Feithgen, y ddwy afon yng Nghwrtnewydd.

Un wialen bysgota oedd gan Nathaniel a honno wedi'i gwneud o ddur – erial oddi ar un o danciau'r lluoedd arfog ydoedd, wedi'i haddasu yn wialen. Hon a ddefnyddiai i bysgota pluen ac abwyd ac, yn yr un modd, un rilen bysgota oedd ganddo. Un peth nodweddiadol arall amdano oedd ei got frethyn Llu Awyr las a wisgai bob tro y byddai'n pysgota, bydded haf neu aeaf. Do, fe ddywedais 'gaeaf', er bod y tymor pysgota cyfreithlon yn dod i ben yn yr hydref. Daeth yn amlwg i mi yn weddol glou nad oedd tymor pysgota Nat yn gorffen yn yr hydref a'i fod, yn hytrach, yn para drwy'r flwyddyn. Ar noswaith ffair Llanybydder, ar 1 Tachwedd, y byddai tymor dal pysgod Nathaniel yn dechrau o ddifri. Dyma'r dyddiad pan fyddai'r brithyll môr a'r eogiaid yn dod i fyny i'r afonydd lleiaf, fel y Cledlyn, i genhedlu. Byddai parau o'r pysgod hyn yn dod allan o'r pyllau dwfn ac i'r ffrydiau, lle byddent yn crafu tyllau dwfn. Yn y tyllau hyn y byddai'r pysgod benywaidd yn dodwy eu hwyau, gyda'r ceiliog yn eu haeddfedu cyn cau'r tyllau yn ôl. Gan ddibynnu ar y tywydd, gallai'r broses yma bara hyd at ddwy noswaith. Byddai Nathaniel yn cerdded yr afon yn y dydd, gweld ymhle roedd y pysgod wedi dechrau tyllu ac yna'r noswaith honno âi gyda'i fflachlamp a'i gaff neu ei fforch, gan wybod yn union ble roedd y pysgod y gallai eu dal. Er fy mod yn gwybod bod rhai potswyr eraill yn byw yn y pentref ac yn gwybod hanes yr eog, nid oeddwn erioed wedi bod ar ochr afon yn pysgota'n anghyfreithlon ac erioed wedi gweld pysgod yn 'claddu' cyn cwrdd â Nat. Yn absenoldeb rhewgell, byddai llawer o drigolion Cwrtnewydd yn gwledda ar bysgod Nat drwy fis Tachwedd a rhan o fis Rhagfyr. Mr Tomos, gweinidog Seion a chymydog Nat, oedd un o'r rhain. Wrth ddod i wybod am fy nghysylltiad agos â Nathaniel a'm hawydd i bysgota, byddai Mam yn fy rhybuddio bron yn ddyddiol ym misoedd y gaeaf i 'gadw ymhell' oddi wrth Nathaniel.

Ar ôl iddo symud i Gwrtnewydd, llogodd Nat rhyw erw o dir yn ymyl Frondes lle cadwai hyd at ddwsin o ffowls mewn cwb. Doedd y lleoliad yma ddim ond rhyw hanncr canllath o afon Feithgen ac yng nghwb y ffowls y cadwai Nathaniel ei offer potsian pan âi ar afon Feithgen. Llogai hefyd rhyw bedair erw yr ochr arall i'r pentref, yn ymyl Capel y Bryn. Cadwai rhyw hanner dwsin o ddefaid ar y tir hwnnw ac roedd ganddo hefyd sied yn lloches i'r defaid. Pan fyddai'n potsian ar afon Cledlyn, dyma lle cadwai ei offer. Fel y tir yn ymyl Frondes, roedd hwn hefyd yn gyfleus iawn i bysgotwr am fod afon Cledlyn yn ffinio ag ef.

Roedd Sammy Tremle yn gynghorydd lleol ac yn flaenor a chodwr canu yng nghapel Seion, ac efe a sicrhaodd fod

Cwrtnewydd yn cael ei ddewis fel y pentref mwyaf glandeg yn sir Aberteifi rhwng blynyddoedd 1958 ac 1959. Cyn yr archwiliad gan yr aelodau cyfrifol, fe'i gwelid bron bob dydd yn afon Cledlyn yn glanhau'r sbwriel ac yn symud y cerrig mawrion i'r ochr. Gwnaeth ddau focs tun gwyrdd i ddal y sbwriel a'u lleoli y tu allan i'r Swyddfa Bost ac ar y sgwâr. Cofiaf yn iawn un bore Sul, pan oedd Mam a minnau yn mynd i'r capel, gweld y ddau focs ar ben dwy simdde Castle Green, tŷ ar ganol y sgwâr. Bois y bont y noswaith cynt oedd yn gyfrifol am hyn, gyda'r diweddar Enoch Evans, gwas Allt Goch, wedi dringo i ben y tŷ gan gario'r ddau focs a'u gosod ar y ddwy simdde. Gorfu i Sammy gael ysgolion to i'w cael oddi yno. Sammy hefyd oedd perchennog un o'r tri modur cyntaf i ddod i'r pentref, a phan fyddai raid byddai'n cludo'r bobl leol i ymweld ag ysbytai Aberystwyth a Chaerfyrddin.

Saer maen neu fasiwn, fel y gelwir y grefft yn ein hardal ni, oedd fy nhad, Tom Lewis, yn ôl ei alwedigaeth. Yn ystod fy magwraeth câi ei gyflogi gan lawer o gwmnïau. Haywards o Lanbed oedd un o'r rhain, cwmni a adeiladai bron bopeth o balasau i siediau gwair. Yn ôl y sôn, roedd fy nhad yn dipyn o gymeriad ac yn mwynhau tynnu coes a gwneud drygioni. Clywais amdano, yng nghwmni rhyw dri o weithwyr eraill, yn codi sied ar fferm yn ymyl Llanbed. Wrth fwyta eu brechdanau i ginio dechreuon nhw fwydo'r ceiliog pert a ddeuai atynt. Ar ôl rhyw dri diwrnod o'i fwydo, sylwyd nad oedd y ceiliog yn dod atynt yn ôl ei arfer mwyach ac oherwydd hynny gofynnodd un o'r gweithwyr ymhle yr oedd. Wrth glywed hyn, agorodd fy nhad ei focs tocyn gan dynnu coes ceiliog wedi'i choginio ohono, a gofyn i'w gyd-weithwyr oedden nhw'n mofyn tamaid ohoni.

Clywais stori arall am yr un gweithwyr yn cymhennu adeilad ar fferm fechan yn yr un ardal. Bob dydd deuai un o'r gweithwyr a oedd yn cadw ieir â wyau wedi'u berwi i'r gweithwyr eraill. Dywedai fod ganddo ddigonedd o wyau a bod y siop leol yn methu eu cymryd. Ar ôl rhyw dair wythnos o weithio yno daeth gwraig y fferm at fy nhad, gan mai fe oedd yn gyfrifol am y gwaith, a dweud wrtho mai dim ond ar y penwythnos yr oedd yr ieir a oedd ganddi yn dodwy bellach. Doedd dim eisiau gofyn, felly, o ble roedd y gweithiwr yn cael ei wyau. Ar ddechrau'r pumdegau daeth fy nhad yn boblogaidd iawn fel arweinydd cyngherddau yn yr ardal. Diddorai'r dorf gyda'i storïau a'i adroddiadau digri. Dechreuodd gyfansoddi adroddiadau iddo'i hun gan gystadlu mewn eisteddfodau lu. Bu'r fenter yn llwyddiant ac enillodd lawer iawn o wobrau. Yn ystod yr adeg yma, ymddangosodd ar y teledu yn adrodd a chlywid ei lais yn awr ac yn man ar y radio. Er bod y cystadlu yn amlwg yn rhoi boddhad iddo, cyfansoddi'r penillion a roddai'r mwynhad mwyaf iddo. Cofiaf yn iawn amdano'n aml yn chwerthin wrtho'i hun wrth ysgrifennu rhai ohonynt. Dyma'r penillion cyntaf a luniodd:

Y Chwannen

'I chi gyd yn nabod y chwannen
Neu'r whannen fel y galwn ni hi
Fe'i cewch hi mewn blanced neu garthen
Y ddau bilyn gore'n y tŷ.

Un fach yw ei seis hi ontefe
Ac te jwmpith o'i golwg mor gwic
D'w i ddim ofan ei seis hi o gwbwl
Mae'n waeth 'da fi lawer ei chic.

A welsoch chi erioed hôl cic whannen?
Fe welais i 'da mam-gu.
Roedd 'na dri lwmpyn mawr ar ei chefen
A dim ond un gic gafodd hi.

Nis gwn a y'ch chi 'di sylwi
Maent yn dod o rywle'n un don.
Trueni 'se footballers heddi'n
Cael hanner y gic sy 'da hon.

Ac mae hi yn llances reit cheeky
Fe aiff hi 'da'r bws neu 'da'r trên.
Mae wastad yn mynd heb dalu.
Rwy'n credu ei bod hi'n reit fên.

Fe aiff hi i gonsert neu steddfod
Wrandawith hi ddim ar un diwn.
Dydi hynny ddim colled o gwbwl
Wath dalodd hi ddim am ddod miwn.

A phan fydd y plismon yn galw
Am 'order in the back there please',
Fydd hon yn cymryd 'run sylw.
'Sdim o hon ag ofan polîs.

Fe aiff mewn i gapel neu eglwys,
'Sdim ots pwy enwad 'yn byd.
Dyw hi ddim yn berchen ar gonsiens,
Mae 'i 'na yn y crowd. Dyna i gyd.

Mae hi'n help i'r sawl sy'n pregethu,
Os yw'r bregeth yn hir ac yn flin,
A chithe yn teimlo chwant cysgu,
Fe'ch cadwith chi'n siŵr ar ddihun.

'Na beth pert ydi blouse wedi starcho
A honno fel eira o lân,
'Na le da i weld whannen yn jwmpo
Mae footmarks i'w gweld wrth fynd 'mla'n.

Dydi hon ddim 'run peth â'r falwoden
A'r mwydyn sydd mor annwyl i ni.
Am fod rheini ar foliau eu hunain
Sdim dal ar pwy fola bydd hi.

Meddyliwch 'se circus yn dyfod
Ac ynddo mae performing fleas.
'Na ble byse rhein yn dihangyd
A dwsin neu ddwy ar eich crys.

Mae chwannen 'da finne rwy'n credi
Mae nawr lan bwyti fy nhin.
Roedd hi ddoe lawr rownd fy mhigwrne,
A neithiwr just dan y ben-lin.

Mae 'na ddiben i bob pryfedyn.
Ac mae rhyddid i bob un ei gred.
Rwy'n siŵr fod y chwannen yn perthyn
I'r blood transfusion brigade.

Yn ystod fy nyddiau cynnar yng Nghwrtnewydd deuai
dau drampyn i'r ardal. Roeddwn wedi dod i adnabod Dafydd
Gwallt Hir pan oeddwn yn byw ym Mhantyronnen Fach pan
oeddwn yn ifanc iawn. Er bod ei ddillad yn garpiog roedd yn
ddyn glân ac yn rhywfaint o ysgolhaig. Roedd ganddo lawer o
lyfrau a byddai'n eu cadw yn ei gart. Roedd hefyd yn rhugl yn
y Gymraeg a dywedai rhai mai wedi cael ei siomi gan gariad
yr oedd, ac mai dyna oedd y rheswm iddo ddod yn 'gerddwr
yr hewl'. Arhosai e ddim am rhyw lawer mewn un fan ac fe
deithiai ar hyd a lled y sir a chael bwyd gan hwn a'r llall ar ei
daith.

Roedd Blong yn ddyn hollol wahanol ac yn byw mewn
sgerbwd o dŷ, Camnant Hall, a oedd rhyw hanner ffordd
rhwng Cwrtnewydd a Dre-fach. Yn hollol wahanol i Dafydd,
roedd hwn yn Sais ac, am wn i, ni feddai'r un gair o Gymraeg.
Roedd yn garpiog ac yn frwnt. Cerddai'r ffordd yn ddyddiol
yn ardal Cwrtnewydd gan chwilio am stwmps sigarennau.
Roedd Mam o'r farn fod Daisy Siop y Cambrian yn dda iawn
wrtho ac yn rhoddi bwyd iddo'n aml. Yn wahanol i Dafydd,
roedd ofn Blong arnon ni'r plant lleol. Wn i ddim beth oedd
diwedd yr un o'r ddau, ond credaf fod y ddau wedi'u claddu
'gan y plwyf'.

Ysgol Ramadeg Llandysul

YN HAF 1952, pan oeddwn yn 11 oed ac wedi cael llwyddiant yn yr Eleven Plus, dechreuais fy addysg uwchradd yn Ysgol Ramadeg Llandysul – ond nid cyn creu llawer o ffwdan i'm rhieni. Yn y blynyddoedd cynt byddai plant yr ardal a oedd wedi llwyddo yn yr Eleven Plus yn mynd i Ysgol Ramadeg Llandysul a byddai'r rhai oedd wedi methu yn mynd i Ysgol Fodern Llanbed. Ond nid felly yr oedd hi yn 1952, a hynny oherwydd creu ffrwd ramadeg yn ysgol Llanbed. Oherwydd bod pentref Cwrtnewydd o fewn dalgylch ysgol Llanbed, roedd yn awr yn ofynnol i mi fynychu'r ysgol honno, er bod bws ysgol Llandysul yn pasio drws fy nghartref bob bore a nos ac ynddo ddisgyblion o lefydd agosach i Lanbed na phentref Cwrtnewydd. Y peth chwerthinllyd oedd bod fy ffrindiau a oedd yr un oed â mi ac yn yr un dosbarth â mi yn ysgol Cwrtnewydd yn cael mynychu ysgol Llandysul, a hynny am eu bod yn byw yn agosach at Landysul na mi. Fe gâi'r ysgol yma ei chyfrif fel ysgol orau'r ardal, gyda disgyblaeth yn un o'i phrif ragoriaethau. Mae'n amlwg mai'r rhesymau hyn oedd yn gyfrifol am y ffaith fod fy rhieni yn mofyn i mi ei mynychu yn hytrach nag ysgol Llanbed.

Tra bod Cyngor Sir Aberteifi yn fodlon i mi fynychu ysgol Llandysul, cefais fy ngwahardd rhag teithio yno ar y bws ysgol, er ei fod yn pasio fy nghartref ddwywaith y dydd. Oherwydd y gwaharddiad, bu raid i mi aros ym mhentref Llandysul gan letya yno yn Spring Croft, yng nghartref y ddiweddar Mrs Thomas.

Ar ôl oriau ysgol dechreuais gwmnïa gyda bechgyn y pentref, gan fynychu clwb ieuenctid a fyddai'n cael ei gynnal yn wythnosol yn yr 'Ysgol Isaf'. Dyma lle cwrddais gyntaf â Dai Farmer Jones. Roedd yn blismon ym Mhontweli ond deuai i'r ysgol er mwyn ein dysgu i focsio. Credaf ei fod ar y pryd yn bencampwr bocsio Prydain Fawr yn y pwysau *light heavyweight*.

Ar ôl rhyw dri mis o letya yn Llandysul cafodd y gwaharddiad arnaf rhag teithio i'r ysgol ar y bws ei godi, felly dychwelais i Gwrtnewydd ac i'm cartref i fyw yn syth wedi hynny. Oherwydd bod yna fachgen arall ar y bws o'r un enw cyntaf â mi, sef Ken Crabb, dechreuais gael fy ngalw yn 'Ken Cwrt', ac arhosodd yr enw gyda mi tra bûm yn yr ysgol ac am flynyddoedd lawer ar ôl hynny.

Rhaid i mi ar unwaith gyfaddef nad oeddwn yn un o'r disgyblion gorau nac ychwaith yn un o'r rhai rhwyddaf i'w ddysgu. Fy ffrindiau oedd Emyr Llywelyn Jones, mab yr enwog T. Llew Jones, Tre-groes (ffrind agos i'm tad), John Dai (John Davies) o Dre-fach Felindre, Emyr Lyn Evans o Faesllyn ac Alan (Dai BBC – Blaenbach y Crydd) o'r un ardal. Roeddwn, a dweud y gwir, yn ddrwg ac yn gweld drygioni o bell. Yn union fel yng Nghwrtnewydd, fi oedd yr un a gâi'r bai bob amser am bob drygioni a wneid gan blant fy nosbarth. Yn aml roedd hyn yn wir ond ar adegau craill pan nad oeddwn yn agos at y drygioni, ac er fy mod yn medru profi hynny, fi fyddai ar fai yn union yr un fath.

Bu digwyddiadau amheus a drwg yn Ysgol Ramadeg Llandysul yn ystod y blynyddoedd 1952–1958 yn ymwneud â'r bechgyn uchod ac eraill yn yr un dosbarth. Nid wyf am enwi'r un o'r athrawon oedd yng ngofal y disgyblion pan gâi'r drygioni yma ei wneud, ond rhaid dweud nad oedd unrhyw ddrygioni wedi'i gynllunio a dangosai hyn nad oedd gennym amarch at yr athrawon.

Yn ystod fy ngaeaf cyntaf yn yr ysgol, ar adeg storm o eira, teflais belen eira i fyny at gloc yr ysgol. Glaniodd y belen ar fys mawr y cloc ac wrth i'r eira doddi dyma'r pin yn dod oddi ar wyneb y cloc a syrthiodd ar do'r ysgol. Dyma oedd fy mhrofiad cyntaf o gael fy arwain i ystafell y prifathro, sef Davies Bach, a phrofi brathiad ei gansen ar fy mhen-ôl.

Yn ogystal â'r pedwar bachgen a enwais, roedd yna un arall a oedd yn fy nosbarth a oedd yn gymeriad ar ei ben ei hun. Hwn oedd John Jones, ac fe'i galwem ef yn Cefen. Ar y pryd edrychai John fel pe bai rhyw dair blynedd yn hŷn na'r bechgyn eraill yn y dosbarth. Y rheswm am hynny oedd ei fod yn dal ond hefyd ei fod yn dywyll ei groen ac yn eillio, ac yntau ddim ond yn y dosbarth cyntaf. Roedd John hefyd yn hoff iawn o siarad yn y dosbarth adeg y gwersi. Ar un achlysur, mewn gwers Ladin, cafodd John gosb gan yr athro am siarad, a'i orfodi i ysgrifennu yn yr iaith Ladin, 'Ni chaniateir i mi siarad yn y dosbarth', gant o weithiau. Ar ôl llawer o holi a darllen, penderfynwyd yn unfrydol ein bod wedi darganfod y cyfieithiad cywir, a dyma John yn dechrau ar ei gosb ar unwaith. Roedd hyn yn union ar ddiwedd y wers a chyn dechrau'r llall.

Pan gerddodd yr athrawes llenyddiaeth Gymraeg i mewn i'r dosbarth, ni wnaeth John fawr o sylw ohoni, gan ddal ati gyda'i gosb Ladin. Cawsom orchymyn i edrych ar un o'n llyfrau storïau Cymraeg a dywedodd yr athrawes y byddai'n ein galw yn ein tro i ddarllen. Unwaith eto, ni wnaeth John sylw o'r gorchymyn. Ar ôl i ryw dri ohonon ni ddarllen o'r llyfr, dyma hi'n galw ar John i ddarllen:

'John Jones.'

'Helô.'

'Rydym yn disgwyl, John Jones.'

'Does dim bai arnoch chwi, wir, Miss.'

Wrth glywed ymateb John, dyma'r rhan fwyaf ohonon ni yn y dosbarth yn chwerthin dros y lle. Daeth yr athrawes at John a rhoddi dwy neu dair clipen iddo ar ei ben. Am fy mod i'n eistedd yn ymyl John ac yn dal ati i chwerthin, dyma finnau'n cael yr un driniaeth.

Cofiaf hefyd amdanon ni yn y wers hanes yn gorfod

ysgrifennu traethawd byr ar hanes Harri'r wythfed. Dyma draethawd John: 'Henry the eighth is dead.'

Roedd fy ffrindiau a minnau yn nosbarth tri yr ysgol yn astudio bioleg, ffiseg a fferylliaeth. Nid oedd gen i na rhai o fy ffrindiau unrhyw ddiddordeb yn yr un o'r pynciau hyn ond roedd yn ofynnol inni eu hastudio. Cofiaf yn iawn amdanom yn cynnal arbrofion ar gyrff brogaod yn yr ystafell fioleg. Y bore hwnnw roeddwn wedi dal brogaod mewn llyn lleol ac wedi dod â nhw efo fi i mewn i'r ystafell. Cyn i'r athro gyrraedd a chyn inni roi'r brogaod i gysgu fe benderfynwyd cael ras frogaod ar fwrdd hir yn yr ystafell lle byddai'r arbrofion yn cael eu cynnal. Er mwyn ceisio gwneud i'r brogaod neidio ymhellach gan fod pawb am i'w froga ennill y ras, rhoddwyd gwahanol hylif ar ben-ôl pob un. Cofiaf afael mewn potel soda a chwistrellu'r hylif ar ben-ôl fy mroga i. O fewn dim roedd wyneb y bwrdd yn llys brogaod o un pen i'r llall. Pan gerddodd yr athro i mewn i'r ystafell a gweld y brogaod a'r llys ar y bwrdd, gwylltiodd. Cefais i ac un neu ddau arall goten ganddo a gorfu i ni lanhau'r bwrdd cyn medru gwneud dim arno.

Y flwyddyn ganlynol, roeddwn yn cael gwers gemeg mewn ystafell oedd yn union uwchben ystafell y prifathro. Cawsom gyfarwyddyd gan yr athro i wneud arbrawf yn ymwneud â chyfuno asid sylffwrig gwan a magnesiwm er mwyn gwneud nwy. Ar ôl rhoi ei gyfarwyddyd fe aeth yr athro, a oedd hefyd yn ddirprwy brifathro, allan o'r ystafell a'n gadael i wneud yr arbrawf heb unrhyw arolygiaeth. A ninnau heb neb cyfrifol i'n harolygu, fe gyfnewidiwyd y fflasg fach roeddem i fod i'w defnyddio i ddal yr asid am un fawr. Defnyddiwyd hefyd asid cryf yn lle'r un gwan, ac fe roddwyd llond llwy fawr o fagnesiwm, yn lle tamaid bach, i mewn i'r fflasg ar ben yr asid. Cafwyd gafael mewn powdwr coch mewn cwpwrdd, a'r enw 'Jewellers' Rouge' arno, a rhoddwyd peth o hwnnw i mewn i'r fflasg hefyd. Rhoddwyd top arni a gadael i'r asid wneud ei waith. Pan welson ni ei bod yn llawn nwy, tynnwyd y top oddi arni gan roi *taper* a oedd wedi'i gynnau i mewn yuddi. Ar unwaith, dyma'r ergyd ryfeddaf, y fflasg yn deilchion ac wyneb Alan (Dai BBC) yn smotiau coch mân drosto – effeithiau'r powdwr coch o'r fflasg, wrth gwrs.

A minnau heb ystyried difrifoldeb y weithred, ac wrth edrych ar wyneb Alan, nid oeddwn yn gallu stopio chwerthin. Rhedodd yr athro yn ei ôl i'r ystafell gan ofyn beth oedd wedi digwydd. Yn amlwg, wrth fy ngweld i'n chwerthin dyma fe'n dod ataf a dweud yn Saesneg, 'Stop laughing, boy,' gan gynnig coten i mi ar yr un pryd. Anfonwyd fi i aros y tu allan i'r ystafell. Roeddwn yn y fan honno yn dal i chwerthin pan ddaeth y prifathro ataf. Gofynnodd paham roeddwn y tu allan i'r ystafell a beth oedd achos y ffrwydrad. Cofiaf yn iawn fy ymateb: 'An experiment gone wrong, sir.' Ar ôl ymgynghori ag athro'r wers gemeg, daeth y prifathro allan gan fynd â mi i'w ystafell. Yno, gorfodwyd i mi blygu dros sedd ei gadair ac fe gefais y gansen chwe gwaith ar fy mhen-ôl. Roedd hyn yn well na chael fy niarddel o'r ysgol.

Gan i mi gael y bai am y ffrwydrad, cefais fy ngwahardd o'r gwersi cemeg a bu'n rhaid i mi ymuno â'r gwersi coginio yn eu lle. Nid oedd y gosb honno'n fy mhlesio o gwbwl ac ni ddywedais yr un gair wrth fy rhieni amdani. Fi oedd yr unig fachgen yn y gwersi coginio ac roedd hyn yn ergyd i'm hyder ac, yn fy marn ar y pryd, cawn fy mychanu. Roedd pedwar arall yn ogystal â mi yn gyfrifol am y ffrwydrad ond dim ond fi a gafodd ei gosbi, felly roeddwn yn benderfynol o gael dial am fy nghosb.

Yn ystod fy ail wers goginio, a rhai o'r merched yno yn chwerthin ar fy mhen, cefais gyfarwyddiadau gan yr athrawes sut i goginio bara. Ar ôl iddi droi ei chefn, ces afael yn y llestr dal berem a rhoddais yr holl ferem a oedd ynddo i mewn yn y cymysgedd. Gyda chaniatâd yr athrawes, rhoddais y cymysgedd i mewn i ddau dun bara a'u dodi yn y ffwrn drydan. O fewn yr awr, a chyn diwedd y wers, aeth yr athrawes a fi i edrych ar y bara. Yn ddiarwybod iddi, roeddwn wedi cael golwg arnynt rhyw ddeg munud ynghynt, a'r pryd hynny roeddent yn llanw'r ffwrn. Ni ddywedais yr un gair wrthi am hyn. A dweud y gwir, roeddwn yn gofidio ychydig beth fyddai canlyniad y berem ychwanegol. Agorodd yr athrawes ddrws y ffwrn a rhoddi sgrech afiach ar unwaith. Roedd y ddwy dorth bron â dod allan i'w chwrdd. Gwaeddodd arnaf, 'Ken Lewis! What have you done? What have you put in the mix?' Cofiaf fy ymateb iddi, 'Yn gywir fel y dywedoch chwi wrthyf, Miss. Mae'n amlwg eich bod yn wrong.' Ar ôl ychydig amser, aeth at y crochan dal berem a phan welodd ei fod yn wag daeth ataf a'm cyhuddo o roddi'r berem i gyd yn y bara. Yn amlwg, ni allwn wadu hynny. Dywedais wrthi nad oeddwn yn mofyn gwneud coginio fel pwnc ac mai gwastraff amser oedd i mi fynychu ei dosbarth. Ni wnaeth unrhyw sylw o'm datganiad.

Yn union ar ôl i'r wers orffen, darganfu'r athrawes fod y llythrennau 'KL' wedi'u naddu yn ddwfn i mewn i wyneb y bwrdd yn y fan lle roeddwn i wedi bod yn eistedd. Yn ôl y disgwyl, cefais y bai am y weithred honno hefyd ac oherwydd hynny fe'm dygwyd o flaen y prifathro unwaith eto. Plediais arno nad fi oedd yn gyfrifol am y difrod i'r bwrdd, ac ar yr un pryd erfyniais arno i beidio â'm gorfodi i fynychu'r dosbarth coginio eto. Gofynnodd i mi yn Saesneg ofyn i mi fy hun pwy arall fyddai'n mofyn rhoddi llythrennau cyntaf fy enw a'm cyfenw ar wyneb y ddesg, ac i ba bwrpas. Wrth edrych yn ôl, mae'n rhaid bod y prifathro yn amheus ynghylch fy euogrwydd neu fe fyddwn wedi cael fy ngwahardd o'r ysgol. Y cwestiwn felly yw pwy oedd yn gyfrifol am wneud y difrod i'r bwrdd. Roeddwn ar y pryd yn drwgdybio un o'r disgyblion ond, ar ôl meddwl, fi oedd yr olaf i adael yr ystafell. Gan ystyried hynny felly, yr unig un, heblaw amdanaf i, a allai fod wedi gwneud y difrod oedd yr athrawes. Mae'n bosib ei bod wedi gwneud hyn er mwyn cael fy ngwared o'i dosbarth. Pwy a ŵyr? Canlyniad hyn oll fu i'r prifathro adael i mi gael gwers rydd yn lle mynychu'r gwersi coginio. Plesiodd y penderfyniad hwnnw fi yn fawr iawn.

Yn ystod un o'r gwersi rhydd hyn penderfynais godi ofn ar y plant lleiaf. Roedd twrch daear wedi'i stwffio mewn cwpwrdd gwydr yn yr ystafell ddarllen a chefais help dau neu dri o ddisgyblion eraill i'w dynnu allan o'i gartref gwydr. Clymwyd dwy lein bysgota iddo – un wrth ei bart ôl a'r llall wrth ei bart blaen – a'i dynnu o un pen y rhodfa ar ail lawr yr ysgol i'r llall. Roedd hyn yn bosib gan i un ohonom aros allan o'r golwg ar dro'r fynedfa i'r grisiau ar un ochr i'r rhodfa a'r llall yn yr un safle yr ochr arall. Gwyddem fod y plant lleiaf yn cael gwers mewn ystafell ar y rhodfa hon a rhoddwyd y twrch yn ymyl mynedfa'r ystafell. Pan glywyd sŵn y drws yn agor, tynnwyd y twrch yn araf bach heibio'r fynedfa. Ar hyn, daeth sgrech fyddarol o gyfeiriad yr ystafell. Gwyddem ar unwaith mai sgrech yr athrawes oedd y sgrech honno ac fe adawsom y twrch yn y fan a'r lle gan redeg nerth ein baglau oddi yno. Ni chlywyd mwy am y digwyddiad ond nid oes gen i amheuaeth nad oeddwn ar dop rhestr y sawl a gâi eu hamau o fod yn gyfrifol. Yn aml, rhoddai'r athrawes wên fach slei i mi, cystal â dweud 'Ti oedd e, yntife.'

Ar ôl y flwyddyn 1955, fi a dau ddisgybl arall oedd y rhai olaf i ddisgyn oddi ar y bws ysgol gyda'r nos ac, wrth reswm, y cyntaf i fynd arno yn y bore. Deuai'r bws o Lanybydder a chyrraedd Cwrtnewydd ac yna i fyny i sgwâr Penheol yng Nghwmsychbant, ac yna i Alltyrodyn a phentref Pontsiân. Oddi yno dychwelai i Alltyrodyn gan deithio i sgwâr Pantydefaid, troi i'r dde i bentrefi Maesymeillion a Thre-groes ac yna drwy sgwâr y Gorrig ac i bentref Llandysul. Ar waelod rhiw'r ysgol caem ein gollwng o'r bws ac fe ddychwelai i Lanybydder yn wag. Deuai'n ôl yn y prynhawn i'n casglu am hanner awr wedi tri ar waelod rhiw'r ysgol.

Ar ôl dod oddi ar y bws yn y bore rhaid oedd cerdded dros hanner milltir i fyny'r rhiw ac i'r ysgol. Dyma oedd y drefn i bob disgybl a hefyd i'r rhan fwyaf o'r athrawon. Arhosai pob bws ar waelod y rhiw a, heblaw am foduron un neu ddau o'r athrawon, ni ddeuai unrhyw fath arall o drafnidiaeth yn agos i'r ysgol. Fe welir felly bod yna rai cannoedd o ddisgyblion yn cerdded rhiw'r ysgol bob bore a nos. Ar ein bws ni fe deithiai'r athrawon a'r plant gyda'i gilydd. Yn weddol aml, teithiai un athrawes ar ein bws o Gwrtnewydd ac un arall yn ddyddiol o Dre-groes. Ar brydiau, teithiai heddwas – yr Arolygydd Ishmael o Lanbed – ar y bws hefyd. Deuai i Landysul ar y bws yn y bore a dychwelyd oddi yno yn yr hwyr. Yn amlach na pheidio, y diweddar Trefor Lewis o Lanybydder fyddai gyrrwr y bws.

Un prynhawn, ar ein ffordd adref o'r ysgol, yn ymyl Penlon, Maesymeillion, cartref boreol y diweddar Barchedig Jacob Davies, roedd dau gerbyd wedi'u parcio ar yr hewl wrth ochr y tŷ. Methodd y bws fynd heibio iddynt. Aeth Trefor i gnocio ar ddrws y tŷ ond ni chafodd ateb. Aeth wedyn i geisio dechrau un o'r cerbydau, yr Austin *pick-up*, ond methodd. Wrth weld hynny, a minnau wedi bod yn dreifio un o'r rhain gyda Derek South ar gaeau'r garej yng Nghwrtnewydd, dyma fi'n anwybyddu gorchymyn yr athrawes oedd ar y bws a mynd i mewn i'r cerbyd. Erbyn hyn, roedd Trefor wedi ceisio ac wedi methu dechrau'r cerbyd arall, sef fan fach wen, ac wedi dod allan ohoni ac yn sefyll wrth ymyl wal y tŷ. Dechreuais i y *pick-up*, a hwnnw mewn gêr. Aeth tu blaen y cerbyd i mewn i du ôl y fan fach a'i gwthio'n ôl nes cafodd Trefor ei ddal rhwng wal y tŷ ac ochr y cerbyd. Saethodd y *pick-up* wedyn ar draws yr hewl o flaen y bws gan fwrw'r clawdd cyn dod i stop. Cerddais allan ohono ac yn ôl i'r bws. Gwnaeth yr athrawes ryw sylw ond fe'i hanwybyddais. A dweud y gwir, roeddwn mewn panig. O fewn munudau daeth gyrwyr y ddau gerbyd aton ni a'u symud. Wrth lwc, ni chafodd Trefor unrhyw niwed corfforol ac ni wnaed difrod i'r ddau gerbyd ychwaith.

Ar rai adegau pan na fyddai'r athrawes na'r heddwas yn bresennol ar y bws prynhawn, byddai Trefor yn gadael i fi ddreifio'r bws. Byddai hyn wastad i fyny rhiw Pyllau'r Bryn a chyn belled â phen hewl Blaenhirbant Isaf – rhyw filltir a hanner o ddreifio. Trefor oedd gyrrwr y bws un prynhawn. Nid oedd wedi gweithio'r shifft fore ac felly nid oedd yn gwybod bod yr Arolygydd Ishmael wedi teithio ar y bws y bore hwnnw. Ar ôl troi i'r chwith ar sgwâr Alltyrodyn, gofynnodd Trefor i fi a oeddwn am ddreifio'r bws. Heb feddwl ddwywaith, cytunais. Yn y lle arferol, stopiodd Trefor y bws ac es i eistedd

yn sêt y gyrrwr. Roeddwn yn teimlo'n hollol gyffyrddus ac
fe ddreifiais y bws i fyny'r rhiw, heibio fferm y Waun ac am
Alltybig. Yn y cyfamser, roedd Trefor yng nghefn y bws yn
siarad gyda'r disgyblion. Ychydig bellter ar ôl pasio fferm y
Waun, gwelais yr Arolygydd Ishmael yn aros yn ei fan arferol
wrth ymyl Alltybig ac yn arwyddo arnaf i stopio. Gwaeddais
mewn panig, 'Trefor, Trefor – Ishmael, Ishmael!' Rhedodd
Trefor ataf gan weiddi arnaf i beidio â stopio, a finnau rhyw
hanner canllath oddi wrth yr heddgeidwad. Arhosodd Trefor
ar ei draed y tu ôl i mi gan blygu drosof a chydio yn yr olwyn.
Rhoddodd ei got fawr frwnt dros fy wyneb. Nid oeddwn yn
gweld dim. Ef oedd yn gafael yn yr olwyn ac ef oedd wrth y
llyw. Cofiaf ei eiriau'n iawn: 'Cadw i fynd a gwasga'r throttle
'na. Ta beth ti'n wneud, paid â stopio.' Ar sgwâr Penheol, ac
allan o olwg yr heddwas, ailgymerodd Trefor y cyfrifoldeb am
ddreifio'r bws a throi'n ôl am Alltybig, lle roedd yr heddwas
wedi bod yn aros amdano. Cyn i Ishmael gael cyfle i ddweud
gair, dywedodd Trefor wrtho fod un o'r merched ar y bws
yn teimlo'n sâl iawn a'i fod yn ddyletswydd arno i fynd â hi
gartref gyntaf. Ar ôl y fellten agos honno, ni chefais gynnig
arall gan Trefor i ddreifio'r bws.

Un bore, yn ystod tymor gwanwyn 1956, gyda Curwen, un
o yrwyr eraill cwmni bysiau Gwalia, yn dreifio'r bws, gwelais
fod yr Arolygydd Ishmael ar y bws yn barod. Daeth i siarad
â mi gan awgrymu y dylwn ymuno â'r heddlu ar ôl ymadael
â'r ysgol. Wrth reswm, fu neb ohonom yn ysmygu ar y bws y
bore hwnnw, nac ychwaith yn cadw llawer o sŵn. Dywedodd
un o'r athrawon wrtho ei bod yn drueni na fyddai'n dod ar y
bws bob dydd.

Yn ystod gwyliau'r haf y flwyddyn honno, daeth gwisg y
teddy boy i fri – trowsus tyn, esgidiau â gwaelod rwber trwchus
a'r *crew cut*. Yn ddiarwybod i Mam, roeddwn wedi anfon am
y dillad hynny o'i chatalog ac, ar ôl eu cael, wedi'u cuddio yn
nhwlc y mochyn hyd nes y byddwn yn cael y cyfle i'w gwisgo.
Daeth y cyfle hwnnw un prynhawn Sadwrn. Nid oedd fy
rhieni gartref, ac fel arfer bob dydd Sadwrn mi awn efo'r bws

i Lanbed, gan gyrraedd yno tua phedwar o'r gloch. Mi es yn syth i siop Jac Oliver y barbwr gan ofyn iddo am *crew cut*. Ar unwaith, gofynnodd i mi, 'Beth ddiawl yw hwnnw?' Gwnes fy ngorau i dreio dweud wrtho mai gwallt byr tua modfedd o hyd ydoedd. Heb ragor o ymgynghori gyda fi, dyma fe'n dechrau torri 'ngwallt. Ar ôl iddo gwpla, edrychais ar fy hunan yn ei ddrych ac fe fu bron i fi gael haint. Doedd braidd dim gwallt ar ôl ar fy mhen. Y peth cyntaf a ddaeth i'm meddwl oedd beth fyddai Mam yn ei ddweud. Does dim dowt nad oedd golwg ofnadwy a dieithr iawn arna i.

Y noson honno es i'r pictiwrs, ac ar ôl cyrraedd adref cefais wared ar y trowsus a'r esgidiau drwy eu lluchio yn ôl i'r twlc. Nid oedd modd gwneud dim byd am y gwallt. Y bore canlynol, galwodd Mam arna i i godi er mwyn mynd i'r capel, a phan welodd gyflwr fy ngwallt dyma hi'n rhoi sgrech fyddarol. Fel y gellir disgwyl, cefais dipyn o bregeth ganddi a bu'n rhaid i mi ddweud wrthi am y dillad yn y twlc. Ni welais y rheini ar ôl y bore hwnnw a bu'n rhaid i mi wisgo cap am fy mhen am ryw bythefnos ar ôl hyn, hyd nes y tyfodd y gwallt yn ei ôl rywfaint.

Yr adeg honno cafodd yr ysgol brifathro newydd, Mr Islwyn Williams. Yn groes i ddymuniadau'r disgyblion, cyflwynodd rygbi i'r ysgol yn hytrach na phêl-droed. Gan fod gennym dîm pêl-droed llwyddiannus iawn yn yr ysgol, ac er mwyn dangos ein gwrthwynebiad i'r gorchymyn hwn, ciciwyd pob pêl rygbi i ben to fflat yr ysgol, ac ar un achlysur rhwygwyd un o bocedi trowsus Mr Havard, yr athro rygbi, pan geisiodd ein hyfforddi i chwarae'r gêm. Ni afaelem yn y bêl rygbi o gwbwl, dim ond ei chicio fel pe bai'n bêl droed.

Ar ôl peth amser, des yn ffrindiau efo merch hynaf y prifathro newydd. Tybiaf mai'r cyfeillgarwch hwnnw a wnaeth iddo fy ngalw i'w ystafell un diwrnod a'm rhybuddio i gadw ymhell oddi wrthi a pheidio â chymdeithasu â hi o gwbwl. Cofiaf yn iawn ei eiriau: 'You see, Lewis, you are a dud and won't go very far in life' – am nad oeddwn i, ar y pryd, fawr o ysgolhaig, am wn i, er 'mod i wedi pasio chwe phwnc lefel

O ac wedi astudio hyd at lefel A. Er mawr siom i'm rhieni a hefyd i Sally, chwaer fy mam, a oedd am fy ngweld yn dilyn cwrs coleg, gorffennais fy addysg yn ysgol Llandysul yr haf canlynol.

Y Motor-beic a'r Pysgota

WEDI GADAEL YR ysgol, a minnau heb unrhyw amcan beth roeddwn am ei wneud, gwelais hysbyseb mewn papur lleol yn dweud bod angen clerc ifanc yn Swyddfa'r Priffyrdd, Cyngor Sir Aberteifi, ym Mhenrhos, Llandysul. Ar ôl trafod y swydd gyda'm rhieni, penderfynais wneud cais amdani. Yr henadur Gwarnant Williams, Alltyblaca, neu MLl fel y galwai fy nhad-cu ef, oedd ein cynghorydd lleol a chadeirydd y Cyngor Sir. Rhaid felly oedd mynd i'w weld, o ran cwrteisi. Roedd ef a'i wraig yn ffrindiau mynwesol i'm tad-cu a'm mam-gu.

Cefais gyfweliad am y swydd yn Swyddfa'r Sir, Aberaeron, gydag MLl yn cadeirio. Bûm yn llwyddiannus yn y cyfweliad a dechreuais yn Swyddfa'r Priffyrdd ym Mhenrhos o fewn y mis. Doedd yr adeilad ddim mwy na sied, gyda dwy ystafell ac un tŷ bach.

Bryd hynny, yn Awst 1957, Penrhos oedd yn gyfrifol am holl heolydd de'r sir. Ar y staff roedd un tirfesurydd rhanbarthol, E A Bryant, ei ddirprwy Ezer Evans, dau archwiliwr heolydd, Dafydd Evans o Felin-fach a David Jenkins o Lanarth, a thri chlerc – Jeremy y prif glerc, Albert ei ddirprwy a minnau. Cyflogid saith yn y swyddfa felly, ac ychydig dros 300 o weithwyr y tu allan. Roedd y rhain yn weithwyr hewl, yn yrwyr lorïau, yn seiri ac yn beirianwyr. Ychydig flynyddoedd yn ôl, pan oedd Dyfed yn gyfrifol am yr ardal, roedd yna dros 20 yn gweithio yn y swyddfa a dim ond rhyw 60 yn gweithio y tu allan – rhyfedd o fyd!

Rhaid i mi ganmol gwaith bendigedig y gweithwyr hewl yn

ystod y cyfnod hwnnw, pan oedd yn bleser gweld pob gwrych a phob gwter. Nid felly heddiw wrth i beiriannau wneud gwaith y dynion. Deuai un o'r peirianwyr, sef Evan James, o Gwrtnewydd, ac oherwydd ei fod ef yn ddyn gweddol o faint cefais y llysenw 'Cwrtnewydd Bach'.

Bob bore Llun byddai taflenni amser wythnosol y gweithwyr yn cyrraedd y swyddfa, yn cael eu harchwilio gan y tri chlerc, eu harwyddo gan yr archwilwyr a hefyd gan un o'r tirfesuryddion ac yna'u hanfon ymlaen i'r brif swyddfa yn Aberaeron, fel y gallai'r cyngor baratoi'r tâl priodol. Gan fod pob un ohonom yn y swyddfa yn ysmygu, roedd y lle'n fwg i gyd bob dydd Llun. Cofiaf yn iawn mai £8.10.1d. oedd tâl wythnosol y gweithwyr hewl ac mai £9.7.6d. oedd tâl y gyrwyr lorïau. Fy nghyflog i am y flwyddyn ar y pryd oedd ychydig o dan £300.

Adeg y Nadolig byddai cannoedd o sigarennau a sawl potelaid o ddiodydd yn cyrraedd y swyddfa fel anrhegion oddi wrth gwmnïau lleol yr oedd yr adran wedi'u defnyddio yn ystod y flwyddyn. Ceisiai'r prif dirfesurydd gadw'r rhain iddo ef ei hun ond byddai Ezer yn sicrhau eu bod yn cael eu dosbarthu'n deg rhwng pob un ohonom. Roedd Ezer, a oedd yn berson bendigedig, hefyd yn hoff o ddiferyn neu ddau a daeth sôn i'r swyddfa iddo gael damwain yn ei fodur ond heb achosi niwed iddo ef ei hun nac ychwaith i'w fodur. Roedd Jeremy Jones yn bencampwr ar y grefft o godi gwên mewn barddoniaeth, a chefais fy annog ganddo i lunio englyn i ddisgrifio anffawd Ezer. Dyma oedd fy nghynnig:

> Mae Ezer mewn cwter yn cwato – a'i Forris
> Fe oerodd cyn stopio
> Yn y dŵr mae'r gŵr o'i go,
> Ar hast rhowch rywbeth drosto.

Pan ddarllenodd Ezer hwn, ac yntau hefyd yn barddoni, yn hytrach na chael fy ngheryddu fel y disgwyliwn, cefais lawer o ganmoliaeth ganddo.

Ben oedd saer coed yr adran, ac fel y peirianwyr, Penrhos oedd ei ganolfan yntau hefyd. Dyn hoffus iawn oedd Ben, yn hoff iawn o ganu a thynnu coes. Byddai hefyd, drwy gydol y dydd, yn ymbil am sglodion neu am *chewing gum* neu unrhyw beth roedd rhywun arall yn ei fwyta. Un dydd roedd Jeremy, Albert a minnau yn cnoi *chewing gum* ac, yn ôl ei arfer, dyma Ben, ar un o'i ymweliadau mynych â'r swyddfa, yn erfyn am un. Byddai'n cael un bob tro y galwai. Awgrymodd Jeremy ein bod yn rhoddi *laxative chewing gum* iddo y diwrnod canlynol. Wrth gwrs, fi oedd yr un gafodd ei ddewis i'w roi iddo, ac fe'i gwelsom yn pasio ffenestr y swyddfa yn cnoi ac yn chwerthin yn braf. Canlyniad hyn oedd i Ben fod yn sâl ac ni fu yn ei waith y diwrnod canlynol. Ni ddywedodd yr un gair wrthym am achos ei salwch ond fe rannodd y gyfrinach efo Evan James y peiriannydd. Nid oes gen i gof amdano'n ymbil am yr un *chewing gum* wedi hynny. Byddai Jeremy yn aml yn gofyn iddo a hoffai un, a'i ateb fyddai, 'Stwff e lan dy din.'

Gan fod y peiriannydd Evan James yn dod o Gwrtnewydd, am ryw fis fe deithiais gydag ef i'm gwaith. Nid oedd hon yn sefyllfa ddelfrydol oherwydd ei fod yn dechrau gweithio am wyth y bore a minnau'n dechrau am naw. Rhaid felly oedd cael ffordd arall i'm cludo i'r gwaith. Roedd fy nhad yn cael ei gyfri'n arbenigwr ar bopeth yn ymwneud â beiciau modur ac ef oedd yn gyfrifol am y ffaith fod wyth o fechgyn y pentref yn berchen beic. Bu llawer o ddadlau yn ein tŷ ni ynghylch a oeddwn yn ddigon cyfrifol i gael beic modur ai peidio. Yn y diwedd, penderfynodd fy nhad brynu un i mi gan Elwyn Rees Motors, Pentop, Llanllwni. BSA 350cc coch ydoedd, un ail-law, ac yn flwydd oed. Yn wahanol i heddiw, ni châi dysgwyr eu cyfyngu i feiciau modur a pheiriannau llai na 250cc. Roedd gen i, felly, fotor-beic o faint sylweddol ac un clou.

Ymhen llai na mis roeddwn yn hollol gartrefol ar ei gefn ac yn ceisio efelychu campau Geoff Duke a John Surtees, dau arwr mawr i mi, a dau roeddwn wedi'u gweld yn rasio ym mharc Aberdâr. Rhaid cyfaddef fy mod i'n dipyn o ffŵl ar y beic modur ac yn ei yrru cyn gyflymed ag y medrwn. Yn lle cadw i'r ffordd fawr ar fy ffordd i'm gwaith, byddwn yn troi i'r dde ar sgwâr Pren-gwyn, gan fyned i lawr Lôn Bele ac i Dregroes. Yno byddwn yn troi i'r chwith i fyny rhiw Rhiwlyg ac allan i sgwâr Croes-lan, yn troi i'r dde yn y fan honno ac yna i Benrhos. Roeddwn wrth fy modd ar gefn fy meic modur ac yn enwedig wrth fynd dros bont afon Cerdin yn Nhre-groes ar dipyn o gyflymder. Roedd yr hewl dros y bont mor serth a minnau'n mynd mor gyflym nes gwneud i'r beic modur neidio i'r awyr heb gyffwrdd â'r ffordd am rhyw 20 llath. Dyma a wnawn bob bore, gan deimlo'n hyderus iawn, ac edrychwn ymlaen at ei wneud bob dydd.

Un bore ar ddiwedd yr haf, a minnau ar fwy o frys nag arfer, cymerais y bont yn rhy gyflym a methu troi'r tro wedyn. Es i mewn i lawnt y tŷ ar y cornel, gan godi'r goeden rosod yn ei chanol o'r gwraidd. Wedi i mi sylweddoli nad oedd neb wedi fy ngweld yn creu'r difrod, ac am nad oeddwn wedi cwympo, penderfynais beidio ag aros a mynd yn syth i'm gwaith. Ni ddywedais air wrth neb yn y gwaith am y digwyddiad, a'r noswaith honno es adref ar hyd ffordd arall.

Bryd hynny roedd fy nhad yn gweithio yn ardal Llanybydder. Wrth y ford y noswaith honno, amser swper, gofynnodd i mi beth oedd wedi digwydd ar bont y Cerdin yn Nhre-groes y bore hwnnw. Roedd yn amlwg ei fod wedi cael gwybod am fy anffawd ac felly roedd yn hollol ddibwrpas i mi dreio gwadu. Fy esgus oedd bod pryfyn wedi mynd i mewn i'm llygad. Roedd yn amlwg nad oedd yn fy nghoelio ac ar ôl swper fe aeth â mi i'r tŷ yn Nhre-groes y bûm ar ei lawnt y bore hwnnw.

Pan gyraeddasom yno cefais syndod mawr i glywed perchennog y tŷ a Nhad yn cyfarch ei gilydd wrth eu henwau cyntaf. Daeth yn amlwg yn weddol glou eu bod yn adnabod ei gilydd ers blynyddoedd, gan fod Nhad wedi gweithio yn Nhre-groes ac yn adnabod llawer yno. Erys hyd heddiw yn ddirgelwch i mi sut y daeth i wybod am fy anffawd ac yntau'n gweithio ar y pryd yn Llanybydder, rhyw 12 milltir i ffwrdd. Rhaid cofio nad oedd y fath beth â ffôn symudol bryd hynny.

Yn amlwg, cefais bregeth ganddo am yrru'r beic modur fel y gwnawn a dywedodd wrthyf y byddai'n ei werthu pe bai'n cael un achwyniad arall yn ymwneud â'm gyrru.

Cafodd pregeth fy nhad dipyn o ddylanwad arnaf ac o'r herwydd bûm yn gyrru fy meic modur, er yr un mor glou, yn llawer mwy gofalus. Ni fûm yn 'hedfan' dros bont Tre-groes ar ôl ei bregeth. Yn fuan ar ôl hyn daeth i glyw fy ffrindiau fod plismon Llandysul 'ar fy ôl'. Er fy mod yn ymwybodol o hyn a'm bod yn mynd ar fy meic i'm gwaith bob dydd, ni chefais gip arno.

Pan gefais y beic modur addewais i fy nhad mai dim ond i fynd i 'ngwaith y byddwn yn ei ddefnyddio. Dyna fel y bu nes i John, fy ffrind o Gwrtnewydd, a minnau gwrdd â dwy nyrs o ardal Tregaron a oedd yn gweithio shifft nos yn ysbyty Aberystwyth. Gwnaethom drefniadau i'w cwrdd y tu allan i ddrws ffrynt yr ysbyty am un o'r gloch un bore dydd Sul. Er mwyn cyflawni hyn, rhaid oedd cael fy meic modur allan o'r garej heb i'm rhieni wybod, a'i ddechrau cyn belled o'r tŷ ag oedd yn bosib. Y nos Sadwrn honno, cyrhaeddais adref gyda bws pictiwrs Llanbed tua deg o'r gloch a mynd i'm gwely. Roedd fy ystafell wely yng nghanol tu blaen y tŷ, gyda ffenestr yn union uwchben *porch* y drws ffrynt. Roedd hi, felly, yn hawdd i mi fynd allan o'r tŷ drwy'r ffenestr i ben y *porch* a neidio oddi yno i'r lawnt heb i'm rhieni wybod dim. Roeddwn wedi sicrhau nad oedd drysau'r garej ar glo pan ddes i mewn ar ôl bod yn y pictiwrs.

Aeth y cyfan yn berffaith. Gyda help John, cawsom fy meic modur allan o'r garej heb lawer o ffwdan a'i wthio am rhyw chwarter milltir i fyny rhiw Maesllyn ac i ymyl Gwynfil. Yno fe starton ni fe a thynnu'r ddwy lythyren 'L' oddi arno, fel na fyddem yn tynnu sylw heddweision, gan ei bod yn anghyfreithlon i mi gario John ac yntau hefyd yn ddysgwr. Cyraeddasom Aberystwyth ychydig cyn i'r ddwy nyrs adael eu gwaith. Ar ôl rhyw hanner awr yn eu cwmni, ac ar ôl gwneud trefniadau i'w cwrdd yr un pryd ac yn yr un fan y bore Sul canlynol, aethom yn ôl am Gwrtnewydd gan gyrraedd adref rhwng dau a thri o'r gloch y bore. Ar ôl gwthio'r beic modur yn ôl i'r garej, dringais i'm hystafell, drwy'r ffenestr ac i'm gwely. Am ddeg o'r gloch, fel arfer, galwodd fy mam arnaf fel y gallwn fynd gyda hi i wasanaeth y bore yng nghapel Seion.

Daeth y penwythnos canlynol yn weddol gyflym. Gyda'r un trefniadau mewn llaw â'r penwythnos cynt, cawsom fy meic modur allan o'r garej a'i wthio i fyny rhiw Maesllyn heb lawer o ffwdan. Pan es i'w starto, sylweddolais ar unwaith fod rhywbeth yn bod. Nid oedd plwg yn y peiriant. Roedd yn amlwg bod rhywun wedi'i dynnu oddi yno. Bu'n rhaid gwthio'r beic modur yn ôl i'r garej. Yno roedd fy nhad yn aros amdanon ni â gwên fawr ar ei wyneb. Roedd yn amlwg bod rhywun wedi dweud wrtho am gynlluniau John a fi. Diolch i Nhad, dyna fu diwedd y garwriaeth yn Aberystwyth.

Yr adeg honno roeddem yn gweithio 44 awr yr wythnos ac felly rhaid oedd gweithio bob bore Sadwrn. Dyna oedd oriau gwaith pob un oedd yn gyflogedig gan Gyngor Sir Aberteifi. Er bod fy llygaid ar lawer merch, nid oedd neb arbennig dan sylw gennyf yn y cyfnod yma. Soniais wrth Jeremy yn y swyddfa am ferch ro'n i wedi'i gweld mewn dawns yn Llandysul. Roedd hi'n dod o Dre-groes ac yn gweithio yn Swyddfa'r Sir, Aberystwyth. O fewn dim roedd Jeremy wedi cael enw'r ferch ac wedi trefnu fy mod yn ei chwrdd yn Aberystwyth ar y prynhawn Sadwrn canlynol ar ôl iddi orffen ei gwaith, gan ddod â hi adref i Dre-groes.

Daeth dydd Sadwrn ac, fel y trefnodd Jeremy, cwrddais â'r ferch y tu allan i'w swyddfa a'i chludo ar fy meic modur i Dre-groes. Wrth reswm, doedd y llythyren 'L' ddim ar fy meic modur. Y prynhawn Llun canlynol, a finnau wedi stopio ar sgwâr Tre-groes, daeth tad y ferch ataf, cyffwrdd â'r llythyren 'L' ar y beic modur a gofyn i mi sut roeddwn i'n medru cludo ei ferch ar fy meic modur a minnau heb basio'r prawf gyrru. Dywedais gelwydd wrtho fy mod i wedi pasio'r prawf a bod y beic modur hefyd yn cael ei ddefnyddio gan fy mrawd, a oedd yn ddysgwr. Roedd yn amlwg bod y ferch wedi dweud wrth ei thad sut y daeth hi adref o Aberystwyth. Oherwydd hyn, fûm i ddim i Aberystwyth i'w nôl hi wedyn, ac ni thynnais yr 'L' oddi ar y beic modur wedi hynny.

Ar brynhawn dydd Gwener yn niwedd mis Hydref, bûm yn llwyddiannus yn fy mhrawf gyrru, a chyda'r 'L' wedi'i thynnu i ffwrdd a'i thaflu a John, a oedd yn dal yn ddysgwr, ar y cefn, fe aethom i Geinewydd. Wrth ymyl Synod Inn, wedi troi am Geinewydd, gwelais blismon Llandysul yn sefyll wrth ymyl ei fotor-beic rhyw hanner canllath oddi wrthyf ar hewl Llanarth. Ni wnaeth unrhyw arwydd arnaf i stopio ond dychmygwn fy mod yn ei weld yn cydio yn ei fotor-beic fel petai am ddod ar fy ôl. Gan ystyried hyn, ac wedi cyrraedd yr harbwr yn Cei, es â'r beic modur y tu ôl i'r potiau cimwch a oedd wedi'u stacio'n uchel gerllaw. O fewn eiliadau, pasiodd y plismon ar ei fotor-beic heb edrych unwaith i gyfeiriad John a minnau. Ar ôl rhyw hanner awr, penderfynodd y ddau ohonom ddychwelyd adref.

Wrth gyrraedd sgwâr Synod Inn, cefais arwydd i stopio gan neb llai na phlismon Llandysul. Roedd gwên fawr ar ei wyneb a dywedodd wrtha i â'i lyfr yn ei law, 'Caught at last.' Gofynnodd fy enw gan ddechrau ei ysgrifennu yn ei lyfr.

Gofynnais iddo beth oedd ei reswm am fy stopio.

Atebodd 'Learner driver, two on a bike.'

Wrth glywed hyn, estynnais y *pink slip* roeddwn wedi'i gael gan yr arholwr yn gynharach yn y dydd. Edrychodd arno a dweud rhywbeth yn debyg i 'Y diawl bach â ti!'

Ar ôl rhyw 18 mis hapus iawn ym Mhenrhos, ac o ddilyn cynghorion Jeremy ac Ezer ei bod hi'n bryd i mi 'symud ymlaen' ac ehangu fy ngorwelion, ceisiais am swydd yn Adran Pwysau a Mesur y sir yn Swyddfa'r Sir, Aberystwyth.

Rhaid oedd mynd i weld MLl unwaith eto. Cofiaf yn iawn ei eiriau, 'Dim rolling stone wyt ti, gobeithio?' Yn dilyn cyfweliad llwyddiannus yn Aberystwyth, dechreuais fy swydd newydd yn haf 1959.

***

Gan nad oeddwn wedi cyrraedd oedran gyrru a chan nad oedd Nathaniel yn berchen ar unrhyw fath o gerbyd, rhaid oedd defnyddio bws Gwalia wrth fynd i bysgota yn unrhyw afon heblaw am y Cledlyn neu'r Feithgen. Dyma oedd y sefyllfa os oeddem am bysgota yn afon Teifi. Cofiaf fel ddoe am Nat yn dod ataf un diwrnod o haf yn 1957 a dweud wrthyf fod ganddo ganiatâd i bysgota ar ddôl Gwarnant Williams yn Alltyblaca, gan bwysleisio bod y pyllau yno'n llawn eogiaid. Penderfynwyd mynd yno y diwrnod canlynol ar y bws cyntaf. Yn ôl ei arfer, gwisgai Nathaniel yr un hen got las a chariai fag pysgota cynfas ar ei ysgwydd.

Wedi cyrraedd y ddôl, cerddodd Nat at yr afon gan gario ei fag. Roedd wedi gadael ei wialen bysgota yn pwyso yn erbyn coeden gerllaw. Pan gerddais ymlaen ato fe'm stopiodd gan fy nghynghori i fynd yn ôl i sefyll y tu ôl i'r goeden lle roedd ei wialen. Dywedodd wrtha i am aros yno nes y deuai ef ataf i. Gwrandewais ar ei gyngor a cherdded yn ôl tuag at y goeden, a oedd rhyw 10 llath o'r afon ond rhyw hanner canllath o'r fan ble roedd Nathaniel wedi mynd. Ar ôl i mi gyrraedd y goeden, collais olwg arno am eiliad neu ddwy. Roedd yn amlwg ei fod wedi mynd i lawr at ymyl y dŵr. Daeth yn ôl i fyny i'r cae a gwelais ef yn taflu rhywbeth i mewn i'r afon a cherdded yn ôl ataf yn gyflym. Wrth bendroni beth yn y byd roedd yn ei wneud, clywais yr ergyd fwyaf a glywswn erioed. Edrychais i gyfeiriad yr afon mewn pryd i weld tunelli o ddŵr yn saethu i fyny i'r awyr a thon fawr yn amgylchynu Nathaniel. Bryd hynny y sylweddolais ei fod wedi 'chwythu'r pwll'. Rhedais ato, ac er ei fod yn wlyb diferol roedd e wrthi'n chwilio am bysgod oedd wedi'u chwythu o'r afon i'r cae. Er bod yno ddigonedd o frithyll mân, nid oedd yno yr un eog nac ychwaith yr un brithyll môr. Ar y pryd, nid oeddwn yn ystyried difrifoldeb ei weithred ond crynaf yn awr wrth feddwl iddo gario *gelignite* yn ei fag ar fws Gwalia. Nid oes amheuaeth gen i nad o gwar Allt Goch y cawsai'r ffrwydryn.

Fel y soniais ynghynt, un wialen yn unig oedd gan Nat a

defnyddiai hi ar gyfer pob math o bysgota. Un diwrnod, yng nghanol yr haf, roedd yn pysgota gyda phluen ym mhwll mawr Brynhogfaen ar afon Cledlyn. Yn rhedeg yn wyllt o amgylch y lle roedd *alsatian* John a Lewis Coedfryn. Ni wnaeth Nathaniel yr un sylw ohono, dim ond dal ati i daflu'r bluen 'nôl a 'mlaen. Yn ystod un o'r troeon hyn, pan oedd y bluen y tu cefn iddo, teimlodd rywbeth yn tynnu ar ei wialen. Edrychodd y tu ôl iddo a gweld ei fod wedi bachu'r *alsatian* wrth ei glust. Wrth weld hyn, dyma fe'n gweiddi arnaf am help. Ar yr un pryd dyma'r ci, wedi iddo sylweddoli ei fod yn sownd, yn sgrechian a dechrau rhedeg am adref, gyda Nat ar ei ôl yn dal yn dynn wrth ei wialen bysgota. Gwaeddais arno i dorri'r llinyn, ond cyn iddo gael amser i wneud hynny fe gollodd ei afael. Roedd y ci'n meddwl ei fod yn rhydd, er bod rhyw 20 llathen o linyn pysgota Nat yn sownd y tu ôl iddo. Fe aethom i Goedfryn, a oedd gerllaw, a gweld bod llinyn pysgota Nat a'r bluen yn sownd wrth glust y ci o hyd. Bu'n rhaid cael milfeddyg at y ci cyn cael y bluen yn rhydd o'r glust, a Nat a dalodd am ei wasanaeth.

Roeddwn yn 17 oed, yn berchen ar fotor-beic, wedi llwyddo yn y prawf gyrru ac ar fin newid swydd. Yn ystod yr haf hwnnw cynigiodd Nathaniel ein bod ni ein dau yn mynd i bysgota yn argae Cenarth, gan fod sôn bod yno eogiaid a brithyll môr 'wrth y cannoedd'. Dywedodd fod ganddo ganiatâd i bysgota yno. Ar ôl peth pendroni, penderfynais fynd gydag ef un prynhawn Sadwrn ar ôl gorffen gwaith. Y bwriad oedd i ni bysgota yn yr argae ei hun yn ystod golau dydd ac wedyn pysgota gydag abwyd uwchben yr argae ar ôl iddi nosi. Fel arfer byddai gan Nat *salmon paste* yn ei feddiant, wedi'i wneud o wyau'r eogiaid benywaidd a ddaliodd y gaeaf cynt. Er ei fod yn anghyfreithlon, roedd yn help mawr i ddal brithyll môr, ac am y rheswm hwnnw yr oedd gan Nat fwriad i'w ddefnyddio.

Cyraeddasom argae Cenarth tua phedwar o'r gloch y prynhawn. Roedd rhyw hanner dwsin o bysgotwyr yno'n barod. Yn ôl ei arfer, ac yn ei Saesneg gorau – a oedd yn go fratiog – aeth Nat i'w cyfarch, ac yntau'n gwisgo ei got frethyn las a'i welingtons. Fe'i clywais ef yn eu cynghori sut roedd pysgota'r argae a pha bluen i'w defnyddio. Gwnâi'r cynghorion hyn i mi dybio ei fod yn hen gyfarwydd â physgota yno, er nad oedd hynny'n wir, gan na fyddai byth yn mynd yno. Tybiwn hefyd ei fod yn adnabod rhai o'r pysgotwyr a gofynnais iddo pwy oeddent. Cefais ei ateb yn unionsyth, 'Dim cliw. Saeson!'

Wedi paratoi ein gwialenni, cerddasom at yr afon rhyw hanner ffordd rhwng y bont a'r argae ei hun. Nat oedd agosaf at y bont. A phopeth yn ymddangos yn iawn, dyma ni'n dechrau pysgota â phluen. Wrth glywed sŵn gwialen ddur Nathaniel yn cael ei chwarae yn yr awyr, gwaeddodd un o'r pysgotwyr arno, 'What's that you've got there, mate – a wire rope?' Yn syth ar ôl clywed hyn, cerddodd Nathaniel ar y creigiau er mwyn bod yn agosach at y dŵr. Yna diflannodd. Ar ôl ychydig eiliadau, gan na chlywswn sŵn ei wialen yn cael ei chwifio, gwaeddais arno ond ni chefais ateb. Gollyngais afael o'm gwialen a rhedeg i'r fan lle gwelswn ef ddiwethaf. Yno'r oedd, o dan rym y dŵr, a hanner ei gorff o dan y llif, ac yntau'n cydio'n dynn ag un llaw yn y graig ar ochr yr afon. Gyda help y pysgotwyr eraill a chyda thipyn o anhawster oherwydd pwysau ei got, tynnwyd ef allan. Synnai pawb yno nad oedd wedi gollwng ei afael ar ei wialen bysgota pan syrthiodd, a hefyd, er ei fod oddeutu 80 oed ar y pryd, nad oedd yr anffawd wedi cael unrhyw effaith arno. Wedi mynd i'r tafarn lleol, lle cafodd newid i drowser sych yn ogystal ag yfed sawl gwydraid o *rum*, dychwelodd i bysgota yn yr argae. Pan ofynnwyd y rheswm iddo syrthio i'r dŵr, ei ymateb oedd, 'Salmon mawr a gydiodd yn fy fly. Ni chefais siawns ac fe'm tynnodd i mewn.'

Ni ddaliwyd yr un pysgodyn y diwrnod hwnnw, naill ai yn yr argae yn ystod oriau'r dydd nac ychwaith uwchben yr argae gyda'r nos. Wrth feddwl am hyn ac wrth edrych yn ôl, er imi bysgota am oriau lawer yng nghwmni Nat, ni chofiaf amdano'n dal yr un eog nac ychwaith yr un brithyll môr naill ai yn ystod y tymor pysgota nac yn ystod y 'tymor arall', er i mi weld llawer eog yn ei dyddyn.

Prynhawn dydd Sadwrn ym mis Ionawr oedd hi pan es am dro i ddôl Brynhogfaen ar ochr afon Cledlyn. Er nad oeddwn mwyach yn mynd allan gyda Nat i botsian eogiaid, pwrpas fy ymweliad â'r ddôl oedd gweld a oedd yr wybodaeth a gefais ganddo y noson cynt yn gywir, sef bod eogiaid glas yn yr afon. Wedi cyrraedd yr afon, daeth yn amlwg fod yr wybodaeth a gefais ganddo yn gywir. Roedd cyrff llawer o eogiaid yn gorwedd ar ochr y pyllau. O archwilio'r cyrff, daeth yn amlwg eu bod wedi'u lladd gan ddyfrgwn. Dim ond un nam oedd ar eu cyrff, a hwnnw ar eu gwar, lle roeddent wedi cael eu brathu. Roedd hyn yn cadarnhau mai dyfrgwn oedd yn gyfrifol am eu marwolaeth.

Wrth gerdded yn ôl am adref ar hyd ochr yr afon, des ar draws Nathaniel. Cariai ar ei gefn eog glas mawr rhyw ddeuddeg pwys. Sylwais ar unwaith fod nam ar ei war yn union fel yr oeddwn wedi'i weld ar y rhai oedd wedi trigo ynghynt. Fe'i rhybuddiais. Pe bai unrhyw un yn bwyta cig eog a oedd yn farw pan gafwyd gafael ynddo, byddai'r person hwnnw yn peryglu ei iechyd. Ni chymerodd Nat sylw o'm cyngor, gan ddweud ei fod yn fyw pan welodd ef. Heb feddwl dim am y canlyniadau, cariodd yr eog ar ei gefn drwy'r pentref ac i'w gartref.

Nid oedd sôn bod eog glas yn dod i'r Cledlyn ac yn enwedig ddim i ardal Cwrtnewydd oherwydd pellter yr ardal o'r fam afon, sef y Teifi. Er hynny, ac yn ôl tystiolaeth dôl Brynhogfaen y diwrnod hwnnw, roedd y tymor hwn yn ots i'r cyffredin. Yn hwyrach yn y dydd, tua chwech o'r gloch, galwodd Nathaniel yn ein tŷ i'm gweld. Roedd ar bigau'r drain. Cofiaf air am air yr hyn a ddywedodd wrthyf: 'Dewch glou, Ken bach. Mae dau eliffant i'w cael yn Dôl Fach.'

Dywedais wrtho fy mod wedi rhoi'r gorau i bysgota yn anghyfreithlon a'm bod eisoes wedi dweud hynny wrtho. Rhaid cyfaddef fy mod, ar yr un pryd, yn meddwl am y pysgod trig a welswn ynghynt yn y dydd a'r gwastraff cig – cig a allasai fod ar fyrddau rhai o gartrefi Cwrtnewydd. Meddyliais hefyd mai'r dyfrgi fyddai'n elwa pe bawn yn gadael y ddau eog a welsai Nat ynghynt. Felly, pan ddywedodd wrthyf y byddai ef, ar ei ben ei hun, er ei fod dros ei 80 oed, yn ceisio'u dal, addewais fynd gydag ef, a hynny am y tro olaf. Rhaid cofio bod yr holl ardal yr adeg honno yn dal yn weddol dlawd oherwydd effaith yr Ail Ryfel Byd. Byddai llawer o'r trigolion yn parhau i ddibynnu ar gig cwningod a physgod, yn enwedig eogiaid yn nhymor y gaeaf, fel ffynhonnell fwyd i'r teulu.

Yn ddiarwybod i'm rhieni, yn y twlc a oedd yn wag gwisgais esgidiau mawr rwber (*waders*) Nathaniel am fy nhraed, ei falaclafa gwyrdd am fy mhen a chot fawr beic modur amdanaf, cyn mynd efo Nat i'r fan lle roedd wedi gweld y ddau eog ynghynt yn y dydd. Ar y ffordd daeth o hyd i'w fforch a ddefnyddiai i ddal eogiaid a hefyd y golau mawr a oedd wedi'i guddio yn ymyl ei gwt defaid. Gyda batri ei lamp wrth fy ngwregys a'i fforch yn fy llaw, dyma gerdded at y pwll a oedd ar y ddôl yn union islaw mynwent Capel y Bryn, dim ond rhyw ganllath dda o'r hewl fawr. Cerddai Nat wrth fy ochr. Cofiaf fel petai'n ddoe am yr achlysur. Roedd hi fel y fagddu o dywyll, ac er ei fod yn adnabod pob modfedd o'r ddôl rhaid oedd i Nat ddefnyddio fflachlamp fach i weld y ffordd.

Wedi cyrraedd yr afon, disgleiriais olau'r lamp i mewn i'r pwll ac yno, yn yr union fan lle roedd Nathaniel wedi dweud wrthyf, roedd y ddau eog. Cerddais i mewn i ben uchaf y pwll a phan oeddwn yno yn pendroni sut orau i'w dal dyma Nat, a oedd yn sefyll ar y llecyn uwchben y pwll, yn fy rhybuddio bod rhywun yn dod atom o gyfeiriad y fynwent a'i fod ef yn mynd i gwato. Gan nad oedd unrhyw ffordd allan o'r pwll ond y ffordd a gymerais i ddod i mewn iddo, a chan gofio'r ffaith fod y tymor eogiaid wedi gorffen ers rhyw fis ac felly nad oedd achos i feili ymweld â'r ardal, penderfynais aros yn yr unfan a chwato o dan y boncyn gyda golau fy lamp wedi'i ddiffodd. O fewn eiliadau dyma lais yn dod o'r ddôl uwchben y lle roeddwn yn cwato. 'OK, boy. The game is up. Y water bailiff sydd 'ma ac rwyf wedi dy ddal. Dere mas nawr.'

Rhewais. Nid oedd unrhyw ffordd arall allan o'r pwll ond mynd yn ôl ato. Roeddwn yn gwybod nad oedd ei olau wedi bod arnaf ac felly nad oedd wedi gweld fy ngwyneb. Nid oedd gen i unrhyw amheuaeth nad y beili dŵr oedd y gŵr hwn. Roedd y fan lle roeddwn yn cwato yn anghyffyrddus ofnadwy a bron yn union o dan y fan lle roedd y beili'n aros. Nid oeddwn yn siŵr beth i'w wneud a dechreuais, yn dawel bach, ddiosg y gwregys a oedd yn dal y batri. Gadewais i hwn gwympo'n dawel i'r dŵr. Roeddwn wedi gollwng y fforch pan glywais y llais. Nid oedd gen i unrhyw ffordd allan a sylweddolais fy mod yn mynd i gael fy nal. Dechreuais feddwl pa esgus y gallwn ei roi i Mam a Nhad a beth a ddigwyddai i'r swydd yr oeddwn i newydd ei chael yn Aberystwyth. Wrth i mi feddwl am yr holl bethau hyn, dyma sblash fawr yn fy ymyl. Roedd y beili wedi syrthio i mewn i'r afon. Roedd y llecyn y safai arno wedi cwympo oherwydd ei bwysau. Wnes i ddim aros i weld a oedd wedi'i anafu ond, yn hytrach, rhedeg mor gyflym ag y gallwn am adref. Wedi cyrraedd y sied yn ymyl y tŷ, teflais esgidiau rwber Nat i'r twlc mochyn yn ogystal â'r balaclafa a'r got motor-beic. Gwisgais got arall a phâr o esgidiau ysgafn am fy nhraed a cherdded i'r bont, lle roedd llawer o fechgyn ifanc, a oedd yno yn ôl eu harfer bob nos Sadwrn. Ni soniais yr un gair wrthynt am y digwyddiad ond gweddïais yn dawel bach nad oedd y beili wedi fy adnabod.

O fewn rhyw hanner awr, dyma'r cwnstabl lleol, Ieuan Evans, Dre-fach yn cyrraedd y pentref yn ei fodur Simca Montlhéry. Ar ôl parcio'i gar o flaen y tafarn, daeth atom. Gofynnodd i ni a oedden ni wedi gweld unrhyw un yn dyfod i fyny i'r pentref o gyfeiriad yr afon. Wrth gwrs, ni fedrai'r un ohonom ei helpu. O fewn yr awr daeth y beili i'r pentref ar ei feic modur ond ni ddaeth atom ac ni siaradodd â'r un ohonon ni. Anwiredd fyddai dweud nad oeddwn yn falch o'i weld.

Ymhen ychydig ddyddiau, lledodd stori dros yr ardal fod bechgyn Llanybydder wedi taflu'r beili dŵr i'r afon yn ymyl Dre-fach. Gallaf gyfaddef fy mod wedi cael sawl hunllef oherwydd y digwyddiad a hefyd wedi cael sawl noswaith ddigwsg pan feddyliwn beth allasai fy nhynged fod a'r canlyniad pe na bai'r llecyn y safai'r beili arno wedi rhoi oddi tano.

Wedi meddwl am y peth, nid oes gen i unrhyw amheuaeth nad oedd y beili dŵr wedi dod yno i ddal Nathaniel ac rwyf yn hollol sicr, pe byddai Nat wedi mynd yno ar ei ben ei hun, y byddai wedi cael ei ddal. Diolch i'r drefn nad felly y bu. Ni soniais am y digwyddiad wrth neb, ddim hyd yn oed wrth Nathaniel, ac wn i ddim a ddaliodd Nat y ddau eog ai peidio. Dyna'r tro olaf i fi fynd allan gydag ef i 'samwna'.

Swydd Newydd

ROEDD ORIAU FY swydd newydd yn union yr un fath â rhai fy swydd flaenorol, sef 44 awr yr wythnos. Roedd hi felly yn angenrheidiol, fel o'r blaen, i mi weithio ar fore Sadwrn. Am chwech o'r gloch fore Llun awn i gwrdd â thrên Caerfyrddin i Aberystwyth yng ngorsaf Llanybydder, gan gyrraedd gorsaf Aberystwyth tua hanner awr wedi wyth. Byddwn yn lletya yn Aberystwyth wedyn tan ddydd Sadwrn. Gan fod amserau'r trên yn ôl i Lanybydder yn anghyfleus ar ddydd Sadwrn, rhaid oedd i mi deithio ar y bws yr holl ffordd adref. Âi'r wythnos yn gyflym iawn oherwydd fy niddordeb yn y gwaith a hefyd y ffaith fod gen i gwmni o ffrindiau yn Aberystwyth.

Pennaeth Adran Pwysau a Mesur y sir oedd y diweddar Brif Arolygwr Douglas Jones o Dal-y-bont, a'i ddirprwy oedd y diweddar Arolygwr Frank Evans, eto o Dal-y-bont ond yn enedigol o Gwrtnewydd, awdur y llyfr *Yn Nwylo'r Nippon*. Heblaw amdanaf i, gweithiai dau arall yn yr adran fel cynorthwywyr. Un o'r rhain oedd Gareth, oedd yn enedigol o ardal Talgarreg, wedi'i addysgu yn Ysgol Ramadeg Llandysul ac wedi gweithio yn yr adran ers llawer blwyddyn. Er nad oedd ganddo gymhwyster arolygwr, roedd ganddo lawer o'u pwerau. Yr oedd yn Swyddog Bwyd a Chyffuriau yn yr Adran Samplu ac roedd ganddo'r hawl i bwyso lorïau a'u llwythi. Fe oedd yr uwchgynorthwyydd. Roedd ganddo hefyd y cymwysterau angenrheidiol i ddysgu mewn ysgol pe dewisai wneud hynny. Y cynorthwyydd arall oedd John Jones, eto o ardal Llandysul ac wedi'i addysgu yn yr ysgol honno. Byddai'r Prif Arolygwr a'i ddirprwy yn cael eu hadnabod a'u cyfarch gennym fel Mr Jones a Mr Evans. Byddai John a minnau'n cael ein cyfarch a'n hadnabod wrth ein cyfenwau, sef Jones a Lewis, ond yn ddiddorol, a heb unrhyw reswm, câi Gareth ei adnabod a'i gyfarch wrth ei enw cyntaf.

Ar ôl dim ond mis o weithio yn ei gwmni, ymadawodd John Jones â'r adran gan fynd i weithio yn Swyddfa'r Sir yn Aberaeron. Rhaid felly oedd cael cynorthwyydd yn ei le. Er mai dim ond rhyw fis o brofiad oedd gen i yn y gwaith, penodwyd David Davies, neu Dai fel y galwai ei ffrindiau ef, o ardal Llanddewi i fod yn isgynorthwyydd. Roedd Davies, fel y câi ei adnabod yn y gweithle, yn 17 oed, yn chwaraewr pêl-droed gyda Dewi Stars ac yn mwynhau ei beint. Trefnwyd ei fod yn dod i aros yn yr un tŷ â mi yn George Street yng nghanol tref Aberystwyth.

Roedd yr adran wedi'i lleoli ar lawr isaf adeilad y sir, a oedd yn is na'r palmant y tu allan. Mewn ystafell ar wahân, cedwid, mewn cwpwrdd gwydr o dan glo, bwysau a mesurau y Bwrdd Masnach. Y rhai hyn a ddefnyddid i gadarnhau cywirdeb y rhai a gâi eu defnyddio gan swyddogion yr adran i brofi cywirdeb tafolau a phympiau tanwydd masnachwyr y sir. Wrth reswm, wrth eu defnyddio, byddent yn cael eu trin gyda'r parch angenrheidiol. Heblaw am yr ystafell yma, ac ystafell lle golchid y llestri a ddefnyddid i gymryd samplau llaeth a phethau tebyg, roedd y swyddfa fel pob swyddfa arall yn yr adeilad, â'i chypyrddau yn llawn i'r top o ffeiliau a phapurau yn dyddio'n ôl flynyddoedd lawer. Fel ym Mhenrhos, roedd pob un ohonom yn ysmygu a phan fyddem i gyd i mewn yn y swyddfa am y dydd byddai'r lle dan gwmwl o fwg glas. Ein gwaith fel cynorthwywyr oedd helpu'r arolygwyr yn eu gwaith bob dydd, drwy wneud y tasgau llai pwysig ond eto tasgau a oedd yn hanfodol er mwyn sicrhau bod gwaith yr arolygwyr yn llwyddiannus.

Ar ôl ymadawiad John daeth y cyfrifoldeb am y rhan fwyaf o'r gwaith papur ar fy ysgwyddau i. Ac yntau heb brofiad mewn swyddfa, doedd dim disgwyl i Davies fod yn hyddysg yn y gwaith. Golygai hyn ei fod ef allan gyda Gareth neu gydag un o'r arolygwyr yn llawer mwy cyson na mi ac felly'n cael saith swllt a chwe cheiniog o dreuliau bob dydd pan fyddai allan o'r swyddfa yn gweithio. Ar y pryd roedd arian treuliau un diwrnod yn ddigon i dalu am ddau becyn o sigarennau. Nid oeddwn yn bles iawn, felly, i weld bachgen oedd wedi ymuno â'r adran ar fy ôl i yn cael mwy o gyflog na mi. Am hyn, es ati ar unwaith i'w addysgu yn y sgiliau angenrheidiol i redeg y swyddfa. O fewn byr amser daeth yn eithaf hyddysg yn y gwaith ac o ganlyniad cefais innau lawer mwy o waith allan gyda'r arolygwyr ac felly mwy o arian yn fy mhoced.

Ein gwaith pwysicaf oedd gofalu am y mesurau pres a gâi eu defnyddio i archwilio cywirdeb y pympiau tanwydd. Byddai'r rhain yn cynnwys un mesur pum galwyn, un pedwar, un dau ac un hanner galwyn, ac fe fyddai'r tolc lleiaf yn un o'r rhain yn ystod archwiliad yn golygu y byddai'n rhaid ei ohirio nes bod y mesur yn cael ei ailbrofi a'i archwilio yn y swyddfa. Roedd y mesur pum galwyn, pan oedd yn llawn tanwydd, yn pwyso dros hanner can pwys. Gwaith anodd, felly, oedd ei godi er mwyn arllwys y tanwydd yn ôl i'r storfa, a gofalu ar yr un pryd na fyddai'n cyffwrdd ag unrhyw beth. Cofiaf yn iawn am un achlysur pan oedd Dai, mab ffarm, wedi gorffen arllwys pum galwyn o danwydd yn ôl i'w storfa ac yn ysgwyd y mesur yn ôl a blaen wrth gerdded at y pwmp. Gwaeddodd Mr Jones arno, 'Edrychwch ar ôl y rheina, Davies. Dim bwcedi lla'th sy 'da chi nawr.'

Er ei bod yn perthyn i siroedd Penfro, Caerfyrddin ac Aberteifi, cedwid yr Uned Archwilio Tafolau Trymion (Heavy Weighbridge Testing Unit) yng Nghaerfyrddin ac fe âi i bob sir yn ei thro. Roedd yn lladdfa tynnu neu wthio'r ugain rhowl a oedd arni ar hyd wyneb y dafol fel y byddai angen, a phob un yn pwyso hanner tunnell yr un. Cofiaf wthio un o'r rhain yn rhy gyflym i gornel un dafol a methu â'i stopio mewn pryd. Aeth dros ochr y dafol ac i'r ddaear feddal oddi tanddi. Gyda help gweithwyr gerllaw a chyda llawer o drafferth, fe'i tynnwyd yn ôl i wyneb y dafol. Gwnes yn siŵr na ddigwyddodd y fath anffawd fyth wedyn.

Wedi derbyn gwybodaeth gan staff Hufenfa Felin-fach eu

bod yn drwgdybio rhywun o roddi dŵr ar ben llaeth, fe euthum gydag un o'r arolygwyr yn gynnar un bore, heb ddweud wrth y ffermwr, a chael sampl o laeth o'r *churn* ar ochr yr hewl – *churn* a oedd yn barod i fynd ar y lori laeth y bore hwnnw. Yn union ar ôl ei gymryd fe'i hanfonwyd ar y bws lleol yn syth at Jenkins y dadansoddwr cyhoeddus yng Nghaerfyrddin i'w archwilio am ddŵr. Os byddai ymateb y dadansoddwr yn gadarnhaol, yna byddai'r ffermwr yn cael galwad y prynhawn hwnnw yn dweud wrtho y byddai swyddogion yr uned yn ymweld â'i feudy y bore canlynol ac y byddai sampl o laeth ei fuches yn cael ei gymryd cyn ei roddi yn y *churn*. Byddai'r ffermwr yn ymddangos mewn llys barn am y drosedd pan fyddai archwiliad y dadansoddwr yn dangos bod y sampl yn cynnwys dŵr. Yn ôl y sôn, roedd y drosedd yma'n un weddol boblogaidd yn y pumdegau, ond rhaid dweud mai dim ond dau achos a ddaeth i'r swyddfa yn ystod fy nghyfnod i yn yr adran.

Roedd yr adran hefyd yn gyfrifol am erlyn cwmnïau yn y sir pan fyddai ansawdd eu cynnyrch yn annerbyniol neu pan fethent â chyrraedd safonau'r gyfraith. Pan ddeuai'r fath gŵyn i'r adran byddai'n cael ei hymchwilio'n drylwyr, gyda sampl o'r bwyd dan sylw yn cael ei anfon i'r dadansoddwr cyhoeddus yng Nghaerfyrddin. Ef fyddai'n penderfynu a fyddai'r cwmni'n cael ei erlyn ai peidio.

Er ein bod yn cynnal ymweliadau rheolaidd â siopau'r sir, nod yr ymweliadau hyn yn bennaf fyddai archwilio tafolau'r siopwyr. Defnyddiem bwysau swyddogol yr adran i wneud y gwaith archwilio hwn, a byddai'r siopwyr yn dod â'u pwysau i'r canolfannau priodol yn flynyddol er mwyn eu harchwilio a'u haddasu i'r pwysau cywir pan fyddai angen. Gwnaem yr archwiliad drwy roddi'r pwysau ar gloriannau swyddogol yr adran, a châi tâl ei godi am y gwaith hwn.

Amrywiai pwysau'r masnachwyr o 56 pwys i hanner owns. Heblaw am rai o'r rhai llai, a oedd wedi'u gwneud o efydd, byddai gan y mwyafrif, a oedd wedi'u gwneud o haearn, dwll yn eu gwaelod a amrywiai mewn maint gan ddibynnu ar faint y pwysau. Câi plwm ei roi yn y twll yma pan oedd y pwysau'n newydd. Y rheswm am ddefnyddio'r metel hwn oedd ei fod yn rhwydd i'w drafod ac i addasu'r pwysau naill ai drwy dynnu peth allan o'r pwysau, a oedd yn digwydd yn anfynych, neu drwy roddi rhagor i mewn ynddo yn ôl yr angen. Ar ôl addasu'r pwysau rhaid oedd stampio'r flwyddyn ar y plwm a hefyd rif swyddogol yr Arolygwr cyfrifol. Pan fyddai'n amhosib ei addasu byddai'r pwysau'n cael ei gondemnio drwy stampio seren yn y plwm. Byddai'n drosedd wedyn defnyddio'r fath bwysau.

Roedd yn ofynnol felly i bob masnachwr a ddefnyddiai bwysau gyda'i dafol ddod â'r pwysau i'w harchwilio ar amser ac mewn man penodedig. Un o'r llefydd hyn oedd Neuadd y Moose yn Aberteifi. Oherwydd ein bod yn y neuadd am ddeuddydd arhosem dros nos mewn tŷ gwely a brecwast yn y dref, tŷ a oedd yn berchen i ddwy chwaer, ac un y bu aelodau o'r adran yn aros ynddo ers rhai blynyddoedd. Yn ystod haf 1961 cefais fy newis i fynd i weithio i Aberteifi gyda Gareth a Frank Evans, ac yn ôl yr arfer aethom i aros dros nos yn nhŷ'r ddwy chwaer yn y dref. Ar ôl diwrnod o archwilio ac addasu pwysau o bob maint ac ar ôl swpera aeth y tri ohonom i chwarae snwcer yn y clwb lleol cyn dychwelyd i'r tŷ. Erbyn hyn roedd y ddwy chwaer yn eistedd yn ystafell ffrynt y tŷ yn ymyl ford dderi fawr. Dywedodd un ohonynt wrth Frank, 'Dewch i gontacto'r spirits, Mr Evans,' ac ar yr un pryd dyma hi'n arwyddo i ni eistedd o amgylch y ford. Ar y pryd nid oedd gen i syniad beth roedd hi'n ei feddwl ond, fel Gareth a Frank, gwnes yn ôl ei dymuniad ac eistedd wrth y bwrdd. Rhaid i mi ddweud nad oeddwn yn ymwybodol ar y pryd fod Frank Evans yn ysbrydegydd, a phe bai rhywun wedi dweud hyn wrthyf fe fyddwn wedi chwerthin.

Roedd y pump ohonom bellach yn eistedd o amgylch y bwrdd, ac ar orchymyn Frank fe wnaethom gyffwrdd â dwylo ein gilydd a phlygu ein pennau. Doedd gen i ddim syniad beth fyddai'n digwydd a meddyliwn mai rhyw fath o gêm y byddem yn ei chwarae. Gofynnodd Frank am dawelwch ac ar ôl rhai eiliadau galwodd, 'Are you there? If you are, give us a sign.' Gofynnodd hyn dair gwaith. Y trydydd tro, dechreuodd y bwrdd symud. Wrth deimlo hyn, chwarddais yn uchel ac edrych o dan y bwrdd i weld pwy oedd yn ei symud. Sylweddolais yn weddol glou na fyddai modd i unrhyw unigolyn yn yr ystafell symud y bwrdd oherwydd ei bwysau. Pwy felly oedd yn gyfrifol am ei symud? Aeth ias oer i lawr fy nghefn ac ar ôl ymddiheuro i'r pedwar arall fe es i'm hystafell, â'i ffenestr yn edrych dros un o fynwentydd y dref. Ni chysgais yr un winc y noswaith honno wrth feddwl am Frank, ac rwy'n meddwl amdano hyd heddiw, yn enwedig amdano'n cael ei gaethiwo am dros bedair blynedd gan y Siapaneaid adeg yr Ail Ryfel Byd.

Er ein bod yn aml yn archwilio pacedi o ffrwythau a llysiau mewn gwahanol siopau yn y sir am eu pwysau cywir, ni chofiaf am unrhyw un yn cael ei erlyn am y fath drosedd yn ystod fy nghyfnod i yn yr adran. Nid felly y bu yn ffair Llanbed yn 1960. Aeth Frank, Gareth a minnau yno'n gynnar gyda'r bwriad o archwilio pwysau cynifer o bacedi ffrwythau ag oedd bosib. Gan nad oedd llawer o berchenogion y stondinau ffrwythau yn ymwybodol fy mod i'n gweithio i'r adran, a hwythau'n byw y tu allan i'r sir, fi fyddai'n gofyn am y ffrwythau.

Roedd tafol swyddogol yr adran gan Frank y tu mewn i siop Atkins ar y Comin, gyda Gareth a minnau y tu allan yn y ffair. Cefais orchymyn gan Frank i ofyn i'r dyn a oedd yn gyfrifol am y stondin ffrwythau ar y Comin am un pwys o rawnwin. Roedd y dyn yn dod o ardal Llanelli, ac roedd gan ei wraig hefyd stondin ffrwythau yr ochr arall i'r hewl yn lle'r mart. Cerddais ymlaen ato ac, yn ôl gorchymyn Frank, gofyn iddo am bwys o rawnwin du. Sylwais fod y rhan o'r dafol a ddaliai'r grawnwin, er ei bod ar y cownter, allan o'm golwg, ond roedd y deial i'w weld yn blaen ac fe ddangosai fod pwys o rawnwin ar y dafol. Ar ôl iddo roddi'r grawnwin mewn cwdyn ac i minnau dalu amdanynt, es â'r cyfan yn syth at Frank yn siop Atkins.

Pwysodd Frank y pecyn ar ei glorian, a dangosai fod y grawnwin bron bedair owns yn brin o bwys. Dywedais wrtho fod deial clorian dyn y ffrwythau yn dangos bod pwys arni. Ar ôl hyn aeth Frank, Gareth a minnau at y dyn. Cyfarchodd Frank ef gan ddweud wrtho beth oedd ei swydd a bod y pwys o rawnwin a brynais i ganddo yn gynharach bron bedair owns yn brin a'i fod am weld ei glorian. Wedi clywed hyn, rhedodd y dyn oddi wrthym i gyfeiriad y mart. Daliais ef yn nrws y Royal Oak a'i ddwyn yn ôl at Frank, a oedd erbyn hyn yn archwilio'r dafol. Gwelwyd bod banana wedi'i chlymu o dan badell y glorian a bod popeth a roddid ar y glorian yn brin o bwysau'r fanana. Roeddem yn ymwybodol fod ganddo stondin arall yn y ffair, o dan ofal ei wraig. Gwnaethom archwiliad o'r dafol a ddefnyddiai hi a gweld bod banana wedi'i chlymu o dan badell honno hefyd. Cafodd y dyn ei erlyn am y troseddau a phlediodd yn euog i'r cyhuddiadau. Cafodd gosb ariannol hallt am ei ffolineb. Soniaf am yr achos hwn oherwydd i mi ddod i gysylltiad â'r gŵr mewn amgylchiadau hollol wahanol rhyw flwyddyn a hanner yn ddiweddarach.

Daeth cwyn i'r swyddfa fod yna fasnachwr o ardal Aberaeron yn gwerthu sypynnau gwellt (*bales*) ym mart Tregaron a'r rheini wedi'u chwistrellu â dŵr cyn bod y llwyth yn cael ei bwyso ar dafol fawr y dref. Oherwydd y gŵyn aethom i fart Tregaron ac yno gwelsom lwyth o sypynnau gwellt ar un o lorïau y dyn y cafwyd cwyn amdano. Ar ôl iddynt gael eu gwerthu, aethom at y prynwr, a ddeuai o ardal Aberystwyth, gan ofyn iddo am ganiatâd i archwilio'r sypynnau. Sylwyd ar unwaith bod y mwyafrif ohonynt yn wlyb iawn, er y gallai'r sypynnau yn y rhes uchaf fod yn wlyb oherwydd y glaw.

Aeth Gareth at berchennog y lori ac ar ôl cyflwyno ei hun iddo dywedodd wrtho ei fod am bwyso'r lori yn gyntaf gyda'r llwyth arni ac wedyn pan fyddai'n wag. Wrth reswm, byddai'r gwahaniaeth rhwng y ddau bwysau yn dynodi pwysau'r sypynnau gwellt. Y peth na ddangosai oedd cyflwr y sypynnau.

Ar ôl cadarnhau pwysau'r lori yn llawn, ac yn dilyn

cyfarwyddyd Gareth, aed â hi i fferm y prynwr ac arolygu'r broses o'i gwacáu. Os oedd yr wybodaeth a gawsom yn y swyddfa yn wir, yna roedd yn bwysig ein bod yn sicrhau bod y sypynnau'n cael eu storio o dan do. Roedd hefyd yn bwysig eu bod yn cael eu cyfrif. Wrth wneud y dasg hon, daeth yn amlwg bod y rhan fwyaf ohonynt yn wlyb ac yn drwm iawn i'w trafod. Cytunwyd gyda'r ffermwr na fyddai'n defnyddio yr un o'r rhain cyn iddynt gael eu pwyso, pob sypyn ar wahân, gwaith a fyddai'n cael ei wneud o fewn y mis ar ôl iddynt gael cyfle i sychu. Ar ôl y pwyso, ac wedi inni ddweud wrth y perchennog y rheswm am yr holl waith – ei fod o dan amheuaeth o chwistrellu'r llwyth â dŵr – fe aeth a'n gadael.

O fewn llai na mis bu Davies a mi, o dan arolygiaeth Frank Evans a Gareth, yn pwyso pob un o'r sypynnau ar glorian swyddogol y gwaith. Erbyn hyn roeddent yn sych ac yn ysgafn. Fi oedd yn eu rhoddi ar y glorian, Gareth yn gyfrifol am roddi'r pwysau angenrheidiol ar y dafol a Frank Evans yn gwneud cofnod o'u pwysau. Roedd y pwysau lawer iawn llai na phwysau'r llwyth pan brynodd y ffermwr ef, ac roedd wedi talu llawer gormod amdano. Ymddangosodd y masnachwr mewn llys barn a chafodd ddirwy sylweddol am ei ddrwgweithred.

Ar ôl tri mis yn y swydd, a minnau'n mwynhau'r gwaith, galwodd Frank Evans fi i'w swyddfa un bore. Gofynnodd beth oedd fy nghynlluniau am y dyfodol. Dywedais wrtho nad oeddwn yn siŵr ond fy mod yn hapus yn gwneud y gwaith a oedd gen i. Dywedodd wrthyf, os oeddwn am fod yn llwyddiannus yn yr adran, yna byddai'n rhaid i mi ddechrau astudio drwy fynychu ysgol nos. I fod yn arolygwr roedd yn ofynnol pasio dau arholiad anodd. Ni chelod y gwirionedd oddi wrthyf. Cymerodd Gareth fel enghraifft, gan ddweud ei fod ef wedi pasio llu o bynciau Lefel O a thri neu bedwar Lefel A, ac wedi bod yn astudio mewn coleg, ond ei fod wedi bod yn anlwcus ar fwy nag un achlysur yn arholiadau'r arolygwr. Dywedodd, er bod lle i arolygwr arall yn yr adran, na fyddai neb yn cael y swydd oherwydd bod Gareth wedi cael llawer o'r pwerau. Gwnaeth siarad diflewyn-ar-dafod Frank Evans les mawr i mi. Dyma'r tro cyntaf i fi aros a meddwl beth roeddwn am ei wneud.

Un peth arall a wnaeth i mi feddwl am fy nyfodol oedd fy ffrindiau. Roedd Danny o Gwrtnewydd, a weithiai gyda'r *Cambrian News*, yn hŷn na mi ac yn edrych am waith er mwyn gwella ei sefyllfa, ac felly hefyd Alwyn Lloyd o Lanarth a weithiai yn Adran Iechyd Swyddfa'r Sir. Roedd Myrfyn (Myff) o Silian, a oedd yr un oed â mi, yn gweithio ym manc Barclays yn Aberystwyth ac yn sefydlog yno. Roedd Dai (Daff) a wnâi'r un gwaith â mi newydd adael yr ysgol ac yn yr un sefyllfa yn union â mi. Roedd wedi cynnig am y gwaith er mwyn cael swydd ar ôl ymadael â'r ysgol. Fel fi, nid oedd ganddo'r un amcan i ble y byddai'r gwaith yn adran y Pwysau a Mesur yn arwain. Ar ôl gwneud yr ymchwil angenrheidiol, cymerais gyngor Frank Evans ac ymuno â chyrsiau ffiseg a'r gyfraith yn yr ysgol nos leol.

Roedd fy mhedwar ffrind yn lletya yn Aberystwyth, fel fi, a byddai perchenogion ein hamrywiol lety yn disgwyl i ni fynd allan gyda'r nos. Awn allan i'r dref bob nos ar ôl swper, felly, heblaw am y nosweithiau hynny pan fynychwn yr ysgol nos. Byddai Dai a minnau, am ein bod yn lletya yn yr un tŷ yn Stryd Iôr, yn cwrdd â'r tri arall yng Nghlwb y Rhyddfrydwyr, lle roeddem yn aelodau. Yno byddem yn chwarae pedair neu bum gêm o snwcer, a'r sawl fyddai'n colli yn talu. Yn union ar ôl hyn aem i dafarn y Skinners ac yfed dim mwy na dau beint o gwrw yr un, gydag enillwyr y gêmau snwcer yn talu amdanynt. Byddai'r nosweithiau hyn yn costio mwy neu lai yr un faint i'r pump ohonom.

Gan fod Dai a minnau'n rhannu yr un ystafell wely, a oedd yn gyfyng a dweud y lleiaf, ac wedi'i lleoli yn nho'r tŷ, nid oedd y sefyllfa'n un ddelfrydol ar gyfer astudio. Rhaid cyfaddef y cawn hi'n galed iawn i droi at fy llyfrau, er fy mod yn awyddus i wneud, oherwydd yr ystafell wely a thynfa'r bechgyn i fynd i chwarae snwcer. Roedd cwrs y gyfraith yn apelio'n fawr iawn ataf, er hynny.

Hyd yn hyn, nid oeddwn wedi bod yng nghinio swyddogol unrhyw gwmni ac nid oeddwn yn berchen ar ddillad priodol i fynd i'r fath achlysur (*evening suit*). Ar y trên un bore Llun ar ein ffordd i Aberystwyth, gofynnodd Myrfyn i mi fynd yn gwmni iddo i ginio blynyddol ei fanc yn y Marine yn Aberystwyth ar y dydd Iau canlynol. Gwrthodais am nad oedd y dillad gorau a oedd gennyf, sef blaser ddu a throwsus llwyd, yn ddigon da i'r fath achlysur. Dywedodd wrthyf y byddai llawer o'r gwesteion yn gwisgo siwtiau cyffredin. Am y rheswm hwnnw, cytunais i fynd yn gwmni iddo.

Daeth noson y cinio ac mi es gyda Myrfyn i'r gwesty yn fy mlaser ddu, trowsus llwyd, crys gwyn a thei goch, ac yntau'n gwisgo siwt dywyll. Sylweddolais ar unwaith fod pob un yno, heblaw amdanaf i, naill ai'n gwisgo siwt dywyll neu'r siwt briodol. Roeddwn mor amlwg yn fy mlaser ddu a'm tei goch. Gan fy mod i, a hefyd fy rhieni, yn adnabod rhai o'r gwesteion oedd yn bresennol, ro'n i mewn penbleth. Meddyliais unwaith am adael yr adeilad ond gan fy mod wedi talu am y bwyd penderfynais aros. I geisio ennill peth hyder ac i anwybyddu'r sefyllfa, dechreuais yfed 'rum a black' yng nghwmni Myrfyn. Roedd hyn cyn amser bwyd.

Nid oes gen i lawer o gof am y cinio ei hun ond mae gen i frith gof o fod ar ben cadair yn fy nghrys yn pregethu dros gael Senedd i Gymru. Roedd y pwnc yma ar y pryd yn agos iawn at fy nghalon. Y cof nesaf sydd gen i yw deffro yn fy ngwely tua deg o'r gloch y bore canlynol, yn fy nillad, gyda'm pen yn troi ac yn dost. Roedd Dai wedi hen fynd i'r gwaith. Ar ôl cael tabledi pen tost gan wraig y tŷ ac ar ôl bwyta peth bwyd, gwnes fy ffordd yn weddol araf i'r gwaith. Ni ddywedais wrth neb y rheswm am fy nghyflwr, a heblaw am Dai ni ddaeth neb i wybod. Cyhoeddwyd fy llun yng nghanol y gwesteion eraill yn y cinio yn y papur lleol. Oherwydd fy nghrys a'r goler agored nid oedd yn anodd fy ngweld, ac nid oedd fy modryb na Mam yn rhyw hoff iawn o'r llun. Nid wyf wedi cyffwrdd â diferyn o *rum* oddi ar y noson honno.

Ar ôl treulio bron ddwy flynedd yn yr adran, a'r ysgol nos

heb ehangu llawer ar fy ngwybodaeth, heblaw am ochr y gyfraith ohoni, teimlwn fy mod wedi dod i ben y daith ac nad oedd mwy y gallwn ei wneud yno. Roeddwn yn teimlo bod arnaf angen mwy o her a chyfrifoldeb ond nad oedd hynny'n bosib gan fod Gareth wedi cael rhai o ddyletswyddau yr arolygwyr. Siaradais â Frank am fy sefyllfa ac awgrymodd y dylwn siarad gyda Gareth a gofyn iddo a oedd, fel y soniai'n weddol aml, yn bwriadu mynd yn athro. Pan gefais air gyda Gareth, ni wnaeth yr un awgrym ei fod am adael yr adran, ac felly sylweddolais y byddai'n rhaid i mi chwilio am borfeydd eraill.

Rhyw chwe mis yn gynharach roeddwn wedi cwrdd â Shân, fy narpar wraig, a ddeuai o Lanilar, ac roeddwn dros fy mhen a'm clustiau mewn cariad â hi. Roeddwn yn ffrindiau efo tri phlismon ifanc yn y dref ac o glywed yr hyn a ddywedai'r rhain wrthyf roedd eu gwaith amrywiol yn apelio'n fawr iawn ataf. Cefais air pellach â Frank Evans, a chan ystyried sefyllfa Gareth, cynghorodd fi i geisio ymuno â'r heddlu a hynny cyn gynted â phosib.

Y penwythnos canlynol dywedais wrth fy rhieni am fy mwriad. Nid oedd ganddynt yr un gwrthwynebiad i hyn ac awgrymodd fy nhad fy mod eto'n ymweld â Gwarnant Williams, a oedd yn aelod o Awdurdod Heddlu siroedd Caerfyrddin ac Aberteifi, gan ddweud wrtho am fy mwriad a chymryd ei gyngor. Ar ôl ymweld ag MLl llenwais y ffurflen gais a'i hanfon i Bencadlys yr Heddlu yng Nghwrt y Brodyr Llwyd yng Nghaerfyrddin. O fewn dim cefais gyfweliad yno ac ar ôl llwyddo yn y prawf mynediad cefais fy nerbyn yn heddwas.

Ymuno â'r Heddlu

AR ÔL CYMRYD y llw angenrheidiol a derbyn rhif 64, dechreuais ar fy ngyrfa newydd yn Heddlu Sir Gaerfyrddin a Sir Aberteifi (Carmarthenshire and Cardiganshire Constabulary) ar 1 Hydref 1961, yn 20 oed. Cefais fy anfon am dri mis o hyfforddiant yn y gwaith yn ysgol hyfforddi arbennig Pen-y-bont ar Ogwr. Roedd yr ysgol yma'n gyfrifol nid yn unig am hyfforddi holl blismyn Cymru, ond hefyd rhai sir a dinas Henffordd. Fi oedd yr unig un yn y dosbarth o Heddlu Sir Gaerfyrddin a Sir Aberteifi.

Yr adeg honno roedd gan bob sir, pob dinas a phob bwrdeistref yng Nghymru ei hawdurdod heddlu ei hun, heblaw, wrth gwrs, am sir Aberteifi a sir Gâr, a oedd eisoes wedi ymuno â'i gilydd. Felly roedd cymysgedd sylweddol o fechgyn (dim merched) o bob awdurdod yn fy nosbarth o 30, yn dod o bob ardal yng Nghymru, ac roedd yn ofynnol i bob un ohonom aros yn y ganolfan. Rwyf yn sicr na fyddai'r cyfleusterau a oedd yn bodoli bryd hynny yn dderbyniol heddiw – pymtheg ohonom yn cysgu a byw mewn un ystafell ac yn rhannu'r un cyfleusterau.

Daeth yr hyfforddiant yng ngwaith yr heddlu yn weddol rwydd i mi. Mae'n bosib bod y profiad a gefais yn fy hen swydd yn Aberystwyth wedi bod o help. Roedd yno un hyfforddwr oedd yn gymeriad unigryw, sef Gough Arnold. Roedd yn rhingyll dros dro, ac yn gyfrifol am ein hyfforddi mewn cymorth cyntaf, nofio a chadw'n heini. Roedd hefyd yn gyfrifol am ein cael ar y sgwâr bob bore, lle dysgai ni i saliwtio'n iawn a cherdded mewn llinellau. Byddem yno am ryw chwarter awr. Byddai'n gweiddi ei gerydd arnom ac yn rhegi ar dop ei lais pan fyddai unrhyw unigolyn yn troi i'r ochr anghywir neu'n colli step.

Yn ystod ein sesiynau cymorth cyntaf ni chredaf fod neb yn y dosbarth yn ei gymryd o ddifri am ei fod yn codi hwyl ym mhob sefyllfa. O'r herwydd, ni chredaf fod yr un ohonom wedi ceisio astudio'r pwnc o ddifri, nes y dywedodd wrthym ar ddechrau wythnos olaf y cwrs y byddai meddyg lleol yn dod i'r ganolfan y diwrnod canlynol i'n cwestiynu ar bob agwedd ar gymorth cyntaf. Hysbysodd ni hefyd o'r ffaith, pe byddem yn methu ateb cwestiynau'r meddyg neu'n rhoi rhai atebion anghywir iddo, y byddem yn methu'r cwrs yn gyfan gwbwl ac na chaem barhau â'n hyfforddiant.

Y diwrnod canlynol, eisteddwn yn yr ystafell yng nghwmni aelodau eraill y dosbarth yn disgwyl am y meddyg ac yn gofidio pa gwestiynau y gallai eu gofyn. Cerddodd Gough i mewn i'r ystafell yng nghwmni'r meddyg. Ar ôl ei gyflwyno, aeth i sefyll y tu ôl iddo. Dechreuodd y meddyg gwestiynu pob un ohonom yn ei dro. Ar ôl pob cwestiwn byddai Gough yn arwyddo gyda rhannau o'i gorff i ddangos beth oedd yr atebion. Wn i ddim a oedd y meddyg yn ymwybodol o help Gough ai peidio. Rwy'n siŵr, beth bynnag, na fyddai hanner ohonom wedi llwyddo i ateb cwestiynau'r meddyg heb ei help.

Fe lwyddais yn fy hyfforddiant, ac ar ôl cwblhau'r tri mis yng nghanolfan yr heddlu ym Mhen-y-bont, ac er mwyn cael profiad a hyfforddiant pellach cefais fy anfon i weithio i Lanelli, tre'r sosban. Cyn cael fy ngwneud yn blismon cydnabyddedig roedd yn rhaid i mi, yn ystod dwy flynedd gyntaf fy ngyrfa, brofi fy mod yn ddigon cyfrifol i wneud y gwaith yn iawn a hynny heb arolygiaeth. Ar ddiwedd y flwyddyn gyntaf byddai'r rhingyll yn gwneud datganiad ar waith a hyder pob un ohonom ac ar ddiwedd yr ail flwyddyn byddai'n dod i benderfyniad ynghylch a ddylem gael ein gwneud yn blismyn cydnabyddedig ai peidio. Yn ystod y ddwy flynedd hon roedd yn bosib i Awdurdod yr Heddlu fy niswyddo heb fod yn ofynnol iddynt roi unrhyw reswm dros wneud hynny.

Yr Heddlu yn Llanelli

DECHREUAIS AR FY ngwaith fel heddwas yn Llanelli yn wythnos gyntaf mis Ionawr 1962, ar gyflog o £880 y flwyddyn, gyda £150 y flwyddyn yn ychwanegol at gostau lletya. Fel yn fy ngwaith blaenorol, roedd yn ofynnol i mi weithio 44 awr yr wythnos ond mewn tair shifft. I sicrhau presenoldeb heddlu ar strydoedd Llanelli 24 awr y dydd, rhaid oedd cael pedair sgwad o swyddogion.

Roedd pedwar rhingyll yn gyfrifol am y pedair sgwad ac roedd y rhain yn Gymry Cymraeg: Les Morgan 112, Len Williams 137, Ron Evans 75 a Lymley Davies 213, a fu'n heddwas yn Felin-fach flynyddoedd ynghynt. Roedd John Owen Evans yno hefyd pan ddechreuais, ond cafodd ei symud i'r CID yn fuan wedi i mi ddechrau yno. Roedd John yn dditectif gwnstabl yn Aberystwyth yn ystod yr adeg pan oeddwn i'n gweithio yno i'r Cyngor.

Y ddau arolygydd a oedd â chyfrifoldeb dros blismona yr ardal oedd Ernie Thomas a Byron Tucker.

Roedd 30 o gwnstabliaid mewn iwnifform yn gweithio y 'tu allan' yn Llanelli bryd hynny, gyda 26 yn cerdded y stryd. Roedd yno hefyd dair merch yn gweithio fel cwnstabliaid. Am nad oeddent yn gweithio'r shifft nos a'u bod ar amodau gwahanol i ni'r dynion, ni châi'r tair yr un cyflog â ni. Hwy fyddai'n delio â'r holl achosion yn ymwneud â benywod a phlant ac ni fyddent yn gweithio ar ôl un o'r gloch y bore. Yn wahanol i'r dynion, roedd y rhingyll a oedd yn gyfrifol am eu harolygu hwy wedi'i leoli yn y pencadlys yng Nghaerfyrddin. Yn y CID yn Llanelli roedd tri chwnstabl, un rhingyll ac un arolygydd, ac yn adran y traffig roedd pedwar cwnstabl ac un rhingyll.

Roedd pob un ohonom yno'n Gymry a heb eithriad yn Gymraeg ein hiaith ac yn dod o ardal amaethyddol neu o ardal y pyllau glo. Roedd yn ofynnol gan Awdurdod Heddlu yr hen sir Gâr i bob heddwas fod yn bum troedfedd deg modfedd neu fwy o daldra. Lleolwyd ni i gyd yn hen orsaf yr heddlu yn Stryd y Farced yn y dref, gan gynnwys plismyn pob adran. Cyfrifoldeb yr Uwch Arolygydd Watkin John oedd plismona holl ddalgylch Llanelli a byddai ef yn ei dro yn atebol i John Ronald Jones, y prif gwnstabl.

Byddai'n ofynnol i bob un ohonom gyrraedd y swyddfa rhyw ugain munud cyn dechrau gweithio er mwyn llenwi gwybodaeth mewn dau lyfryn bach. Y llyfryn cyntaf oedd yr un 'Ceir wedi'u Dwyn', ac roedd yn binc ei liw. Ynddo gwnaem gofnod o foduron oedd wedi'u dwyn nid yn unig yn ardal heddlu Caerfyrddin ac Aberteifi ond hefyd o ardal Abertawe, Caerdydd ac ardal Gwent. Yn yr ail lyfryn roedd y 'Personau Roedd Angen eu Dal'. Cofnod oedd hwn o bersonau roedd yr heddlu am eu harestio. Yn wahanol i'r moduron yn y llyfryn pinc, gallai'r rhain ddod o unrhyw le ym Mhrydain Fawr.

Ar y *parade* ar ddechrau pob shifft byddai'r rhingyll cyfrifol yn archwilio'r ddau lyfryn, a byddai'r arolygydd oedd ar ddyletswydd ar y pryd yn gwneud yr un modd. Byddent hefyd yn gofyn am weld ein cyffion llaw a'r *staff*, yr unig ddau declyn a oedd gennym i amddiffyn ein hunain. Roedd yn ofynnol i'r ddau hyn fod o'r golwg, gyda'r cyffion yn cael lle ym mhoced ôl y trowsus a'r *staff* mewn poced oedd wedi'i gwneud yn arbennig iddo. Nid oedd yn dderbyniol bod dolen ledr y staff yn ymddangos y tu allan i'r boced a byddai'n drosedd fewnol pe bai hynny'n digwydd.

Roedd yn ofynnol i bob heddwas mewn iwnifform saliwtio pob plismon o radd arolygydd ac uwch, waeth a fyddai'r person hwnnw mewn iwnifform ai peidio. Roedd hefyd yn ofynnol saliwtio pob ynad heddwch a phob aelod o Gyngor yr Heddlu. A dweud y gwir, yn ystod y mis cyntaf yn Llanelli bron nad oeddwn yn saliwtio pawb a edrychai'n bwysig.

Yn ddyddiol ar y *parade* byddai'r arolygydd a oedd ar

ddyletswydd yn edrych ar wallt pob un ohonom ac yn ein gorchymyn i'w dorri os oedd, yn ei farn ef, yn rhy hir. Edrychai arnom i sicrhau ein bod wedi siafio'n lân, bod sglein ar ein hesgidiau a phletiau yn ein trowsus a bod coleri rhydd ein crysau wedi'u startsio. Yn rhyfedd, roeddem i gyd yn fwy na pharod i wneud yn siŵr fod y pethau hyn wedi'u gwneud.

Rhaid cyfaddef fy mod wedi fy synnu gyda lefel y ddisgyblaeth a fodolai yn Llanelli yr adeg honno. 'Sgwn i beth fyddai ymateb plismyn heddiw i'r fath ofynion?

Er mwyn plismona'r dref gyfan roedd wedi'i rhannu yn adrannau neu *beats*. Dyma eu rhestru yn ôl eu pwysigrwydd bryd hynny:

1. Stepney Street
2. Town Hall Square
3. Frederick Street a Vaughan Street
4. Thomas Street a West End
5. Marshfield a Lakefield
6. Swansea Road a Llannerch
7. Wern, Bigyn a Penyfan
8. Llannerch a Tŷ'r Fran

Ni fyddai'r adrannau hyn i gyd yn cael eu plismona bob dydd, ond ar y llaw arall, ar yr adegau hynny pan fyddai digon o blismyn ar ddyletswydd, byddai rhai adrannau hyd yn oed yn cael eu rhannu – un heddwas yn gyfrifol am Swansea Road ac un arall yn gyfrifol am ardal Llannerch, neu un yn gyfrifol am ardal Marshfield ac un arall yn plismona ardal Lakefield. Wrth edrych yn ôl, nid oes gen i unrhyw amheuaeth nad oedd trigolion Llanelli wrth eu boddau yn ein gweld, nac ychwaith nad dyma oedd y ffordd orau o blismona'r dref.

Roedd y cyfnod hwn flynyddoedd cyn dyfodiad y ffôn symudol a'r Panda ac felly yr unig ffordd yr oedd modd i'r rhingyll neu'r arolygydd gysylltu â ni unwaith roeddem wedi mynd allan o'r orsaf oedd drwy gwrdd â ni mewn mannau penodol ac ar amserau penodol. Pennwyd dau leoliad ar bob *beat* lle byddai'r rhingyll neu'r arolygydd yn ein cwrdd. Gelwid y mannau hyn yn *points* ac roeddent cyn belled oddi wrth ei gilydd ag oedd yn bosib. Roedd yn ofynnol i ni fod yn un o'r mannau hyn ar ben yr awr ac yn y llall ar ben yr hanner awr. I sicrhau ein bod yn plismona ein *beat*, rhaid oedd cerdded o un pwynt i'r llall drwy gydol y shifft, ac i sicrhau ein bod yn gwneud hynny ni ddywedai yr un o'r ddau swyddog wrthym yr amser na'r fan y byddent yn cwrdd â ni ac roedd peidio â bod ar y pwyntiau yma ar yr amserau penodol yn drosedd fewnol. Wrth reswm, roedd rhai o'r *beats* yn ffinio â'i gilydd, ac er y byddai dau heddwas o fewn rhai llathenni i'w gilydd ar adegau, nid oedd caniatâd iddynt sgwrsio â'i gilydd – byddai hynny hefyd yn drosedd fewnol.

Heblaw am y ddau lyfryn 'Ceir wedi'u Dwyn' a 'Personau Roedd Angen eu Dal', roedd yna lyfryn arall i'w gael yn yr orsaf sef llyfr 'Y Tai Gwag'. Roedd yn ofynnol i ni ei astudio a gwneud nodyn o'r holl dai gwag a oedd ar ein *beat*. Ar bob shifft nos rhaid oedd ymweld â phob eiddo gwag a oedd wedi'i restru ynddo, a gwneud cofnod ohonynt; archwilio pob siop gan wneud yn siŵr bod y drysau ar glo; ymweld â'r clybiau nos ar ôl iddynt gau; ac ymweld â phob ysgol ar y *beat*. Gan ddibynnu ar ba ardal roeddem â chyfrifoldeb drosti, tybiaf y byddem yn cerdded oddeutu chwe milltir bob shifft nos.

Cofiaf amdanaf ar un shifft nos, tua thri o'r gloch y bore, yn archwilio adeilad Clwb Pêl-droed Stebonheath. Roeddwn yn medru edrych i mewn iddo drwy ddringo i ben wal fechan gerllaw a defnyddio fflachlamp. Roeddwn yn ymwybodol bod heddwas arall wedi gwneud hynny tua hanner nos ac nad oedd dim o'i le yno yr adeg honno. Roedd pob dim i'w weld yn iawn eto, ond wrth imi ailedrych yn ofalus sylwais fod gwydr un ffenestr yn edrych yn lân ofnadwy. Neidiais dros y wal er mwyn gwneud ymchwiliad llawn o'r adeilad. Er syndod i mi, roedd y gwydr wedi'i dynnu i ffwrdd oddi ar un o'r ffenestri ac wedi'i ddodi'n daclus gerllaw. Golygai hyn fod rhywun wedi mynd i mewn i'r adeilad drwy'r agoriad a'i fod naill ai yn dal yno neu ei fod wedi gadael cyn i mi gyrraedd. Es i mewn i'r adeilad a'i archwilio'n fanwl ond ni welais unrhyw un yno. Gan nad oedd gen i unrhyw ffordd o gysylltu â'r rhingyll, rhedais i giosg a oedd rhyw ganllath i ffwrdd yn Heol Abertawe gan ffonio'r orsaf. Nid oedd neb yno ar y pryd yn medru dod i'm helpu i archwilio'r lle ond byddai modur yr heddlu yn cael ei gyfeirio ataf yn unionsyth. Roedd gen i deimlad bod y troseddwr yn ardal y clwb o hyd ac yn cuddio, yn ystafelloedd newid y chwaraewyr efallai, neu yn yr eisteddle. Dychwelais i adeilad y clwb gyda'r bwriad o'i archwilio. Ond er i mi archwilio'r adeilad a'r eisteddle, ac er i mi arogli mwg ffres sigarennau yno, welais i neb.

Roeddwn yn ymwybodol ein bod am gwestiynu gŵr lleol a oedd yn cael ei ddrwgdybio o fod yn gyfrifol am geisio llosgi eglwys yr All Saints ychydig amser cyn hynny, a hefyd yn ymwybodol ei fod wedi'i weld yn y dref y diwrnod cynt. Meddyliais mai ef, efallai, oedd yn gyfrifol am dorri i mewn i'r clwb. Yn ddiddorol, pan gafodd ei ddal cyfaddefodd i'r drosedd hon gan ddweud i mi fod o fewn rhai llathenni iddo wrth i mi archwilio'r eisteddle.

Roedd pob diwrnod wedi'i rannu'n dair shifft o wyth awr yr un. Dechreuai'r shifft fore am chwech o'r gloch gan orffen am ddau yn y prynhawn. Gorffennai'r nesaf am ddeg y nos, sef amser dechrau'r shifft nos. Gorffennai hon am chwech o'r gloch y bore canlynol. Pan fyddai gan un ohonom rywbeth i'w gofnodi yn yr orsaf am unrhyw ddigwyddiad yn ystod ein shifft, rhaid oedd gwneud hynny ar ôl gorffen ein gwaith. Gallai hynny gymryd awr neu fwy, ond ni chaem dâl ychwanegol amdano, na chael yr amser yn ôl. Byddai un diwrnod ym mhob wythnos pan fyddai pob un ohonom ar ddyletswydd. Oherwydd bod dydd Llun yn ddiwrnod llys yr ynadon yn Llanelli, yna dydd Llun fyddai'r diwrnod hwnnw.

Fel y gŵyr pob un sydd yn gweithio oriau anghymdeithasol ac yn sengl, mae dewis llety addas yn holl bwysig. Wedi dechrau fy ngwaith yn Llanelli cefais gyfarwyddyd i fyw mewn llety yn Mansel Street. Roedd un heddwas arall yn lletya yno'n barod. Yn ystod y mis cyntaf roedd y bwyd a'r cyfleusterau yno i gyd yn foddhaol, ond ar ôl ymadawiad yr heddwas hwnnw dechreuodd pethau waethygu, er i heddwas arall ddod i gymryd ei le. Nid oedd y bwyd o'r safon angenrheidiol ac roeddwn o'r farn fod y dirywiad wedi digwydd yn sgil y ffaith fod perchenogion y llety yn mynd ar wyliau tramor yn weddol aml ac mai dim ond drwy ein hesgeuluso ni y gallent fforddio talu am y gwyliau. Roedd gwraig y tŷ, ar yr un adeg, wedi dechrau mwynhau'r botel jin. Ar ôl cymryd popeth i ystyriaeth, ac er mwyn ein hiechyd, penderfynwyd bod yn rhaid symud llety a hynny'n weddol fuan.

Roeddwn yn gwybod yn barod am lety da yn Heol Abertawe (Swansea Road), ond cyn gwneud unrhyw symudiad roedd yn rhaid cael caniatâd Watkin John, yr uwch arolygydd. Gwnes ddatganiad iddo ar bapur gan restru gwendidau'r llety yn Mansel Street a nodi'r ffaith fod y lletywraig yn bwrw'r botel jin yn weddol aml. Gofynnais iddo am ganiatâd i symud i'r llety yn Heol Abertawe, a hynny ar frys. Gwnaeth yr heddwas arall oedd newydd ymuno â mi gopi o'm datganiad ac anfonwyd y ddau, gyda'i gilydd, at yr uwch arolygydd, a hynny ar ôl i'r rhingyll a'r arolygydd a oedd ar ddyletswydd y bore hwnnw eu gweld. Roedd y ddau ohonom wedi bod ar shifft nos ac yn gorffen am chwech y bore pan gawsant eu rhoi i'r rhingyll. Roeddwn yn barod am gwsg ac yn edrych ymlaen at fy ngwely. Roedd hi tua hanner awr wedi wyth, a minnau'n cysgu'n drwm, pan deimlais rywun yn cyffwrdd â'm hysgwydd ac yn fy ysgwyd. Edrychais i fyny i weld wyneb y lletywraig. Dywedodd wrthyf, 'A cup of tea for you, Ken.' Edrychais ar fy oriawr a gweld mai dim ond ers rhyw awr yr oeddwn wedi bod yn fy ngwely. Gofynnais iddi beth oedd yn bod, ac ar yr un foment sylwais nad oedd yr heddwas arall yn ei wely. Gofynnodd y lletywraig a oeddwn yn gwybod am y datganiad yr oedd ef wedi'i wneud ynglŷn â'i lety. Dywedodd ei bod wedi gweld y datganiad ym mag bwyd yr heddwas a'i bod hi a'i gŵr wedi dweud wrtho adael eu cartref ar unwaith. Er fy mod yn dal yn rhyw hanner cysgu, sylweddolais ei fod wedi gadael copi o'r datganiad yn ei fag bwyd a'i bod hi, yn ôl ei harfer, wedi agor hwnnw ac wedi gweld y datganiad, a oedd yn ddamniol. Dywedais wrthi fod y datganiad yn wir a'm bod innau wedi gwneud datganiad tebyg. Dywedodd hithau ei bod hi a'i gŵr am ein gweld yn gadael eu tŷ ar unwaith ac y byddai'n mynd i weld yr Uwch Arolygydd John yn ei swyddfa cyn gynted ag y medrai.

Ar ôl llanw fy modur â'm dillad, yng nghwmni'r heddwas arall, a heb frecwast, aethom i swyddfa newydd yr heddlu yn Waunlanyrafon gyda'r bwriad o gyfarfod â'r Uwch Arolygydd John a dweud ein sefyllfa wrtho. Roedd ein lletywraig yno'n barod a chefais wybod ei bod wedi gwneud cais am gael cyfweliad â'r uwch arolygydd ond nad oedd ef am ei gweld nes y byddai wedi ein cyfweld ni'n gyntaf.

Roedd yr uwch arolygydd yn gwybod bod fy nghyd-letywr wedi gadael copi o'r datganiad yn ei focs bwyd a bod ein lletywraig wedi'i weld. Oherwydd hynny, pan gyraeddasom ei ystafell cafodd yr heddwas gerydd ganddo am ei esgeulustod. Roedd fy natganiad o'i flaen ac wrth iddo'i ddarllen roedd yn ysgwyd ei ben. Gofynnodd i mi a oedd yn wir fod ein lletywraig yn yfed jin yn rheolaidd. Ni wyddem ar y pryd fod Watkin John yn llwyrymwrthodwr a phan ddywedais wrtho fod popeth yn y datganiad yn wir, cofiaf ei ymateb air am air, 'Oh, the bad woman. You should come from there as soon as you can, Lewis bach.' Hoffwn pe byddwn wedi bod yn bry ar y wal pan oedd y lletywraig yn rhoi ei stori hi iddo. Ni chafodd yr un heddwas arall ganiatâd i aros yn y llety hwnnw wedyn. Yn hwyrach y bore hwnnw, symudodd y ddau ohonom i letya gyda Mr a Mrs Williams yn rhif 114, Heol Abertawe, ac yno y bu'r ddau ohonom heb unrhyw gŵyn hyd nes i ni gael ein symud o Lanelli. Roedd yn 'gartref oddi cartref'.

Mae rhai achosion o'm cyfnod yn Llanelli yn aros yn y cof. Ar ôl tri diwrnod o weithio yng nghwmni plismyn a oedd yn llawer hŷn na mi cefais fynd i blismona ardal Marshfield a Lakefield ar fy mhen fy hun ar shifft pump y prynhawn hyd un y bore. Wrth reswm, roeddwn yn ansicr ond yn magu hyder gyda phob cam. Roedd hi ychydig ar ôl deg y nos a minnau'n cerdded yn Heol yr Orsaf (Station Road) ger y fan lle mae'n cyfarfod â Stryd Inkerman pan redodd menyw o dras Eidalaidd ataf gan weiddi, 'Officer, officer, please, please. Man annoying me! Come quick!' Gwnes yn ôl ei dymuniad, a rhyw 20 llath o'r fan gwelais ddyn yn ceisio cau copis ei drowser. Roedd yn amlwg ei fod wedi gwneud dŵr ar draws drws gerllaw. Pan es yn nes ato daeth hefyd yn amlwg ei fod yn feddw dwll. Gwisgai ddillad carpiog ac roedd yn drewi.

Yn ei bresenoldeb, cadarnhaodd y ddynes wrthyf mai hwn oedd y dyn a oedd wedi gwneud dŵr ar draws drws ei thŷ. Er mwyn cadw'r dyn rhag syrthio, cydiais yn ei fraich. Roeddwn yn meddwl ei arestio pan ddaeth y Rhingyll Len Williams ataf. Roedd hwn yn dipyn o dderyn ac yn ôl y sôn wedi bod yn aelod o'r Royal Marines adeg yr Ail Ryfel Byd. Rhoddodd un cewc ar y dyn gan ddweud wrthyf mai Dai Price oedd ei enw a'i fod yn byw mewn modur y tu ôl i dafarn y Railway ar waelod y stryd. Dywedodd wrthyf am beidio â'i arestio ond, yn hytrach, i fynd ag ef i'r modur ac ar ôl hynny i ddod i'w weld yn ei ystafell yn yr orsaf. Rhaid oedd i mi wneud yn ôl ei ddymuniad ac fe hanner llusgais y dyn am ryw gant a hanner o lathenni a'i ddodi mewn hen gar Standard Vanguard a oedd y tu cefn i dafarn y Railway. Roedd y tu fewn i'r modur yn drewi yn yr un modd â'i ddillad. Roedd hi'n amlwg mai dyma ei gartref.

Ar ôl ei adael, ac yn ôl cyfarwyddyd y rhingyll, es yn syth i'w weld yn ei ystafell. Yno dywedodd wrthyf beth o hanes Price ac nad oedd llawer o bwrpas ei arestio. Dywedodd wrthyf am ei riportio am y drosedd o wneud dŵr mewn lle cyhoeddus ac i mi roi'r geiriau canlynol yn fy llyfr poced: 'Reported David Price, care of the coal yard, Station Yard, Llanelli for urinating in a public place to the annoyance of resident. When cautioned he said, "I've had a piss. I don't know where I was. I've had a few pints and I was bursting."' Ymhen amser daeth gwŷs i Price ymddangos mewn llys lleol am y drosedd. Yn ôl y disgwyl, nid ymddangosodd yno a chafodd gwarant ei chyhoeddi i'w arestio a'i ddwyn o flaen y llys am y drosedd.

Un bore Llun, pan oeddwn yn gweithio'r shifft fore, daeth

Len Williams, y rhingyll ar ddyletswydd, ataf. Yn ei law roedd y warant i arestio David Price. Rhoddodd gyfarwyddyd i mi ei arestio ond i beidio â dod ag ef yn agos at swyddfa'r heddlu ac, yn hytrach, i fynd ag ef yn syth i lys yr ynadon ar y sgwâr. Gwnes yn union fel y gorchmynnodd, a thua chwarter i ddeg, ar ôl brecwast cynnar, fe es i arestio Price. Roeddwn wedi siecio'r car yn gynharach yn y bore ac yn gwybod ei fod yno.

Pan agorais ddrws y car daeth arogl ofnadwy ohono a oedd mor ddrewllyd nes y bu raid i mi siarad â Price o bellter. Dywedais wrtho fy mod yn ei arestio ac yn ei dywys o flaen y llys yn Llanelli. Gwnaeth ryw ymateb drwy ei drwyn a oedd yn hollol, hollol annealladwy. Wrth gerdded ar hyd Heol yr Orsaf at y llys, gofynnais iddo sut roedd am bledio i'r drosedd, ai'n euog ynteu'n ddieuog. Unwaith eto, gwnaeth ryw sŵn rhyfedd fel petai'n siarad drwy ei drwyn ac yn hollol annealladwy. Wrth glywed hyn, meddyliais am yr hyn roedd y rhingyll wedi'i ddweud wrthyf am ei ysgrifennu yn fy llyfr poced fel ymateb Price pan ddywedais wrtho fy mod yn ei riportio ar y noswaith dyngedfennol honno. Dechreuais ofidio am hyn a meddwl beth roeddwn yn mynd i'w ddweud yn y llys, gan ei bod hi'n amlwg na allai Price siarad yn eglur.

O fewn dim daeth amser ei ymddangosiad o flaen yr ynadon. Mr Davies 'Bach' oedd y clerc ac roedd ofn hwn ar bob heddwas. Aed â Price i'r fan briodol yn y llys a minnau i focs y tystion. Ar ôl darllen y cyhuddiad, gofynnodd y clerc i Price beth oedd ei ble, ai euog ynteu dieuog. Atebodd drwy gadw ryw sŵn, eto fel petai'n dod o'i drwyn, sŵn a oedd yn hollol annealladwy drachefn. Dywedodd y clerc ei fod yn derbyn ei ymateb fel dieuog gan ofyn imi, ar yr un pryd, roi fy nhystiolaeth. Ar ôl cymryd y llw, dywedais yn union beth yr oeddwn wedi'i weld ar y noswaith, gan ddarllen o'm llyfryn yr hyn yr oedd Price wedi'i ddweud wrthyf ar ôl i mi ei riportio – geiriau'r Rhingyll Williams, wrth gwrs.

Ar ôl i mi orffen rhoi fy nhystiolaeth, gofynnodd y clerc i Price a oedd ganddo unrhyw gwestiwn i'w ofyn i mi. Eto, gwnaeth rhyw sŵn annealladwy. Dywedodd y clerc ei fod yn

Fy nhystysgrif geni. Llawdriniaeth a gostiodd £12.12s. yn 1941, tua £700 heddiw!

Fi gyda Nhad a Mam, Tom a Getta Lewis, yn 1943

Stryd fawr
Cwrtnewydd
tua 1950

Amser y
cynhaeaf
gwair ym
Mhantywilco,
cartref Ellen,
fy modryb, tua
1948

Samuel Davies,
Tremle,
Cwrtnewydd,
pencampwr ar
wneud llwyau
pren o bob
maint, tua 1950

Pobl yn ymgasglu y tu allan i dafarn y Red Lion, Cwrtnewydd, ar ddiwrnod hela

Fy nghartref yn y pumdegau

Aelodau'r côr bach ynghyd ag aelodau'r gân actol – y ddau wedi ennill y wobr gyntaf yn Eisteddfod Genedlaethol yr Urdd, Abergwaun, 1951

Nathaniel Jones, Tynfron, un o bysgotwyr a storïwyr gorau'r ardal, a chymeriad hoffus iawn

Argae Cenarth, lle cwympodd Nathaniel i'r dŵr

Gruff y gof yn nrws yr efail. Storïwr bendigedig arall

Cwrtnewydd yn y pumdegau

Hen ysgol Cwrtnewydd gyda Foel y Bryn yn y pellter

Tom Lewis, fy nhad, ar y teledu yn adrodd tua 1960

Fi, John Jones, John 'Dai' (Davies), Ger (Geraint) Bach, Emyr Llew (Llywelyn) a Powell yn Ysgol Ramadeg Llandysul, 1957

Fi ar fy meic modur WAC 240, 1958

Neuadd y Dref, Llanelli, lleoliad y llys yn 1961

Gorsaf yr heddlu, Llanelli, lle bûm yn heddwas ifanc yn 1962 ac yn arolygydd yn 1982

Fy staff, fy het a'm cyffion, ynghyd â chloch fy hoff gar, 471 CBX (1964)

Fi gyda Ieuan Davies, fy ngwas priodas

Fi gyda fy nhad-cu, Tom Davies, Brynview, ar ddiwrnod fy mhriodas

Priodas Shân a fi, 21 Mawrth 1964

Y pedwar gyrrwr beic modur gyda'u rhingyll, y diweddar Gareth Davies, yn 1964

Fi fel cwnstabl, rhif 64, ar fy meic modur ar bont Caerfyrddin, 1966

Fi fel rhingyll yn 1972, arolygydd yn 1981 ac wrth fy ngwaith yn yr Ystafell Weithredol, Caerfyrddin yn yr un flwyddyn

Fi ar gwrs hedfan yn Sain Tathan

Fi gydag uwch swyddogion De Morgannwg a Chaerfyrddin adeg agoriad swyddogol rhan olaf yr M4

Heddlu Dyfed-Powys ynghyd â Heddlu De Cymru yn cynnal ymgyrch profion gweld i fodurwyr ym Mhont Abraham, 1983

Fi ar y pan sglefrio ym Mhenbre yn rhan o'r cwrs gyrru, 1982

Fi'n gyfrifol am gwrs yr heddlu traffig yng Nglan-y-fferi, 1984

Fi ynghyd â'r Prif Uwch Arolygydd M Cronin, gydag aelodau o gwrs traffig yng Nglan-y-fferi, 1984

Uwch swyddogion yr heddlu yn ardal Llanelli, 1985

Ymchwilio i oleuadau a mân droseddau eraill, 1986

Fi ynghyd â gwesteion Dawns Llanbed, 1987

Rhoddi siec o £500 a gasglwyd yn y ddawns i'r diweddar Syr Geraint Evans tuag at ymchwil yr arennau. Yn y llun yr wyf fi, Syr Geraint a'r Rhingyll Dennis Jones, trefnydd y ddawns

Siarad gyda phlant Ysgol Uwchradd Tregaron ynglŷn ag atal troseddau. Yn y llun hefyd mae'r prifathro Daniel Rees

Fi gyda swyddogion eraill yr heddlu gyda'r plant a enillodd darian atal damweiniau ar ffyrdd Ceredigion, 1988

Siarad â'r diweddar Wyn Morgans ynglŷn ag ymgyrch atal troseddau ar ffermydd

Fi yn brif arolygydd gyda chyfrifoldeb am reolaeth traffig a diogelwch ffyrdd yr ardal, 1989

Tri heddwas y teulu – Elfyn, fi ac Emyr

Hen bencadlys Heddlu Dyfed-Powys yng Nghwrt y Brodyr Llwydion, Caerfyrddin

Pencadlys newydd Heddlu Dyfed-Powys

Emyr yn 1993

Gyda fy holl dylwyth agos, 8 Gorffennaf 2013

Achlysur priodas aur Shân a fi, 21 Mawrth 2014

Shân a fi a'n plant, Elfyn, Eleri ac Emyr

Shân a fi a'r wyrion

Gydag aelodau Côr Caerfyrddin, 1972

Côr Meibion Cwmann a'r Cylch. Fi yw cadeirydd presennol y côr

cymryd nad oedd gan Price yr un cwestiwn i'w ofyn i mi. Gan droi ac edrych arnaf drwy ei hanner sbectol, gofynnodd imi yn Saesneg a oeddwn yn medru deall Price yn siarad. Atebais nad oeddwn yn ei ddeall y bore yma ond efallai ei fod yn siarad yn fwy dealladwy pan oedd 'yn ei gwrw'. Daeth rhyw hanner gwên i wyneb y clerc ac ar ôl iddo siarad gyda'r ynadon cafodd Price ddirwy o bunt.

Wrth roi fy nhystiolaeth, roeddwn wedi sylwi bod y Rhingyll Len Williams yn y llys a daeth ataf ar ôl y gwrandawiad. Ymddiheurodd wrthyf gan ddweud nad oedd wedi ystyried bod Price yn siarad mor aneglur ac na ddylai fod wedi fy nghynghori i ysgrifennu yn fy llyfr poced ddatganiad nad oedd Price wedi ei wneud.

Bu'r achos yma'n wers bwysig i mi. Er bod Price yn euog, dylwn fod wedi dweud yn union beth a ddigwyddodd ac wedi cofnodi'r ffaith fod atebion Price i'm cwestiynau yn annealladwy. Ni ddylwn fod wedi gwrando ar eiriau a chyngor Len Williams, er ei fod yn fy arolygu y noson honno. Bydd y geiriau na ddywedodd Price wrthyf ond y gorchmynnodd y rhingyll i mi eu rhoi yn fy llyfr swyddogol ar fy nghof tra byddaf byw. Yn ystod fy nghyfnod yn yr heddlu, fe soniais am yr esiampl yma wrth lawer heddwas ifanc ar ddechrau ei yrfa.

Un bore, wrth gerdded *beat* Marshfield a Lakefield cefais wybod gan aelod o gwmni Llanelli Fruit ei fod yn credu bod rhywun yn dwyn ffrwythau yn gynnar iawn bob bore Mercher o ymyl adeilad lle caent eu cadw. Oherwydd eu bod yn cael eu dosbarthu yno gan gwmni o Abertawe, a hynny cyn amser agor yr adeilad, roedd yn arferiad eu gadael y tu allan. Oherwydd ei ansicrwydd, nid oedd y gweithiwr am wneud cwyn swyddogol ond gofynnodd a fyddai'n bosib i mi gadw llygad ar y lle un bore Mercher pan fyddwn yn gweithio shifft nos. Addewais wneud hyn, ac ar y bore Mercher canlynol, a minnau ar shifft nos, gofynnais i'r Rhingyll Ron Evans, a oedd ar ddyletswydd, a fyddai modd i mi gael patrolio Heol yr Orsaf yn gynnar yn y bore o ddau o'r gloch tan chwech.

Caniataodd i mi wneud hynny ac oddeutu pedwar o'r gloch dringais i ben wal gyferbyn â'r fan lle byddai'r ffrwythau'n cael eu gadael, gan guddio y tu ôl brigau coeden a dyfai gerllaw. Roeddwn mewn sefyllfa anghyffyrddus iawn â'm coesau hir wedi'u plygu oddi tanaf. Rhyw hanner awr wedi i mi gyrraedd yno gwelais y ffrwythau yn cael eu trosglwyddo oddi ar lori'r cwmni ffrwythau. Er fy mod yn anghyffyrddus, roeddwn mewn lle delfrydol a medrwn weld popeth a ddigwyddai o flaen yr adeilad ond fedrai neb fy ngweld i.

Ar ôl rhyw hanner awr arall dyma ddyn a oedd yn dosbarthu'r papur lleol yn cyrraedd yn ei fan. Ar ôl edrych o'i gwmpas, dechreuodd lwytho'i gerbyd â chymysgedd o'r ffrwythau a'r llysiau a oedd yno. Ceisiais symud o'm cuddfan i'w arestio ond roedd fy nwy goes wedi cysgu a methwn â'u symud yr un fodfedd. Gwaeddais arno fy mod wedi'i weld yn dwyn y ffrwythau a dweud wrtho aros yn ei unfan. Ar hyn, neidiodd i mewn i'w gerbyd a gyrru i ffwrdd. Cymerodd rhyw chwarter awr i mi gael ailddefnydd o'm coesau. Y diwrnod canlynol ymwelais ag ef yn ei weithle gan ei riportio am ddwyn y ffrwythau y bore cynt. Ymddangosodd mewn llys lleol a chafodd ddirwy am ei weithred ffôl.

Wedi i mi fod yn gweithio am rhyw bythefnos yn Llanelli, cefais fy rhoddi ar sgwad Ben 87, dyn a chanddo dros ugain mlynedd o brofiad o'r gwaith a chymeriad drygionus ond hoffus iawn. Y rhingyll a oedd yn gyfrifol am y sgwad oedd Ron 75. Fel Ben, roedd Ron yn mwynhau ei beint. Pan fyddem yn gweithio shifft nos byddai pob cwnstabl allan yn cerdded, heblaw am doriad i gael bwyd, ac eithrio'r cwnstabl hynaf, a fyddai'n cymryd lle rhingyll yr orsaf pan fyddai hwnnw'n gorffen ei waith am un y bore. Ar fy sgwad i, Ben Phillips oedd y gŵr hwnnw. Roeddwn yn cerdded yn Stryd y Farced un bore tua thri o'r gloch pan welais y rhingyll yn dod allan o gât ochr bragdy Buckleys. Roedd yn gwisgo mantell amdano ac yn amlwg yn cario rhywbeth oddi tani. Pan welodd fi, dywedodd wrthyf am ddychwelyd i'r swyddfa ymhen rhyw ddeg munud. Yn rhyfedd, ro'n i wedi arogli cwrw yn yr orsaf ar y ddwy noson flaenorol a hynny er nad oedd neb yn y celloedd. Felly, pan roddodd Ron hanner peint o gwrw i mi i'w yfed pan es i mewn i'r orsaf, nid oedd hynny'n sioc. Roedd peint yr un o flaen Ron a Ben. Ar ôl ei yfed, es yn ôl i'm *beat* ac ni ddywedais air wrth neb arall am hyn. Gydag amser, daeth yn wybodaeth gyffredinol fod llawer i heddwas yn galw yn ystafell samplio y bragdy yn ystod eu hamser rhydd ac yn cael cwrw am ddim yno. Roedd hi'n amlwg, felly, mai dyma oedd ffynhonnell cwrw Ron ar y shifft nos. Rhaid i mi ddweud na fûm erioed yno, nac ychwaith yn yr un tafarn yn Llanelli, heblaw am y Prince of Wales, lle galwem am frechdanau a phastai pan oeddwn yn lletya yn Mansel Street.

Un dydd, pan oeddwn yn rheoli traffig, daeth y dyn a ddaliwyd yn gwerthu llai na phwys o rawnwin am bris pwys yn ffair Llanbed heibio yn ei fan. Ar y pryd, nid oedd gen i amheuaeth nad oedd wedi fy adnabod ac edrychodd yn gas iawn arnaf. Dro arall wedyn, pan oeddwn yn rheoli traffig, daeth allan o'r farced yn ei fan a phan welodd fi roedd yn amlwg ei fod yn dweud rhywbeth amdanaf neu'n fy ngalw'n rhywbeth o dan ei anadl. Un shifft nos, tua dau y bore, wrth gerdded stryd fach yn ymyl Stryd Thomas roeddwn yn medru arogli mwg. Deuai o stabl gerllaw ac roedd y gwellt yno'n dechrau cynnau. Yn y stabl roedd pedwar ceffyl yn gweryru ac yn anesmwyth iawn. Rhedais i'r tŷ gerllaw gan fwrw ar y drws a gweiddi ar y trigolion i godi gan fod tân yn y stabl. Daeth y dyn allan ar unwaith a diffoddwyd y tân gyda bwccdi yn llawn dŵr. Er syndod i mi, perchennog y ceffylau oedd y dyn a gafodd ei ddal yn gwerthu'r grawnwin yn Llanbed rhyw flwyddyn a hanner ynghynt. Fel tâl am sylwi ar y tân, rhoddodd lond côl o ffrwythau i mi i fynd â hwy i'r swyddfa. Diolchodd hefyd o waelod calon i mi am achub ei geffylau a'r stabl rhag llosgi. Wedi'r noswaith honno, codai ei law arnaf bob tro y'm gwelai. Rhyfedd o fyd.

Roeddwn wedi bod yn Llanelli am rhyw fis ac yn gweithio shifft nos. Les Morgan oedd y rhingyll ar ddyletswydd gyda Byron Tucker yr arolygydd. Yr ardal o dan fy ngofal oedd

Frederick Street a Vaughan Street. Roedd y Northgate Hotel ar y *beat* yma, sef tafarn â'i fynedfa ar ben grisiau haearn a estynnai allan i Vaughan Street. Roeddwn ar ddechrau fy shifft pan dynnwyd fy sylw at gyffro ar dop y grisiau hyn. Daeth yn amlwg fod yna gamddealltwriaeth rhwng dau berson yno. Ni ddangosais fy hun nes y daethon nhw i lawr i'r stryd a dal ati yn y fan honno. Penderfynais, heb fy mhresenoldeb, y byddai ymladdfa yn siŵr o ddigwydd ac felly cerddais ymlaen atynt. Daeth yn amlwg fod un dyn ar ei ben ei hun a bod gan y llall ddau ffrind. Gafaelais ym mraich y dyn oedd ar ei ben ei hun gan ei symud oddi wrth y lleill. Adwaenwn ef fel cyn-focsiwr ffair a oedd yn awr yn gweithio gyda chwmni Schweppes ac yn byw yn lleol. Nid oedd y gŵr yma'n feddw a dywedodd wrthyf am arestio'r llall, a oedd yn feddw, ac y rhoddai ef help i mi fynd ag ef i orsaf yr heddlu, a oedd ddim ond rhyw ganllath i ffwrdd. Ar ôl hynny, dywedodd un o ffrindiau'r dyn arall wrtho ddod i'r car. Wrth glywed hyn, cynghorais ef i beidio â gyrru ei gar am ei fod wedi bod yn yfed. Daeth ymlaen ataf ac edrych i mewn i'm llygaid. Dywedodd wrthyf, 'You're exceeding your authority. I've heard about you. You're from Cardiganshire, ain't you?'

Ar hyn, dywedodd un o'i ffrindiau wrthyf fod y gŵr yma'n aelod o Awdurdod yr Heddlu, yn ynad heddwch ac yn eistedd ar y fainc leol. Pan glywais hyn, aeth fy nghoesau'n wan ac aeth ias oer i lawr fy nghefn. Nid oeddwn yn gwybod beth i'w ddweud na'i wneud. Roeddwn yn y sefyllfa yma pan glywais lais y tu cefn i mi'n gofyn, 'Be sy 'mla'n 'ma 'te?' Y Cwnstabl Ben Phillips oedd yno. Roedd Ben yn rhyw chwe throedfedd a phedair modfedd o daldra a chanddo ddigonedd o brofiad yn delio â'r fath ddigwyddiad. Dywedais wrtho beth oedd wedi digwydd a beth yr oedd y dyn yma wedi'i ddweud wrthyf, yn ogystal â'r ffaith ei fod yn ynad ac yn aelod o Awdurdod yr Heddlu. Wrth glywed hyn, aeth Ben ato gan ddweud wrtho, 'Come on, so-called Mr Alderman.' Cydiodd yn ei goler ar gefn ei wddf ag un llaw ac yn nhin ei drowsus â'r llall a'i arwain am ryw hanner canllath i gyfeiriad y parc moduron a oedd, bryd hynny, yng nghanol y dref. Drwy gydol yr amser, daliai'r dyn i brotestio a bygwth Ben, 'I know the superintendent. I'll get your coat for this.' Ni wnaeth Ben yr un sylw o'i fygythiadau a phan gyrhaeddodd y ddau y gadwyn haearn a oedd yn amgylchynu'r maes parcio, fe'i cododd drosti a dweud wrtho am beidio dod yn ôl neu fe fyddai'n cael ei arestio. Fel hen blismon da, cynghorodd fi i roi'r cyfan yn fy llyfr poced a dweud wrth y rhingyll am y digwyddiad.

Adeg bwyd, tua hanner awr wedi un, galwodd yr Arolygydd Tucker arnaf i ddod i'w ystafell. Dywedodd wrthyf am wneud datganiad llawn o'r holl ddigwyddiad ar bapur, ei ddangos i'r rhingyll ac yna ei ddodi ar fwrdd yr Uwch Arolygydd Watkin John. Tybiai y byddai'r henadur yn siŵr o wneud cwyn am ymddygiad Ben a minnau. Gwnes yn ôl gorchymyn yr arolygydd a gadael datganiad ysgrifenedig am y digwyddiad ar ddesg Mr John. Gorffennais fy ngwaith am chwech y bore hwnnw ac ar ôl ychydig o fwyd roeddwn yn fy ngwely ychydig cyn saith. Am chwarter wedi naw cefais fy neffro gan Mrs Williams, a ddywedodd wrthyf fod plismon wedi galw yn y tŷ gyda'r neges fod yr Uwch Arolygydd John yn mofyn fy ngweld yn ei swyddfa ar unwaith. Ar ôl cwpaned o de a sigarét – roeddwn yn ysmygu'n weddol drwm yr adeg hynny – es i swyddfa Mr John.

Galwodd fi i mewn, ac ar ôl i mi ei saliwtio dywedodd wrthyf am eistedd. Darllenodd fy natganiad a dweud wrthyf am beidio â becso dim am yr hyn ddigwyddodd y noson cynt ond grcsyn na fyddwn wedi arestio'r henadur am fod yn feddw. Dywedodd wrthyf, os deuai'r fath gyfle i mi eto, beidio â meddwl ddwywaith ynglŷn â beth i'w wneud. Ei eiriau olaf wrthyf oedd, 'He's a bad man, Lewis bach.' Rhoddodd y cyfweliad hwnnw a chyngor Watkin John lawer iawn o hyder i mi yn fy ngwaith. Ychydig amser ar ôl hyn, cefais wybod nad oedd y gŵr yma naill ai ar Awdurdod yr Heddlu nac ychwaith yn ynad heddwch mwyach. 'Sgwn i beth oedd y rheswm am hynny?

Cyn ymuno â'r heddlu, yr unig gorff marw yr oeddwn

wedi'i weld oedd corff fy mam-gu ddeng mlynedd ynghynt. Pan oeddwn yn gweithio shifft yn ystod y dydd ar y Sul byddwn yn ymweld â'r marwdy a oedd ar dir yr ysbyty. Byddwn yno am rai oriau er mwyn bod yn dyst i Dr Wells, y patholegydd, wrth iddo wneud ei archwiliad am silicosis ar gyrff glowyr. Nid oedd ei wylio yn waith pleserus iawn ac nid oedd arogl y lle at fy nant.

Tua saith o'r gloch ar 4 Hydref 1962, a minnau ar ddyletswydd yn Heol yr Orsaf, stopiodd modur y CID a dywedodd un o'r swyddogion wrthyf ddod i mewn. Un o'r swyddogion yn y car oedd y diweddar Roy Davies, a ddaeth ymhen rhai blynyddoedd yn ffrind agos i mi. Cefais wybod ein bod yn chwilio am Graham Thomas, a oedd wedi bwrw Harry Noot ar ei ben â morthwyl, ac oherwydd y weithred roedd hwnnw wedi marw yn yr ambiwlans ar y ffordd i'r ysbyty. Digwyddodd yr ymosodiad ar Noot ar dir y Cambrian Works yn ardal y dociau, ac am hynny rhaid oedd mynd i chwilio am Thomas ym mhob tafarn yn ardal y gwaith. Roedd Thomas yn adnabyddus i mi fel yfwr *scrumpy*, ac ar ôl sawl peint ohono byddai allan o reolaeth yn llwyr. Roedd gen i brofiad o hyn pan welais ef un noswaith yn rhedeg ac yn bwrw ei ben yn erbyn wal y toiledau yn Heol yr Orsaf, Llanelli. Er ei fod yn weddol fyr o ran taldra, roedd yn ddyn cryf ofnadwy, yn enwedig ar ôl yfed. Wrth gofio hyn, byddai'n ofynnol i'r sawl a fyddai'n mynd i'w arestio fod yn ofalus iawn.

Tafarn y Friends oedd y lle cyntaf i ni ymweld ag ef. Yn eistedd yn y bar bach yn y cefn roedd Graham. Roedd peint o'i flaen a gwelwn waed ar ei ddwylo ac ar ei ddillad. Dywedodd Roy wrtho ei fod yn ei arestio am ei ymosodiad ar Noot a'i fod am fynd ag ef i orsaf yr heddlu. Cofiaf yn iawn ymateb Thomas – ei fod am orffen yfed ei beint yn gyntaf. Er ei fod wedi bod yn yfed, daeth gyda ni heb ddim ffwdan. Wedi cyrraedd gorsaf yr heddlu, cefais fy anfon i'r marwdy lle roedd Noot bellach yn gorwedd. Fy ngwaith yn awr oedd gofalu na fyddai neb, heblaw am y dynion swyddogol, yn cael mynediad i'r adeilad bach.

Yn hwyrach y noson honno daeth patholegydd y Swyddfa Gartref i'r marwdy a gwneud archwiliad i achos marwolaeth Noot. Wrth reswm, am mai heddwas ifanc oeddwn, ni chefais weld y gwaith. Ar ôl i'r patholegydd orffen ei waith, gadawodd pawb yr adeilad. Roedd corff Mr Noot yn awr yn fy ngofal. Wrth reswm, roeddwn yn mofyn ei weld ac fe gerddais i mewn i'r ystafell lle roedd yr archwiliad post-mortem wedi digwydd yn gynharach. Rhaid dweud, cefais syndod o weld y corff ar y garreg o hyd, ac er ei fod wedi'i olchi roedd ar agor o hyd, fel petai'r patholegydd heb orffen ei waith ymchwil arno. Gwyddwn nad oedd hynny'n bosib gan fod pawb wedi gadael. Wrth edrych arno roedd yn amlwg fod pen Mr Noot wedi'i ddyrnu gan ryw declyn caled; roedd mewn cyflwr difrifol.

Yn hwyrach yn y bore, roeddwn yn bresennol pan ddaeth Dr Wells, y patholegydd lleol, i'r lle. Pan welodd gyflwr y corff, yn dal ar agor, aeth yn grac ofnadwy a bu llawer o eiriau dros y ffôn rhyngddo ef a rhywun mewn awdurdod yn yr ysbyty. Gorffennais fy ngwaith y diwrnod hwnnw am ddeg y bore, a minnau wedi bod ar ddyletswydd am 20 awr.

Nid dyma oedd diwedd fy ymwneud â'r achos. Yn wahanol i heddiw, yr heddlu fyddai'n gyfrifol am ddod â diffynyddion o'r carchar i lys yr ynadon a hwy fyddai'n gwneud y cais am yr hawl i'w cadw yn y carchar am saith niwrnod arall, pan fyddai angen. Ar ddiwedd y saith niwrnod rhaid oedd ailgynnal y drefn. Oherwydd hyn, bûm yn hebrwng Graham Thomas o'i ymddangosiad ym Mrawdlys Caerfyrddin. Ei gosb am lofruddio Harry Noot oedd carchar am oes. Llofruddiaeth Harry Noot oedd yr unig lofruddiaeth a ddigwyddodd yn ardal Llanelli yn ystod fy nhymor cyntaf o weithio yno.

Ym mhob tref ceir rhai dynion di-waith sy'n byw ar y wlad, yn yfed ac yn fodlon gwneud unrhywbeth i gythruddo'r awdurdodau. Dau felly oedd Roy Winstone a Louis Perrott. Ces wybod gan un o yrwyr tacsi Llanelli fod gan un ohonynt fintai fechan o fechgyn cyffelyb iddo ef ei hun a bod yn rhaid i bob unigolyn ymosod ar blismon cyn cael ymuno â'r grŵp. Bachgen ifanc oedd y gyrrwr tacsi, ac roedd o help mawr i ni. Wrth ei waith byddai'n gyrru ei dacsi drwy'r dref yn aml wrth chwilio am gwsmeriaid, a rhoddai wybod i ni os gwelai rywbeth amheus ar ei daith.

Rhaid i mi yn awr bwysleisio nad oedd gwaharddiad ar unrhyw heddwas yr adeg hynny rhag rhoi ergyd neu gic ym mhen-ôl unrhyw un os, yn ei dyb ef, oedd yn haeddu'r fath driniaeth. Dyma'n union a ddigwyddodd i arweinydd y fintai. Daeth ymlaen ataf yn Mincing Lane un noswaith gan fy herio i ymladd ag ef. Roedd yn dywyll yno ac ni welais neb arall yn ei gwmni ar y pryd. Yn hytrach na'i ateb, gafaelais yn ei goler, ei droi oddi wrthyf a gyda'm holl nerth fe gafodd gic yn ei ben-ôl. Rhedodd allan i Market Street ac yno roedd tri arall o'i ffrindiau yn aros. Rhedodd y pedwar i ffwrdd gyda'r gŵr a giciais yn dal ei ben-ôl â'i ddwy law. Byddai'r tri yma wedi ymosod arnaf oni bai i mi gael gafael yn y gŵr a rhoddi cic iddo yn ei ben-ôl fel y gwnes. Dywedais wrth y rhingyll beth oedd wedi digwydd ac, yn dilyn ei gyngor, ni soniais am y digwyddiad yn fy llyfr poced.

Rhyw dair noswaith wedi hynny roedd John Williams, plismon newydd oedd o'r un gorffolaeth â mi, yn gweithio ei wythnos gyntaf ar y shifft nos. Daeth y ddau ohonom i wybod bod person yn y dref yn dymuno ymuno â'r fintai ac felly roedd posibilrwydd y byddai'n chwilio am John er mwyn ymosod arno. Roedd hi tua chwarter wedi deg a minnau'n cerdded y tu allan i Swyddfa'r Fyddin yn Cowell Street pan sylwais fod Louis Perrott yn cerdded y tu ôl i mi. Nid oeddwn wedi cael dim i'w wneud â'r bachgen yma ond roeddwn yn gwybod pwy ydoedd. Pan ddeuthum i ymyl mynedfa lôn gefn Cowell Street daeth ymlaen ataf gan fy herio i fynd gydag ef i mewn i'r lôn dywyll. Disgleiriais fy ngolau i dywyllwch y lôn ac yno'n sefyll roedd Roy Winstone, y dyn roeddwn wedi rhoi cic iddo dridiau ynghynt. Roedd gŵr arall yn ei gwmni ond nid oeddwn yn ei adnabod ef.

Gan gofio'r hyn roedd wedi'i gael gen i nosweithiau ynghynt, gofynnais iddo beth roedd yn ei wneud yn y lôn yma. Atebodd drwy gwestiynu ei ffrind paham roedd wedi fy ngwahodd i i'r lôn. Sylweddolais ar unwaith fod ei ffrind wedi gwneud camgymeriad ac mai John ddylai fod wedi cael ei alw. Fy mwriad oedd rhoddi pregeth i'r ddau ohonynt, ond daeth Perrott ymlaen ataf fel petai am fy mwrw. Roedd yn llawer llai o faint na mi a phan estynnodd ei fraich i'm bwrw adweithiais drwy ei fwrw yn ei gylla gyda'm llaw dde ac, yn ôl cyngor Ben rai nosweithiau ynghynt, gwnes hynny â'm holl nerth.

Er fy mod wedi teimlo ei ddwrn ar fy mron, nid achosodd unrhyw niwed i mi. Cwympodd i'r llawr a phan es ato i'w godi daeth Winstone ymlaen ataf gan neidio ar fy nghefn – efallai ei fod yn meddwl fy mod yn mynd i arestio ei ffrind. Cefais afael yn ei goler ac am yr ail waith mewn tridiau teimlodd fy esgid dde yn ei ben-ôl. Daeth yn rhydd o'm gafael a rhedeg allan o'r lôn i Murray Street a minnau ar ei ôl. Fy mwriad ar y pryd oedd arestio'r ddau.

Wedi cyrraedd Murray Street, a minnau heb hat ar fy mhen, pwy oedd yno ond neb llai na'r Rhingyll Ron Evans a'r Arolygydd Ernie Jones. Pan welodd y ddau fy sefyllfa ni wnaethant lawer o sylw. Gofynnodd yr arolygydd i mi a oeddwn yn iawn. Dywedais fy mod, ac wrth iddo gerdded oddi wrthyf daeth y gŵr y gwnes ei fwrw yn ei gylla allan o'r lôn, mwy neu lai ar ei ben[g]liniau. Gofynnodd yr arolygydd, 'You're not going to arrest them, are you?', cystal â'm cynghori i beidio â gwneud hynny. Ni chefais broblem gyda'r un o'r ddau ar ôl y noswaith honno, heblaw am un achos pan oeddwn yn rheoli traffig yn Stepney Street.

Ar yr achlysur hwnnw roeddwn yn gweithio ar ddyletswydd gydag Ieuan, un o'm ffrindiau gorau, a ddeuai o'r un ardal â mi, yn rheoli'r traffig wrth fynediad y farced. Roedd y fan yma'n brysur ofnadwy ar ddiwrnod marchnad, a dyma oedd y sefyllfa y diwrnod hwnnw. Am ei bod yn amhosib gwneud y gwaith heb gymorth, byddai'r ddau heddwas yn rheoli'r traffig am hanner awr yr un am yn ail. Roeddwn yn falch cael fy ffrind i'm helpu y diwrnod hwnnw.

Tua deuddeg o'r gloch ymddangosodd Winstone, y dyn

y rhoddais gic iddo, ac fel arfer roedd yn hanner meddw.
Pwysodd ar y rheiliau wrth fynedfa'r farchnad a cheisio fy
nghythruddo a'm bychanu drwy fy ngalw'n 'black b****rd'.
Ni wnes sylw ohono. Nid oedd pwrpas ei arestio nac ychwaith
ei riportio.

Ar ôl cael bwyd es yn ôl i'r sgwâr i reoli'r traffig. Roeddwn
wedi dweud wrth Ieuan, a oedd wedi bod yn yr heddlu am fwy
o amser na mi, am bresenoldeb Winstone yn ymyl mynediad
y farchnad a'i ymddygiad yno yn gynharach yn y dydd. Wedi
cyrraedd y fan reoli sylwais ar unwaith nad oedd yno ac yn
dawel bach, ac er ei les ef, roeddwn yn falch o hynny. Ni
pharodd y sefyllfa am yn hir. O fewn yr awr daeth yn ôl i'r fan
lle bu'n sefyll cynt. Unwaith eto, dechreuodd fy mhryfocio
a'm gwawdio gan fy ngalw yn 'black b****rd'. Wrth feddwl
y byddai Ieuan yn cymryd fy lle ar y sgwâr i reoli'r traffig o
fewn munudau, ac â minnau'n siŵr na fyddai ef yn barod i
gymryd ei wawdio gan Winstone, edrychais i'w gyfeiriad gan
roddi gwên fach neis iddo.

Ar ben yr awr cyrhaeddodd Ieuan gan gymryd fy lle yn
rheoli. Gadewais ef gan gerdded i gwrdd â'r Arolygydd Tucker
a oedd yn dod i'm cwrdd fel arfer, rhyw hanner canllath o'r
pwynt rheoli. Ar ôl i mi ei saliwtio cerddasom gyda'n gilydd
tuag at fy ffrind. Roed ei freichiau a'i fenig gwyn i'w gweld
yn glir tra oedd yn rheoli'r traffig, a oedd yn drwm iawn. Yn
sydyn, stopiodd y traffig ac edrychais i'w gyfeiriad. Nid oedd
ei freichiau i'w gweld. Gofynnodd yr arolygydd i mi beth oedd
y rheswm am yr oedi yn y traffig a phwy oedd yn ei reoli. Cyn
i mi gael amser i'w ateb, dechreuodd y traffig symud unwaith
eto ac roedd Ieuan yn ôl ar y pwynt rheoli.

Pan ddaethom i'r sgwâr ei hun, gwelais fod Winstone yn
gorwedd yn glwt ar lawr lle roedd wedi bod yn fy ngwawdio.
Nid oedd yn symud. Edrychais i gyfeiriad fy ffrind ac rwy'n
siŵr iddo roi winc i mi. Gofynnodd Tucker iddo beth oedd
wedi digwydd i Winstone. Edrychodd Ieuan i'w gyfeiriad gan
ddweud wrth yr arolygydd ei fod siŵr o fod wedi llewygu.
Ni ofynnodd yr arolygydd ragor o gwestiynau ond tybiaf ei

fod yn gwybod beth fu tynged Winstone. Er na ddywedodd Ieuan wrthyf ar y pryd, cefais wybod gan aelod o'r cyhoedd a oedd yno bod Ieuan wedi cael ei annog gan lawer ohonynt i roi diwedd ar weiddi gwawdlyd Winstone ac iddo fynd ato a'i fwrw o dan ei ên. Cwympodd Winstone fel hoelen. 'Sgwn i beth fyddai'r canlyniad pe bai'r fath beth yn digwydd heddiw?

Dro arall, pan oeddwn yn gweithio shifft nos ac wedi dod allan o'r swyddfa am ddau o'r gloch y bore ar ôl cael bwyd, ac yn cerdded yn Stepney Street, clywais sŵn ffenestri'n cael eu torri ym mhen uchaf y stryd. Gan feddwl bod rhywun yn torri i mewn i un o siopau'r stryd, rhedais cyn gyflymed ag y medrwn i gyfeiriad y sŵn. Yn ymyl gwesty Stepney roedd dau geffyl sipsiwn yn bwrw eu hunain yn erbyn y ffenestri a'u torri. Roedd yn amlwg eu bod yn gweld eu hadlewyrchiad yn y ffenestri ac yn bwrw eu pennau yn erbyn y gwydr. Roedd y ddau'n ddof a chyda help heddwas arall arweiniais y ddau i gaeau yn ymyl Felinfoel. Yn ddiarwybod i mi, roedd hyn yn ddigwyddiad cyson yn y dref, ac amheuid mai sipsiwn ardal y dociau oedd perchenogion y ceffylau.

Clywais am ddigwyddiad tebyg pan ddaliodd cwnstabl un ceffyl mewn sefyllfa arall a'i glymu wrth gatiau mynedfa bragdy Buckleys. Defnyddiodd raff a oedd am ei wddf i'w glymu, gan roi cwlwm rhedeg arni. Gadawodd y ceffyl ynghlwm wrth y gatiau a mynd i'r swyddfa i ddweud wrth y rhingyll beth yr oedd wedi'i wneud. Pan ddychwelodd at y ceffyl gyda'r rhingyll, roedd yr anifail wedi'i grogi. Yn amlwg, y cwlwm rhedeg fu'n gyfrifol am hyn. O'r diwrnod hwnnw ymlaen cafodd y cwnstabl hwnnw'r ffugenw 'Y Crogwr', a dyna beth y gelwid ef tra bu yn yr heddlu.

***

Bob nos Sadwrn byddai dawns yn Neuadd y Ritz ac yn amlach na pheidio byddem fel heddlu yn cael ein galw yno oherwydd ymladd. Pan fyddai angen, byddai'r troseddwyr cyfrifol yn cael eu harestio.

Un nos Sadwrn roedd dawns rag yn y neuadd gan fyfyrwyr coleg Abertawe. Ernie Jones oedd yr arolygydd ar ddyletswydd ac roedd ei ferch yn fyfyrwraig yn y coleg ac yn bwriadu mynd i'r ddawns. Roedd yna hefyd ddau ringyll ar ddyletswydd. Un o'r rhain oedd Dai Farmer Jones, cyn-focsiwr a arferai fod yn blismon ym Mhontweli ac a oedd yn awr yn rhingyll ym Mhontyberem. Lymley Jones oedd y llall – dau ddyn nad oedd ganddynt fawr ddim amynedd gyda meddwon. Dai Farmer Jones oedd y cwnstabl a fu yn ein dysgu i focsio yn Llandysul gynt. Cyn mynd ar ei rownds yng nghar yr heddlu i ymweld â'r gorsafoedd heddlu eraill yn yr ardal, dywedodd Ernie Jones wrthym ofalu peidio ag arestio neb a oedd yn y ddawns.

Tua chwarter wedi deg oedd hi, gyda rhes o fechgyn a merched yn aros i fynd i mewn i'r neuadd. Roedd John 190 a minnau yng nghwmni'r ddau ringyll yn aros yr ochr arall i'r stryd i fynedfa'r neuadd. Gofynnodd Lumley i mi am sigarét, yn ôl ei arfer, ac roeddwn newydd gynnau un pan ddaeth sŵn gwydr yn torri. Edrychais i gyfeiriad y fynedfa a gweld bod y drws wedi'i dorri. Wrth ymyl y drws roedd bachgen a adwaenem fel Ging, cochyn a oedd mewn trwbwl yn weddol reolaidd gyda ni.

Dywedodd Dai Farmer wrth John a minnau, 'Get him, boys, and bring him here.' Aeth John a minnau yn gyflym at y drws gan afael ynddo a'i ddwyn at y ddau ringyll. Dilynodd tri o'i ffrindiau ni gan geisio ei ryddhau o'n gafael. Rhaid cofio bod Dai Farmer Jones yn enwog drwy'r ardal gyfan am ei ddawn wrth focsio, ac nid oedd neb am fentro ei herio nac ymosod arno ychwaith. Daeth yn amlwg nad oedd y tri hanner meddw a oedd yn ffrindiau i Ging yn ymwybodol o hyn. Ymosodasant arnom er mwyn ceisio cael eu ffrind yn rhydd, ac o fewn eiliadau yr oedd y tri, ynghyd â Ging ei hun, a oedd yn ceisio dianc o'm gafael i, yn gorwedd ar y llawr. Gyda chymorth heddweision eraill a oedd gerllaw, aethpwyd â'r pedwar i orsaf yr heddlu, nad oedd ymhell. Yn y fynedfa dechreuodd y pedwar geisio dianc ac ymladd â ni eto. Yr oedd y ddau ringyll wedi aros y tu allan i'r Ritz ac ni chredaf iddynt weld y cyffro yn y fynedfa. Cafwyd goruchafiaeth arnynt a'u rhoi mewn cell. Oherwydd y cyffro, cafwyd peth gwaed ar wal y fynedfa a hefyd ar fwrdd y tu mewn i'r fynedfa. Â'r arolygydd wedi dweud wrthym cyn iddo fynd ar ei *rounds* i beidio ag arestio neb, dyma oedd yn ei wynebu ar ei ddychweliad i'r swyddfa. Nid wyf yn credu bod yr un o dri ffrind Ging wedi cael eu riportio am ddim byd, ond cafodd Ging ei riportio am achosi difrod i ddrws y Ritz.

Rhaid cofio bod Llanelli yn y cyfnod yma yn lle caled i heddwas weithio ynddo. Yr oedd yma lawer o oryfed a meddwi ac o'r herwydd yr oedd ymosodiadau ar yr heddlu yn digwydd yn rheolaidd. Yn y rhan fwyaf o achosion, ni fyddai'r drwgweithredwyr yn cael eu riportio am ymosod ar heddwas ond, yn hytrach, am fod yn feddw ac afreolus. Roedd hynny'n dibynnu'n hollol ar raddfa'r ymosodiad. Dyma oedd yr 'hen' ffordd o ddelio ag achosion o'r fath, a heb ymhelaethu, tybiaf nad oedd yr un o'r pedwar dan sylw am weld y tu mewn i orsaf heddlu byth wedyn.

✳✳✳

Ar 17 Ebrill 1963 roeddwn yn gweithio shifft tan ddau y bore. A hithau'n chwarter wedi un, roedd bechgyn y shifft nos yn cael eu bwyd yn yr orsaf a finnau wedi mynd i gael mwgyn yn y lôn y tu cefn i'r neuadd biliards yn Lower Stepney Street. Roeddwn mewn tywyllwch llwyr ac wedi eistedd i fwynhau fy mwgyn pan glywais sŵn traed yn disgyn rywle y tu mewn i'r adeilad. Wrth wrando, clywais sŵn rhagor o draed yn disgyn, yn agosach ataf y tro hwn. Yn sydyn, clywais sgrech fel petai rhywun wedi cael dolur. Roedd dau ddrws pren yn ymyl ei gilydd yn y fan yma a gwyddwn fod yna berson neu bersonau y tu ôl i un o'r rhain. Rhedais at y drws agosaf ataf gan ei daro â'm hysgwydd. Torrodd o dan fy mhwysau ac yng ngolau fy lamp gwelais dri gŵr ifanc yno. Roedd un o'r rhain wedi brifo'i droed wrth ddisgyn o lawr uwch. Oherwydd ei ddolur ni fyddai modd i hwn redeg o'm gafael. Gafaelais, felly, yng ngholer un o'r lleill gan orchymyn i'r ddau arall fy nilyn i orsaf yr heddlu gan fy mod yn eu harestio am y drosedd o dorri i mewn i'r neuadd biliards.

Yn unol â'm gorchymyn, daeth y tri efo mi i swyddfa'r heddlu yn Waunlanyrafon, lle cawsant eu cwestiynu ymhellach. Yn ogystal â chyfaddef i fynd i mewn i'r neuadd biliards, fe wnaeth y tri gyfaddef hefyd iddynt dorri i mewn i nifer o dai yn ardal Parc Howard a dwyn eiddo drud. Dim ond 15 oed oedd dau ohonynt a'r llall yn 16. Roeddent yn ymwybodol bod yr heddlu fyddai'n gweithio shifft nos yn cael eu bwyd am chwarter wedi un y bore a dyma oedd y rheswm iddynt adael y neuadd yr adeg honno. Ymddangosodd y tri ohonynt o flaen ynadon llys ieuenctid Llanelli a chawsant eu rhoddi ar brawf fel cosb am yr holl droseddau roeddent wedi'u cyflawni. Am fy ngwaith y noswaith honno cefais fy nghymeradwyo yn swyddogol gan J R Jones, y prif gwnstabl.

Adran y CID a'r Traffig

YN YSTOD YR ail flwyddyn o blismona roedd yn ofynnol i bob plismon gael profiad yn adran y CID ac adran y traffig. Câi pob plismon ifanc gyfle i ymuno â'r CID am gyfnod o bedair wythnos, ac er nad oeddem yn cael delio ag unrhyw achos ein hunain, y pwrpas oedd ein dysgu am waith bechgyn y CID a bod o gymorth iddynt.

Yn ystod y mis hwnnw, es i ddim allan o'r swyddfa ac ni fûm mewn unrhyw leoliad lle bu trais. Y gwaith mwyaf ges i oedd llenwi ffurflenni. Daeth yn amlwg mai bechgyn iwnifform, ac fel arfer bechgyn y traffig, oedd y cyntaf i ymweld â lleoliadau lle bu trais, a bechgyn y CID yn cymryd drosodd ar ôl hynny ac yn gwneud ymholiadau yn ymwneud â'r troseddau.

Roeddwn yn swyddfa'r CID, ar fy mhen fy hunan, am chwarter wedi hanner nos ar fore Sul pan ddaeth Hywel Lewis 55, a oedd yn aelod o adran y traffig, â dau ddyn hanner noeth i mewn i'r swyddfa. Roedd wedi'u dal yn caru mewn car modur. Yn y cyfnod yma roedd yn drosedd i ddau ddyn garu mewn unrhyw le cyhoeddus ac roedd gan yr heddlu bŵer i arestio unrhyw un fyddai'n cael ei ddal yn gwneud hynny.

Gan mai dim ond fi oedd yn y CID pan ddaeth Hywel â'r ddau i'r orsaf, bu'n rhaid i mi ddelio â'r sefyllfa a chwestiynu'r ddau. Er nad oeddwn i fod i wneud hyn yn swyddogol, dyma oedd fy nghyfle i wneud argraff dda. Arweiniais y ddau i swyddfa'r CID un ar y tro. Ar ôl i mi roi'r rhybudd swyddogol i'r cyntaf, gwnaeth ddatganiad byr gan ddweud ei fod ef a'r dyn arall wedi bod yn gariadon ers eu hamser yn y Llynges Brydeinig. Ysgrifennais hyn i gyd ac ar ôl darllen y datganiad fe'i llofnododd. Gwrthododd y llall wneud unrhyw ddatganiad. Pan oeddwn yn gorffen ysgrifennu'r datganiad daeth un o wybodusion y CID i mewn i'r ystafell. Edrychodd ar y datganiad a chofiaf yn iawn ei eiriau, 'Now let the expert do it.' Torrodd y datganiad yr oeddwn i newydd ei gymryd yn ddarnau mân a'i daflu i'r fasged sbwriel. Aeth wedyn i gwestiynu'r dyn eto a chefais wahoddiad ganddo i'w weld a'i glywed ef yn gwneud hyn. Yn groes i'r hyn a ddisgwyliai'r swyddog, gwrthododd y gŵr wneud unrhyw sylw a gwrthododd roi unrhyw ddatganiad iddo. Rwy'n siŵr fod y swyddog, a oedd yn rhingyll ac yn fy adnabod yn dda, yn teimlo'n dipyn o ffŵl, yn enwedig wrth gofio'i eiriau wrthyf a'r ffaith ei fod wedi rhwygo a thaflu'r unig ddatganiad a oedd gennym yn cyfaddef i'r drosedd i'r fasged sbwriel. Bu gweithred y swyddog yma'n wers arall ac fe fu'n un o'r enghreifftiau a adroddais wrth lawer plismon ifanc a ddaeth i'm gofal tra bûm yn yr heddlu.

Yn wahanol i adran y CID, dim ond am ddwy wythnos y caem fynd i adran y traffig. Efallai fod hyn oherwydd ein bod, ar adegau ac ar ôl dau o'r gloch y bore, yn cael mynd gyda gyrrwr y car fel sylwedyddion. Ac yn hollol wahanol i'r CID, roeddwn allan yn yr adran yma drwy gydol y shifft, ac yn delio ag amryw o sefyllfaoedd. A dweud y gwir, roeddwn yn mwynhau fy hun.

Er bod llawer wedi fy nghynghori i fynd i adran y CID pe cawn y cyfle, rhaid i mi ddweud, ar ôl cymharu'r ddwy adran, nad oedd gen i unrhyw amheuaeth nad oedd gwaith amrywiol bechgyn y traffig yn apelio llawer mwy ataf nag eistedd ar fy mhen-ôl mewn swyddfa yn disgwyl am y gwaith.

Soniaf am un digwyddiad er mwyn dangos pa mor ddiniwed oeddwn fel plismon ifanc. Roedd hi'n adeg y Nadolig ar ddiwedd fy mlwyddyn gyntaf yn Llanelli. Cefais orchymyn gan y Rhingyll Ron Evans i fynd gyda Dai 29 a Roy Davies yng nghar bach y CID i hebrwng y modur fyddai'n cario arian mawr i lofa Cynheidre. Cyflog adeg y Nadolig oedd hwn i'r gweithwyr yno. Deuai'r modur o rywle yn sir Forgannwg ac roeddwn i gwrdd ag ef ym Mhontarddulais, ar y ffin rhwng sir Gaerfyrddin a Morgannwg. Byddai modur heddlu o'r sir honno yn ei hebrwng cyn belled â Phontarddulais. Gan ein bod ar y ffin rhyw chwarter awr yn fuan, penderfynwyd mynd am gwpaned o goffi mewn caffi yn stryd fawr y Bont. Fi oedd yr unig un mewn iwnifform. Ar ôl yfed y coffi, dywedodd Dai 29 wrthyf nad oedd eisiau talu am y ddiod gan fod heddweision yn cael paned yn ddi-dâl yn y caffi yma. Ar hyn, dyma'r ddau heddwas yn cerdded allan o'r caffi gyda mi yn eu canlyn. Fel roeddwn yn nesáu am y drws, gwaeddodd y perchennog arnaf gan ofyn pwy oedd yn mynd i dalu am y diodydd. Erbyn hyn roedd y ddau heddwas arall y tu allan yn edrych i mewn i'r caffi ac yn chwerthin am fy mhen. Dyna wers arall.

Soniais fod plismyn Llanelli i gyd yn Gymry Cymraeg yn y cyfnod hwn, ac er nad oeddem wedi siarad â'n gilydd am Dryweryn, roedd gen i deimlad eu bod i gyd yn 'teimlo' dros fy hen ffrind ysgol, Emyr Llew. Er ei fod wedi troseddu roedd yn ymateb i orchymyn treisgar y Llywodraeth i foddi cwm Cymreig â'r bobl yn Gymry Cymraeg. Roeddwn i wedi darllen am yr hyn oedd yn digwydd yn Nhryweryn ac yn methu deall, fel heddwas ifanc, pa hawl oedd gan unrhyw un i orfodi brodorion y cwm i adael eu cartrefi, cartrefi oedd yn eiddo iddynt. Ystyriwn hi yn drosedd erchyll.

Un diwrnod, gyda llawer o'm cyd-weithwyr, cefais orchymyn i fynd ar ddyletswydd i lys yr *assize* yng Nghaerfyrddin lle roedd Emyr Llew o flaen ei well. Holl bwrpas ein presenoldeb yno oedd sicrhau na fyddai neb o'r cannoedd a ddisgwylid yno yn amharu ar yr heddwch. Roeddwn i mewn ystafell wrth ochr ystafell y llys ei hun. Pan glywais y ddedfryd bod Emyr wedi cael blwyddyn o garchar, aeth fy nghoesau'n wan a theimlais wacter yn fy mol. Er ei fod wedi cyfaddef iddo wneud difrod sylweddol i beiriannau'r cwmni a oedd yn paratoi i foddi Tryweryn, nid oedd hyn yn ddim o'i gymharu â'r hyn fyddai'n digwydd i gartrefi trigolion y cwm drwy orchymyn y Llywodraeth. Roeddwn yn teimlo fel dweud 'Hwfft i'r fath gyfraith!'

Roedd hi'n wythnos olaf mis Awst, a minnau'n gweithio'r

shifft o ddau y prynhawn tan ddeg y nos. Roeddwn yn cerdded allan o'r orsaf drwy'r drws ffrynt pan gnociodd yr Uwch Arolygydd Watkin John ffenestr ei swyddfa. Edrychais i fyny ac fe arwyddodd arnaf i ddod yn ôl i'w weld. Y peth cyntaf a aeth drwy fy meddwl oedd beth yr oeddwn wedi'i wneud neu bwy yr oeddwn wedi'i riportio a allai fod wedi gwneud cwyn yn fy erbyn. Cnociais ar ddrws ei ystafell ac fe'm galwodd i mewn ar unwaith. Dywedodd wrthyf fod Ken Evans, plismon Glan-y-fferi, wedi cael dyrchafiad i fod yn rhingyll ar y CID yng Nghaerfyrddin ac oherwydd bod prinder tai heddlu yng Nghaerfyrddin byddai Ken Evans, er y byddai'n gweithio yng Nghaerfyrddin, yn dal i fyw yn nhŷ'r orsaf yng Nglan-y-fferi. Am y rheswm yma, byddai'n rhaid cael plismon sengl i blismona'r ardal a byw mewn llety yno. Dywedodd yr uwch arolygydd wrthyf ei fod wedi ymgynghori gyda'r prif gwnstabl am y sefyllfa a'i fod wedi cymeradwyo'r awgrym mai fi ddylai'r plismon hwnnw fod.

Glan-y-fferi

DECHREUAIS BLISMONA ARDAL Glan-y-fferi yn wythnos gyntaf mis Medi 1963, gyda mis i fynd cyn diwedd fy nwy flynedd brawf. Rhaid cofio bod ardal Glan-y-fferi yn ymestyn bron hyd at Gydweli ac i Lansaint a chyn belled â Llandyfaelog. Disgwylid i mi batrolio'r holl ardal yma ar gefn beic ac am hyn cawn rhyw 15 swllt y mis o dreuliau. Yn amlwg, nid oedd hyn yn iawn ac roedd bron yn orfodol arnaf i ddefnyddio car fy hun a hynny am ddim. Fel dyn sengl, roedd yn hanfodol fy mod yn cael lletya'n agos at y swyddfa. Bûm yn lwcus a chefais lety gyda Gwyn ac Enid Davies yn eu cartref y drws nesaf i'r swyddfa. Nid oedd eisiau lle gwell arnaf.

Am yr wythnos gyntaf bûm allan yng nghwmni Ken Evans, a oedd eto i'w wneud yn rhingyll, a dangosodd i mi bopeth roedd angen i mi ei wybod am yr ardal a hefyd am waith papur y swyddfa. Yn ystod fy ail wythnos cafodd Ken ei symud i Gaerfyrddin ac yn awr roeddwn ar fy mhen fy hun. Rhaid cyfaddef, heb neb yno i droi ato am gyngor nac am help, roeddwn yn ofni clywed y ffôn yn canu neu glywed cnoc ar y drws, ond yn raddol roeddwn yn magu mwy o hyder. Cyn iddo symud i Gaerfyrddin, rhybuddiodd Ken Evans fi y byddai Wesley, y gŵr glo lleol, yn sicr o ddod ataf i achwyn ei fod yn colli glo o iard yr orsaf yng nghanol y pentref. Gwir fu ei eiriau.

Un bore daeth Wesley ataf gan gwyno wrthyf ei fod wedi colli glo unwaith eto. Roedd yn gwybod pwy oedd yn gyfrifol ond oherwydd bod y person hefyd yn prynu glo ganddo byddai'n amhosib profi'r weithred wrth edrych ar y glo oedd ym meddiant y person hwnnw. Rhaid felly fyddai dal y person yn dwyn y glo. Dywedodd wrthyf ei fod ef a Ken, yn ystod y gaeaf blaenorol, wedi gweld y ddynes a oedd o dan amheuaeth o ddwyn yn paratoi i ddod i mewn i'r iard lo pan oedd y ddau ohonynt yn cadw golwg ar y iard o gaban y gorsaf feistr.

Roedd hi tua saith y bore pan ddaeth y ddynes allan o'i chartref, sef hen dŷ'r ysgol a oedd yr ochr arall i'r hewl i'r iard lo, ac aros yno gan edrych i fyny ac i lawr y stryd. Eiliadau cyn hyn roedd Ken Evans wedi rhoi pwt i'r tân glo yng nghaban y gorsaf feistr. Roedd Wesley o'r farn bod y ddynes wedi gweld gwreichion tân a mwg yn dod o simdde'r caban ac, o'r herwydd, wedi mynd yn ôl i'w thŷ. Heblaw am dystiolaeth y bore hwnnw, nid oedd ganddo syniad pa amser o'r nos neu'r bore bach y byddai'r drosedd yn digwydd.

Gan fy mod yn teithio i Lanilar i weld Shân ar fy niwrnodau rhydd, a ninnau wedi dyweddïo erbyn hyn, byddwn yn galw yn yr iard lo pan fyddwn yn cyrraedd Glan-y-fferi ar ôl dychwelyd o'i gweld yn hwyr y nos. Pwrpas yr ymweliadau hyn oedd canfod pryd yn union y byddai'r lladrata yn digwydd, gan fod Wesley ei hun yn ymweld â'r iard bob bore am wyth o'r gloch. Un bore daeth Wesley ataf gan ddweud bod y ddynes wedi prynu dau gant o lo ganddo y diwrnod cynt. Roeddwn yn ymweld â Shân ar y diwrnod canlynol ac ar ôl dychwelyd i Lan-y-fferi am ddau o'r gloch y bore es i ymweld â'r iard lo. Roedd y storfa lo i gyd o dan fantell wen o lwydrew. Am saith o'r gloch yr un bore ymwelais â'r iard eto. Roedd hi'n amlwg bod rhywun wedi bod yno ac wedi dwyn, yn fy nhyb i ar y pryd, tua dau gant o lo o'r storfa.

Gyda'r wybodaeth yma, gofynnais i Wesley ddweud wrthyf y tro nesaf y byddai'r ddynes yma'n prynu glo ganddo ac i wneud sylw faint o lo oedd ganddi ar ôl yn ei lle cadw. O fewn y mis, galwodd gyda mi i'm hysbysu bod y ddynes a gâi ei drwgdybio o ddwyn wedi prynu dau gant o lo ganddo ac nad oedd braidd dim glo ganddi ar ôl yn ei storfa.

Am bump o'r gloch y bore canlynol, ymwelais â'r storfa lo yn yr iard. Roedd y cyfan dan flanced wen o lwydrew eto. Am hanner awr wedi pump gwelais y ddynes cario post lleol, a oedd yn byw yn ymyl y swyddfa, yn adnabyddus iawn i Gwyn ac Enid ac yn tynnu fy nghoes o hyd, yn reidio ei beic drwy'r pentref heb damaid o olau arno. Am chwech o'r gloch daeth y trên o Abertawe drwy'r orsaf gan chwibanu. Rai munudau ar ôl hyn, agorodd drws ochr y tŷ lle roedd y ddynes yma'n byw. Daeth allan o'i thŷ yn cario fflachlamp. Anfonodd ei chi bach i mewn i'r iard lo drwy dwll yn y clawdd. Daeth hwn o fewn rhai llathenni i mi ac yna aeth yn ôl ati drwy'r un twll. Ar ôl edrych i bob cyfeiriad, gwnaeth y ddynes ei ffordd drwy'r un twll yn y clawdd at y storfa lo. Gan fod golau gwan yn yr iard roeddwn yn ei gweld a'i chlywed yn symud y glo a'i roi mewn sach fechan a oedd ganddi. Pan oedd wrthi'n llanw, sylwais fod dynes arall yn aros yn nrws y tŷ. Ei mam oedd hon, a oedd yn cadw golwg i sicrhau nad oedd neb yn dyfod.

Gwnaeth y ddynes bedair siwrne o'r storfa lo i'w thŷ, ac ar y bumed gwnes fy hun yn amlwg iddi. O fewn eiliadau, sylweddolodd pwy oeddwn i a dywedodd wrthyf fod Wesley wedi rhoi caniatâd iddi fynd â'r glo oddi yno. O fewn chwarter awr, daeth Wesley i'r tŷ gan gadarnhau nad oedd y fath ganiatâd wedi'i roi. Gan ei bod yn fam i ddau o blant gweddol ifanc, yn lle ei harestio, gofynnais iddi ddod efo mi i'r orsaf heddlu leol. Yno bûm yn ei chwestiynu. Cyfaddefodd ei bod wedi bod yn dwyn glo o'r iard ers llawer blwyddyn. Ei hesgus oedd nad oedd yn medru fforddio talu am y glo a oedd yn angenrheidiol i gadw ei chartref yn gynnes.

Ar ôl ei riportio am ddwyn a gadael iddi fynd adref, rhaid ocdd imi gyfwcld ci mam gan imi ci gweld yn sefyll yn nrws y tŷ yn gwylio'r dwyn glo. Cyfaddefodd honno ei bod hi'n anfon ei merch i ddwyn ac i gyflawni gweithred anghyfreithlon. Oherwydd hyn, riportiais hi am annog ei merch i ddwyn, cyn gadael iddi hithau hefyd fynd adref. Gan nad oeddwn yn medru dweud faint yn union o lo gafodd ei ddwyn, nid oedd pwrpas mynd â pheth ohono i'r llys fel tystiolaeth o'r dwyn.

Fel oedd yn angenrheidiol, rhaid oedd i mi yn awr gael dau rif i'r ddwy drosedd, ac i gael rhain rhaid oedd ffonio adran y CID yng Nghaerfyrddin. Pan ddywedais wrth y clerc

117

yno beth yr oeddwn i wedi'i gyflawni a beth yr oeddwn i'n mofyn, daeth un o fechgyn yr adran ar y ffôn gan ddweud wrthyf am beidio gwneud dim byd ac y byddai ef yn dod i'm gweld yn syth. O fewn chwarter awr, daeth y dyn i'm swyddfa. Gofynnodd ymhle roedd y ddwy ddiffynnydd. Dywedais wrtho am y sefyllfa yn y bore a'm bod, ar ôl eu cwestiynu a chael datganiad ganddynt, wedi gadael iddynt fynd adref. Daeth yn amlwg ei fod wedi meddwl cael yr achos gyferbyn â'i enw ef, fel oedd yn arferol gan aelodau adran y CID, a dywedodd wrthyf fy mod wedi gwneud popeth yn anghywir. Dim ond un dewis oedd gen i, ac er nad oeddwn wedi bod yn gweithio i'r heddlu cyn hired ag ef, dangosais y drws iddo.

O fewn llai na hanner awr daeth Vivian Fisher, a oedd yr adeg hynny yn arolygydd ar y CID, ar y ffôn gan ofyn pam roeddwn wedi dangos y drws i un o'i swyddogion. Dywedais yn gywir wrtho beth oedd wedi digwydd, gan ddweud, os nad oedd y swyddog penodol yma am fy helpu, yna nid oedd pwrpas iddo ddod i'm gweld. Yn y prynhawn daeth yr Uwch Arolygydd Glyn Jones i'm gweld. Yn amlwg, roedd wedi cael gwybod am y digwyddiad. Dywedais fy sefyllfa yn union wrtho ac atebodd fy mod wedi gwneud popeth yn iawn, hyd yn oed dangos y drws i un o gwnstabliaid y CID. Gydag amser, ymddangosodd y ddwy ddynes o Lan-y-fferi yn llys ynadon Caerfyrddin am eu troseddau ac ar ôl pledio'n euog cafodd y ddwy eu dirwyo.

Gan fod Glan-y-fferi ar enau afon Tywi byddai anifeiliaid wedi trigo yn ymddangos ar y traeth yn weddol aml. George oedd y dyn a fyddai'n gyfrifol am eu claddu. Byddai'n cael ei dalu am y gwaith hwn ond cyn hynny roedd yn ofynnol i mi arwyddo i gadarnhau ei fod wedi gwneud y gwaith.

Roedd yn amhosib i mi fod yn dyst i bob claddfa a wneid gan George felly roedd yn ofynnol i mi fod â ffydd ynddo ei fod yn dweud y gwir ar bob achlysur. Roedd George yn un o'r dynion yng Nglan-y-fferi a chanddo drwydded i bysgota gyda rhwyd yng ngenau'r afon ar droad y llanw. Gwyddai fy mod yn mwynhau pysgota ac oherwydd hyn gofynnodd i mi ddod yn gwmni iddo un noswaith a dal un pen o'i rwyd. Heb feddwl ddwywaith, cytunais.

O fewn dwy noswaith galwodd George yn yr orsaf gan ofyn am fy help y noswaith honno. Cwrddais ag ef, fel y cytunwyd, yn ymyl y cychod. Roedd fflachlamp yn fy meddiant a phan oeddwn yn ei defnyddio i weld i ble roeddwn yn mynd fe wnaeth George fy ngheryddu a dweud wrthyf am beidio â'i defnyddio rhagor gan y gallai rhywun ein gweld yn cerdded at ochr yr afon. Wrth reswm, gofynnais iddo beth fyddai'r gwahaniaeth pe byddai unrhyw un yn ein gweld. Er syndod mawr i mi, atebodd drwy ddweud bod y tymor pysgota â rhwyd wedi gorffen fis ynghynt.

Bûm bron â cholli'n limpin pan ddywedodd wrthyf. Pe na byddai'r fflachlamp wedi bod yn fy meddiant, neu pe na bawn wedi ei defnyddio, fe fyddwn wedi potsian eog yn hollol ddiniwed yng nghwmni George. Nid oeddwn wedi meddwl bod y tymor pysgota rhwyd yn gorffen lawer ynghynt na'r tymor pysgota gwialen, nac ychwaith y byddai George yn ddigon o ffŵl i ofyn i'r heddwas lleol fynd i botsian eog gydag ef. Gwers arall ar daith bywyd.

Cyn iddo symud, roedd Ken Evans wedi fy nghyflwyno i Mrs Lewis a Miss Moses, oedd yn byw yn fferm Tŷ Newydd, Llandyfaelog. Roedd y ddwy yn eu saithdegau hwyr a chan fod y fferm ar ochr yr hewl o Gaerfyrddin i Gydweli a nifer o ymwelwyr annymunol yn pasio yn ystod oriau'r hwyr, byddwn yn galw heibio er mwyn gwneud yn siŵr eu bod yn iach ac yn ddiogel. Bob tro y galwn byddwn yn cael brechdan gig moch o'r cig ar yr ystlys a oedd yn hongian o nenfwd yr ystafell, yn ogystal â gwydraid bychan o wisgi a dŵr – dim ond digon o wisgi i dwymo'r cylla. Pan ddaeth y ddwy i wybod am fy mwriad i briodi ar ddechrau'r flwyddyn newydd, ac i ddangos eu gwerthfawrogiad o'm gofal drostynt, cefais hen blât ganddynt yn anrheg. Er bod dros hanner can mlynedd oddi ar hynny, mae'r hen blât yn dal i gael lle blaenllaw ar wal ystafell ffrynt ein tŷ.

Nid oedd oriau gwaith penodol i'w cael gennyf. Disgwylid

i bob heddwas a oedd yn gyfrifol am orsaf wledig weithio yn ôl yr angen, gan ddechrau am naw y bore a gorffen ar ôl i'r tafarndai gau am hanner awr wedi deg yr hwyr. Yn ogystal â hyn, ac oherwydd problem byrgleriaeth yng Nghaerfyrddin, gorfu i mi weithio shifft nos yno ar lawer penwythnos, a olygai nad oeddwn yn medru cadw llygad ar y pum tafarn ac un clwb a oedd yn fy ardal fy hun. Rhaid dweud ar unwaith fod pob un ohonynt yn gryf yn erbyn gweld plant yn mynychu tafarndai, ond nid felly yr oedd eu hagwedd tuag at gadw at yr 'oriau agor'.

Daeth i'm clyw fod dau ohonynt ar agor hyd yr oriau mân ambell nos Sadwrn – y nosweithiau pan oeddwn i ar ddyletswydd yng Nghaerfyrddin. Daeth hefyd i'm clyw fod un ohonynt, y Fferi Hotel, yn ailagor ei ddrysau ar ôl fy ymweliad amser cau.

Er mwyn profi a oedd hyn yn wir, un nos Sadwrn pan nad oeddwn ar ddyletswydd yng Nghaerfyrddin fe ymwelais â'r tafarn yma ar ôl ymweld â'r lleill. Roedd hi ychydig cyn un ar ddeg. Yn hollol anarferol, roedd y tafarn mewn tywyllwch gyda'r drysau ar glo. Dychwelais i'r orsaf. Ar ôl gwneud peth gwaith papur, ond o fewn yr awr, gwnes fy ffordd unwaith eto tuag at y Fferi Hotel. Yn wahanol i'm hymweliad blaenorol, gwisgais got fawr dros fy iwnifform a cherdded o sgwâr y pentref tuag at yr adeilad. Er syndod i mi, roedd bws o Lanelli wedi'i barcio ar y stryd y tu allan i'r tafarn ac roedd golau ymhob ystafell bron. Er fy mod yn eithaf pell ohono, roeddwn yn fwy na bodlon, yn ôl y sŵn, fod llawer o bobl yn y tŷ tafarn.

Dychwelais i'r swyddfa gan ffonio swyddfa Caerfyrddin am help, â'r bwriad o drefnu cyrch i fynd i'r tafarn a riportio'r yfwyr a'r tafarnwr am y troseddau amlwg a oedd yn cael eu cyflawni yno. Ofer fu fy ymdrech. Nid oedd digon o swyddogion ar ddyletswydd yng Nghaerfyrddin i wneud hyn ac, yn ôl cyfarwyddyd yr Arolygydd Rees, roedd yn ofynnol i mi sortio'r broblem fy hun.

Pan oeddwn yn ceisio penderfynu beth oedd y cam nesaf

i'w gymryd, canodd y ffôn. Y galwr oedd neb llai na'r tafarnwr. Erfyniodd arnaf i ddod i'w dafarn ar frys gan fod y bechgyn lleol a bechgyn Llanelli yn ymladd yno ac yn torri pethau. Teimlwn fel dweud wrtho, am ei bod ymhell ar ôl amser cau, na fyddwn yn mynychu'r lle. Wrth reswm, ni allwn wneud hynny. Daeth i'm cof gyngor fy hen gyfaill Ben, a ddywedodd lawer gwaith wrthyf yn Llanelli am ofalu peidio â brysio i'r un achos o ymladd. Cymerais ei gyngor.

Pan gyrhaeddais y tafarndy, ac yn wahanol eto i'm hymweliad cyntaf y noson honno, pan oedd pob drws ar gau, roedd drws y ffrynt ar agor a'r tafarnwr y tu allan yn fy nisgwyl. Roedd yr ymladd wedi gorffen, a'r cwsmeriaid i gyd y tu allan i'r tŷ tafarn, gyda bechgyn Llanelli yn paratoi i fynd i mewn i'w bws i fynd adref.

Roedd peth difrod wedi'i wneud y tu mewn i'r tafarn. Gofynnodd y tafarnwr a fyddwn yn fodlon gofyn i fechgyn Llanelli dalu amdano. Cafodd fy ateb yn weddol swrth pan ddywedais wrtho, gan fod y difrod wedi'i wneud y tu allan i'r oriau swyddogol, na fyddwn yn ei gofnodi, mai arno ef yr oedd y bai ac na fyddai'r difrod wedi digwydd pe byddai wedi cadw at yr oriau swyddogol. Cyfaddefodd fod y bechgyn lleol yn cuddio, mewn tywyllwch, yn y bar pan elwais yno y tro cyntaf ond bod bws bechgyn Llanelli wedi galw yno ar hap ac nad oedd yn gwybod y byddent yn galw.

Ar ôl hyn, ac oherwydd dichell y tafarnwr, cafodd y Fferi ymweliadau cyson gen i bob penwythnos a byddwn hefyd yn aros y tu allan i'r tafarn ar adeg cau. Daeth yn amlwg, a hynny'n weddol fuan, bod fy mhresenoldeb yn cael effaith ddirywiol ar y niferoedd arferol a fynychai'r tafarndy. Cymaint y dirywiad yn nifer ei gwsmeriaid nes y bu raid i'r tafarnwr, ar ôl ymddiheuro, erfyn arnaf i beidio ag aros y tu allan i'w dafarn ar adeg cau bob penwythnos. Roeddwn, erbyn hyn, yn hapus ei fod wedi dysgu'i wers nad oedd uwchlaw'r gyfraith, a hynny heb orfod mynd ag ef i'r llys.

Ar un llaw, bu'r saith mis a dreuliais yng Nglan-y-fferi o fudd mawr i mi, yn enwedig i fagu hunanhyder a gwneud penderfyniadau heb gyngor neb. Ar y llaw arall, roedd disgwyl i mi ddefnyddio fy modur fy hun yn fy ngwaith a chael dim ond rhyw 15 swllt o dreuliau y mis tuag at ei gost.

Roedd yr uwchswyddogion yng Nghaerfyrddin yn ymwybodol fy mod yn priodi ym mis Mawrth 1964, ond oherwydd y byddai Ken Evans a'i deulu yn dal i fyw yn nhŷ heddwas Glan-y-fferi roedd yn rhaid, ar ôl priodi, i ni symud i Gaerfyrddin i fyw. Yn y cyfamser, cefais gyfweliad gan yr Uwch Arolygydd Glyn Jones, a oedd yn gyfrifol am blismona dalgylch Caerfyrddin, ac roedd yn ceisio fy nenu i ymuno ag adran y CID yng Nghaerfyrddin. Ar yr un adeg cefais gyfweliad gan Jack Edwards, a oedd erbyn hyn yn arolygydd ar adran y traffig yng Nghaerfyrddin. Roedd yntau am i mi ymuno ag adran y traffig yno.

Gan gofio fy nghyfnod byr yn y ddwy adran yn Llanelli a'r mwynhad a gefais yn adran y traffig, penderfynais ymuno â'r adran honno. O fewn deuddydd i mi ddweud hyn, cefais brawf gyrru gan Harold Sherwood, a oedd yn brif arolygydd ac yn bennaeth ar adran traffig heddlu Caerfyrddin a Cheredigion. Ni feddyliais ar y pryd gymaint o ddylanwad y byddai'r dyn hwn yn ei gael ar fy ngyrfa.

Ar 21 Mawrth 1964 fe briododd Shân a minnau yng nghapel Carmel, Llanilar, sef capel Shân a'i thylwyth. Fy ngwas priodas oedd Ieuan, ffrind a heddwas a oedd erbyn hyn yn gweithio yn Llwynhendy. Ar ôl ciniawa yn Lletty Talbot, Aberystwyth fe aethom ar ein mis mêl am wythnos i Lundain. Digwyddodd y briodas ddiwrnod yn unig wedi i'm cyfnod fel heddwas Glan-y-fferi ddod i ben.

Uned Traffig Caerfyrddin

A NINNAU'N BRIOD ers wythnos, symudais i fyw i fflat tair ystafell yn Heol Awst, Caerfyrddin gyda Shân fy ngwraig, gan ddechrau fy swydd newydd yn adran y traffig yn wythnos gyntaf mis Ebrill 1964. Roedd yr adran ei hun wedi'i rhannu yn ddwy ran – adran y pencadlys ac adran rhanbarth Caerfyrddin. Byddai deuddeg plismon, chwech ym mhob adran, yn plismona rhanbarth Caerfyrddin, gyda'r rhai mwyaf profiadol, ar adegau, yn helpu yn yr Ystafell Weithredol.

Yn gyfrifol am yr adran roedd y Prif Arolygydd Harold Sherwood, gyda'r Arolygydd Jack Edwards yn ddirprwy iddo. Roedd ar y pryd bum rhingyll yn gyfrifol am y deuddeg cwnstabl. Un o'r rhain oedd Ieuan Evans 243, cyn-gwnstabl Dre-fach a Chwrtnewydd.

Ar ôl i mi dreulio peth amser yn ei gwmni, gofynnodd Ieuan i mi ai fi oedd yn gyfrifol am wthio Twm Bach Landuar, y beili dŵr, i'r afon yng Nghwrtnewydd rhyw bedair blynedd ynghynt. A minnau'n ymwybodol na ddeuai dim byd mwyach o'r digwyddiad, dywedais wrtho fy mod yn bresennol ar afon Cledlyn pan gwympodd y beili i'r afon, ond nad oeddwn yn gyfrifol am ei anffawd. Nid oeddwn wedi cyffwrdd ynddo. Dywedais wrtho fod y beili wedi cwympo i'r afon oherwydd bod ochr yr afon lle safai wedi llithro o dan ei bwysau.

Dywedodd wrthyf fod y beili'n meddwl mai fi oedd ar yr afon y noswaith honno ond nad oedd yn ddigon siŵr i'm cyhuddo. Gwnaeth hefyd y cyhuddiad fy mod wedi'i wthio i'r afon. Gan fod Ieuan wedi fy ngweld yn sefyll ar y bont rhyw hanner awr ar ôl y digwyddiad, nid oedd ef o'r un farn â'r beili mai fi oedd y person cyfrifol a dyna oedd y rheswm pam na ddaeth i'm gweld ynglŷn â'r achos.

Gan fod Ieuan, yr un fath â minnau, yn mwynhau pysgota, a hefyd gan ei fod ef a'i wraig Sybil yn wreiddiol o ardal Aberystwyth, sef ardal enedigol fy ngwraig, fe ddaethom yn ffrindiau, ond oherwydd un digwyddiad yn ymyl Abergwili, lle roedd lori gyda llwyth o datws arni wedi dymchwel ar ei hochr ac yn llwyr rwystro trafnidiaeth yr A40 i'r ddau gyfeiriad, gorfu i'n cyfeillgarwch yng Nghaerfyrddin ddod i ben yn weddol glou pan orfu i Ieuan a'i deulu symud oddi yno.

Tua wyth o'r gloch y bore yn nechrau Mai 1965, pan oedd symud tatws o sir Benfro i Loegr yn ei anterth, cafodd y Rhingyll Ieuan Evans a minnau ein galw i ddelio â damwain. Wedi cyrraedd Twnnel Abergwili gwelwyd bod lori ac arni lwyth o datws wedi troi ar ei hochr gyda'r llwyth tatws wedi'i wasgaru ymhobman dros yr hewl. Wrth lwc, roedd gyrrwr y lori yn ddianaf. Roeddwn i o'r farn fod y gyrrwr wedi cysgu o bosib, ac roeddwn am weld ei lyfr oriau gwaith. Dywedwyd wrth y rhingyll yn yr Ystafell Weithredol am y sefyllfa ac fe'n cynghorwyd i sicrhau bod plismyn yn cael eu lleoli ar Sgwâr Glangwili i stopio traffig rhag mynd ymhellach ac i'w ailgyfeirio i ddefnyddio'r ffordd drwy Gapel Dewi a Llanarthne ac allan i Ffair-fach. Ar sgwâr Nantgaredig, ailgyfeiriwyd y traffig oedd yn teithio tua Chaerfyrddin trwy bentref Capel Dewi. Roedd hefyd yn ofynnol i'r rhingyll sicrhau gwasanaeth cwmni lleol i symud y tatws a'r lori o'r fan. Roeddwn yn ymwybodol ei fod hefyd wedi sicrhau bod y prif gwnstabl yn gwybod am yr anffawd a'r ailgyfeirio, gan mai dyma'r ffordd y byddai ef yn dod i'w waith bob bore.

Pan oedd y Rhingyll Evans a minnau'n siarad gyda gyrrwr y lori ac yn ceisio canfod achos y ddamwain, gan ofyn am weld ei oriau gwaith, cyrhaeddodd y Prif Arolygydd Harold Sherwood, pennaeth yr adran drafnidiaeth, y fan. Gwaeddodd ar y Rhingyll Evans a minnau gan ein gorchymyn i ddod ato ar unwaith. Erbyn hyn roedd yn ei gwrcwd wrth ochr y ffordd fawr yn ceisio taflu'r tatws i'r naill ochr. Gorchmynnodd i ni ei helpu gan ddweud bod y prif gwnstabl ar ei ffordd i'w waith yn y pencadlys ac y byddai'n rhaid iddo gael digon o le i basio'r llwyth a oedd ar wasgar ymhobman.

Daeth yn amlwg o'i ymddygiad nad oedd yn gofidio dim a oedd rhywun wedi cael niwed neu beth oedd wedi achosi'r ddamwain, nac ychwaith beth oedd y trefniadau a oedd mewn llaw i osgoi'r ardal. Ei unig gonsýrn oedd na fyddai'r prif gwnstabl yn gorfod oedi ar ei ffordd i'r gwaith. Dywedodd y Rhingyll Evans wrtho am y trefniadau a oedd mewn llaw ond ni ddywedodd wrtho fod y prif gwnstabl wedi'i gynghori am y ddamwain a'i fod am ddefnyddio'r ffordd drwy Gapel Dewi yn hytrach na'r A40. Ni wn a wnaeth gelu'r wybodaeth yma oddi wrtho yn fwriadol – efallai'n wir.

Ar yr eiliad pan oedd y prif arolygydd yn ein gorchymyn i'w helpu i daflu'r tatws i'r ochr, daeth gwybodaeth ar y radio fod damwain arall wedi digwydd yn ymyl Sanclêr a bod angen ein presenoldeb yno ar unwaith. Er gwaethaf protestiadau'r prif arolygydd, gorchmynnodd y Rhingyll Evans i mi yrru'r car patrol a mynd i'r ddamwain honno. Daeth ef gyda mi. Wrth fyned oddi yno, edrychais yn y drych a gweld bod y prif arolygydd yn parhau i fod ar ei gwrcwd yn taflu'r tatws i un ochr. Rwy'n sicr, pe na bai'r alwad wedi dod, y byddai'r Rhingyll Evans wedi dweud wrtho fod y prif gwnstabl yn ymwybodol o'r ffaith fod yr hewl wedi'i chau yn Abergwili. Ond nid felly y bu. Er i mi weithio llawer blwyddyn o dan reolaeth y gŵr hwn, ni chofiaf amdano yn ymweld ag unrhyw achos arall o'r fath. Roedd hi'n amlwg, felly, ei fod yno i geisio sicrhau llwybr clir i'r prif gwnstabl i'w waith a dim byd arall.

Wedi i ni ddychwelyd i'r swyddfa ar ôl delio â'r ddamwain yn ymyl Sanclêr, cafodd y Rhingyll Ieuan Evans ei alw i ystafell y prif arolygydd. Dywedodd hwnnw wrtho ei fod wedi bod yn trafod sefyllfa gyrfa'r Rhingyll Evans gyda David John Jones, y dirprwy brif gwnstabl, ac y byddai'n cael gwybod am eu penderfyniad cyn hir. Roedd hi'n amlwg fod Sherwood wedi cael clust y dirprwy brif gwnstabl.

Ychydig ddyddiau wedyn, cafodd y Rhingyll Evans ei alw eto o flaen y prif arolygydd. Y tro yma, dywedodd wrtho ei fod ef a'r dirprwy brif gwnstabl o'r farn y byddai o fudd iddo symud cyn gynted ag oedd yn bosib i weithio yn Llwynhendy ger Llanelli. Ar ôl siarad gyda'r Rhingyll Evans, nad oedd wedi pasio'r arholiad arolygydd, deallais ei fod ef o'r farn mai'r symudiad i Lwynhendy oedd ei gosb am beidio â dweud wrth y prif arolygydd am y trefniadau a oedd wedi'u gwneud ynglŷn â'r prif gwnstabl wrth ymwneud â'r llwyth tatws. Roedd yn amlwg nad oedd yr un ystyriaeth wedi'i rhoddi i sefyllfa teulu Ieuan Evans nac ychwaith i sefyllfa addysg ei blant. Wrth ystyried hyn, gwnes fy ngorau i gadw allan o ffordd y prif arolygydd. Y flwyddyn ganlynol cafodd ei benodi'n uwch arolygydd gyda chyfrifoldeb am adran Llanelli, ac unwaith eto'n gyfrifol am y Rhingyll Ieuan Evans. Heblaw am ambell aelod o'r adran, roedd y rhan fwyaf ohonom yn falch ei weld yn mynd o Gaerfyrddin. Gellid dweud bod ei ymddygiad tuag atom ar adegau yn ormesol.

Gydag ymadawiad Mr Harold Sherwood i Lanelli, cafodd yr Arolygydd Glyn Evans o Lanbed ei benodi'n brif arolygydd gyda chyfrifoldeb am yr adran draffig. Roedd yna'n awr chwe rhingyll yn gyfrifol am waith aelodau'r adran – Daff Jones, Gareth Davies, Les Hughes, Bill Williams, Ron Tremlett a Dan Jones. Dim ond y ddau olaf oedd wedi pasio'r arholiadau angenrheidiol i fod yn arolygwyr a dim ond dau, Bill Williams a Daff Jones, oedd yn yrwyr o'r radd flaenaf (*1st class advanced drivers*). Gyrwyr ail radd oedd y gweddill. Gan mai fi oedd yr olaf i ymuno â'r adran a hefyd yr ieuengaf yno, pan fyddai angen newid oriau gwaith yna fi fyddai'n cael fy ngalw i wneud hyn, er na ddigwyddai'n aml iawn. O'r deuddeg cwnstabl yn yr adran yng Nghaerfyrddin, dim ond pedwar ohonom oedd yn medru reidio beic modur.

Oherwydd bod heddweision yr adran ar ddyletswydd 24 awr y dydd, byddai'n gwbwl naturiol iddynt fod ymhlith y cyntaf i gael eu hanfon i bob achlysur difrifol megis marwolaethau amheus, achosion o hunanladdiad, byrgleriaeth, ymladd, damweiniau yn y gweithle ac ar y ffyrdd, a phob galwad frys a dderbynnid gan weithwyr yr Ystafell Weithredol, gan gynnwys ambell ffrae deuluol ddifrifol ynghyd â phob mathau o ddwyn.

Rhaid cofio hefyd, heblaw am aelodau adran y traffig, nad oedd modd cysylltu ag unrhyw heddwas ar ôl iddo ymadael â'r swyddfa, a heb foduron swyddogol â ffonau ynddynt, dim ond aelodau adran y traffig allai ymateb i alwadau brys. Gellir gweld felly bod aelodau'r adran yn gorfod dygymod â phob math o amgylchiadau a bod ymateb ac ymddygiad yr heddwas cyntaf i gyrraedd pob digwyddiad yn holl bwysig.

Yn amlach na pheidio, os byddai'r person neu'r personau oedd yn gyfrifol am drosedd yn bresennol neu os byddai rhywun yn ymwybodol o'u lleoliad a chyda phŵer i'w harestio, byddent yn cael eu harestio a'u cludo i orsaf yr heddlu yng Nghaerfyrddin. Oherwydd bod cymaint o bwysau gwaith ar aelodau'r adran, ni fyddai modd gwneud ymchwiliadau pellach yn yr achosion ac felly byddai aelodau'r CID yn cymryd y cyfrifoldeb hwnnw. Os oedd y dystiolaeth yn erbyn y person neu bersonau yn ddigonol, byddent yn cael eu cyhuddo ganddynt. Hwy felly, ac nid aelodau adran y traffig, fyddai'n gwneud y gwaith pwysicaf, a hwy felly, ac nid aelodau'r traffig, fyddai'n cael y clod am y gwaith. Oherwydd y drefn hon, ymddangosodd peth rhwyg rhwng aelodau'r ddwy adran.

Cyn dyfodiad priffordd yr M4 a chyn adeiladu Pont Hafren (M48 bellach), a gafodd ei hagor yn haf 1966 – a hefyd cyn dyfodiad y ffordd ddeuol o Sanclêr i Bont Abraham, a oedd yn osgoi tref Caerfyrddin – roedd yn ofynnol i'r holl draffig o sir Benfro i Lundain neu, yn wir, i unrhyw ran o Loegr ddefnyddio hen hewl yr A40 i gyfeiriad Llandeilo. Fel y mae heddiw, byddai'r traffig oedd am fynd i Abertawe, Caerdydd a Chasnewydd yn defnyddio hewl yr A48.

Gellir gweld felly y byddai'r ddwy hewl yma drwy dref

Caerfyrddin yn brysur ofnadwy hyd yn oed yn ystod yr oriau mân, gyda thraffig o Iwerddon a oedd wedi teithio drwy borthladdoedd Abergwaun a Phenfro yn eu defnyddio. Tan oddeutu un o'r gloch y bore byddai un modur patrol yn patrolio'r A40 o Gaerfyrddin cyn belled â ffin sir Benfro yn ymyl Hendy-gwyn ar Daf a'r llall yn patrolio o Gaerfyrddin cyn belled â thref Llandeilo, lle byddai car patrôl o Rydaman ar ddyletswydd yn ei phatrolio cyn belled â ffin y sir yn Hanner Ffordd (Half Way), Llanymddyfri.

Yn ystod oriau'r dydd byddai car patrôl hefyd yn patrolio'r A48 hyd at Cross Hands ac ar yr un pryd byddai plismon ar feic modur yn patrolio heolydd dalgylch Caerfyrddin. Yn ogystal â char patrôl a fyddai allan gyda'i yrrwr yn gweithio tan un o'r gloch y bore, roedd yn ofynnol i gael car a dau heddwas traffig ynddo i weithio'r shifft nos o ddeg tan chwech o'r gloch y bore yn patrolio heolydd dalgylch Caerfyrddin.

Gan nad oedd ffordd osgoi, roedd penwythnosau misoedd yr haf yn rhai anodd iawn, yn enwedig adeg y gwyliau cenedlaethol. Byddai holl draffig y gwyliau, defnyddwyr yr A40 yn ogystal â thraffig yr A48, heb sôn am draffig hewl Llanelli a oedd am fynd i sir Benfro yn cwrdd yn ymyl hen bont Caerfyrddin gan achosi anhawster difrifol. Oddi yno âi'r traffig ar hyd Lôn Morfa ac i fyny Teras Picton hyd at oleuadau traffig Sgwâr Tre Ioan, ac unwaith eto deuai i stop. Wrth reswm, byddai'r traffig yma yn achosi yr un anhawster wrth ddychwelyd o sir Benfro. Cofiaf am lawer achlysur pan oedd traffig ar stop yn ymestyn o bont Caerfyrddin yn ôl cyn belled â Phontargothi ar yr A40 a chyn belled â Dre-fach ar yr A48. Byddai tagfeydd o tua saith milltir yn ymestyn o oleuadau traffig Sgwâr Tre Ioan bron i Sanclêr, a hyn wrth i'r traffig ddychwelyd o drefi glan môr sir Benfro. Dyma'r adeg y deuai plismyn y beiciau modur i'r fei. Byddai dau swyddog yn gweithio bob penwythnos, a heblaw am reoli traffig byddent hefyd yn hebrwng cerbydau'r ddau wasanaeth brys arall ac yn delio ag unrhyw sefyllfa pan na fyddai modd i gar fynd yno oherwydd y traffig trwm.

Gyda ffordd osgoi Caerfyrddin mewn bodolaeth a'r ffordd ddeuol o Sanclêr i Bont Abraham a Phont Hafren yn denu holl draffig de Cymru i Loegr, nid yw'r broblem yma'n bodoli mwyach yn nhref Caerfyrddin.

Yn wahanol i heddiw, roedd yn ofynnol i'r heddlu hebrwng pob llwyth a oedd yn fwy na'r maint cyfreithlon i deithio lonydd ein gwlad. Dim ond megis dechrau yr oedd gwaith adeiladu'r gronfa olew yn Noc Penfro yr adeg yma a byddai pibau dur enfawr yn cael eu cludo o ganolbarth Lloegr i'r gronfa ar hyd yr A40 a thrwy ganol sir Gaerfyrddin. Byddai hebrwng rhain drwy Lanymddyfri a Chaerfyrddin yn waith anodd iawn ac yn dipyn o dasg, gyda'r traffig oedd yn defnyddio'r A40 yn y ddau le yn dod i stop am dipyn o amser.

Roedd yn ofynnol i'r heddwas a hebryngai'r llwythi hyn lynu at y ffyrdd a oedd wedi'u hawdurdodi gan y Swyddfa Gartref fel ffyrdd a oedd yn addas i'w defnyddio. Byddai copi o'r cyfarwyddyd hwn ym meddiant gyrrwr y llwyth a hefyd ym meddiant yr heddwas oedd yn ei hebrwng. Roedd o leiaf dri llwyth yr wythnos yn cael eu hebrwng gan heddlu Caerfyrddin yn ystod y cyfnod pan oeddwn yn adran y traffig.

Roedd yn angenrheidiol, felly, i'r heddweision, wrth hebrwng y llwythi mawr hyn, gadw at y ffyrdd priodol a pheidio â gwyro oddi arnynt. Er hyn, cofiaf am un heddwas a oedd yn hebrwng llwyth mawr i'r cwar yng Nghrwbin. Cafodd gyfarwyddyd i deithio yno drwy bentrefi Pont-iets a Phontyberem yn hytrach na throi i'r chwith yn ymyl Bancycapel a thrwy bentref Llangyndeyrn gan fod y bont dros afon Gwendraeth yn y fan honno ychydig yn rhy gul i dderbyn y llwyth. Am ryw reswm, anwybyddodd yr heddwas y cyfarwyddyd ac aeth â'r llwyth tuag at bentref Llangyndeyrn. Wedi iddo droi i gyfeiriad y pentref oddi ar hewl Llanelli, ni fyddai'n awr yn bosib i'w droi'n ôl heb ddefnyddio peiriannau arbennig.

Yn amlwg, credai'r heddwas ar y pryd fod pont yr afon yn ddigon llydan i dderbyn y llwyth, ond o fewn ychydig funudau darganfu nad oedd, ac aeth y llwyth yn hollol sownd ar ganol y bont. Nid oedd modd ei symud i'r un cyfeiriad. Yno y bu am rai dyddiau nes iddo gael ei symud gan beiriannau perchenogion cwmni'r lorïau cludiant. Credaf i'r heddwas gael cerydd am anwybyddu'r ffordd swyddogol yr oedd y llwyth i fod i'w defnyddio.

Fel yr awgrymais yn gynharach, yn hollol wahanol i'r arfer heddiw, yr heddweision fyddai'n gyfrifol am drosglwyddo diffynyddion o garchar Abertawe i'r llysoedd barn lleol. Ni hefyd fyddai'n gyfrifol am eu dychwelyd yno. Cofiaf yn iawn un o'r achlysuron cyntaf i mi wneud hyn. Roeddwn yn dychwelyd dyn o lys ynadon Caerfyrddin i garchar Abertawe. Fy nghydymaith oedd yr heddwas Tudor Davies (Dai 3). Roedd y ddau ohonom yn ddisgyblion yn yr un dosbarth yn Ysgol Ramadeg Llandysul, a chofiaf amdanaf yn gofyn iddo a fyddai wedi coelio pe byddai rhywun wedi dweud wrtho yr adeg hynny y byddem ni ein dau ymhen chwe blynedd yn hebrwng dyn i garchar Abertawe. Ei ymateb oedd y byddai'n fwy tebygol iddynt goelio mai un ohonom ni fyddai'r carcharor. Rhaid oedd imi gyd-fynd ag ef. Cyn diwedd ei yrfa cafodd Dai ei ddyrchafu i fod yn arolygydd.

Unwaith y flwyddyn byddai barnwr o'r Uchel Lys yn dod i Gaerfyrddin i gadeirio'r brawdlys yn Neuadd y Dref ar sgwâr y dref. Ar ddiwrnod cyntaf ei ymweliad byddai gwasanaeth arbennig yn cael ei gynnal yn Eglwys San Pedr ac ar ôl hynny byddai'r barnwr yn cerdded ar hyd Stryd y Brenin i adeilad y llys, yn cael ei hebrwng gan heddweision. Wrth reswm, byddai'r strydoedd o amgylch y ddau adeilad ar gau yn ystod yr orymdaith. Drwy gydol ei amser yng Nghaerfyrddin, byddai'n aros mewn adeilad arbennig ym mhlasty Cwmgwili, rhyw ddwy filltir o'r dref.

Byddem fel plismyn beiciau modur yn edrych ymlaen yn fawr iawn at ei ymweliad. Byddai dau ohonom yn hebrwng y tacsi a gludai'r barnwr i'r llys yn y bore ac yn ei ddychwelyd i Gwmgwili am ei ginio tuag un o'r gloch. Yn union ar ôl gwneud hyn byddem ni a gyrrwr y tacsi yn dychwelyd am ginio i westy Llwyn Iorwg, a'r Uchel Sirydd fyddai'n talu am y cinio hwnnw. Roedd hyn cyn dyfodiad y profwr anadl felly byddem ni, a'r gyrrwr tacsi, yn yfed rhyw ddau beint o gwrw gyda'r cinio. Ar ôl ciniawa, byddai brys arnom i ddychwelyd y barnwr o Gwmgwili i'r llys. Rhaid cyfaddef, oherwydd ein cyflog isel, mai dyma oedd yr unig ffordd y medrem gael cinio mewn gwesty mor foethus â hwn.

Cofiaf yn iawn am Gareth (Steptoe) Thomas 191, er iddo fod yn sâl am dros wythnos, yn dychwelyd i'r gwaith, heb wella, gan dybio y byddai ef yn un o'r ddau feiciwr a fyddai'n hebrwng y barnwr – yn amlwg, meddyliai am y cinio a'r cwrw rhad yn Llwyn Iorwg. Pan ddarganfu nad ef oedd un ohonynt gan fod y trefniadau wedi'u gwneud ddyddiau ynghynt, ailddychwelodd i'w wely yn sâl.

Cofiaf hefyd yn iawn amdano ar un achlysur, ar ôl hebrwng y barnwr i'w gartref dros dro amser cinio, yn dychwelyd am Lwyn Iorwg ar hyd yr hewl gul ychydig yn rhy glou ac yn methu cymryd y tro i'r chwith cyn cyrraedd y ffordd fawr yn ymyl Glangwili. Dyma fe a'i feic modur yn mynd yn grwn i mewn i'r llecyn porfa ar y tro, lle roedd gweithiwr cyngor wrth ei waith. Cofiaf yn iawn weld y gŵr hwnnw yn brasgamu o ffordd y beic modur ac yn gweiddi rhywbeth ar Gareth. Y prynhawn hwnnw cafodd y ddau ohonom gyngor gan J R Jones, y prif gwnstabl, i gymryd pwyll wrth hebrwng y barnwr. Yn 1971 daeth llys y Goron i fodolaeth, gan gymryd llc'r brawdlys, a dacth tcrfyn ar cin ciniawa rhad yn Llwyn Iorwg.

***

Fel y soniais, roedd Shân a minnau yn byw mewn fflat yn 31, Heol Awst, Caerfyrddin, y drws nesaf i garej Eric Male, lle cadwn fy Simca 1000 newydd. Yr oeddwn wedi'i brynu ychydig amser cyn priodi am £500 oddi wrth Bill Yates, perchennog garej yn Llanybydder. Roeddwn wedi talu'n llawn am y car ac felly'n meddwl dim mwy am hynny.

Un diwrnod, a minnau'n gweithio tan un o'r gloch y bore, daeth y Rhingyll Les Hughes ataf a'm cynghori i dalu am fy nghar, gan fod dyn a oedd yn gweithio i gwmni dyledion wedi gofyn amdanaf yn y gwaith ac wedi dweud wrtho fod arnaf arian i'w gwmni am fy nghar. Wrth reswm, nid oeddwn yn coelio'r fath beth a dywedais wrth y rhingyll fod yna ryw gamddealltwriaeth ac y byddwn yn cysylltu â'r cwmni dyledion yn y bore.

Am naw o'r gloch, a heb gael llawer o gwsg y noswaith cynt, cysylltais â'r person a fu mewn cysylltiad â'r Rhingyll Hughes. Cadarnhaodd fod arnaf ddyled i'w gwmni o £500 gan nad oedd perchennog y garej wedi talu dim iddo ac felly, yn ôl y gyfraith, ei gwmni ef oedd yn berchen ar fy nghar. Dywedais wrtho fy mod wedi talu'n llawn am y car ac y byddwn yn mynd ar unwaith i weld perchennog y garej i gael ei reswm am beidio talu amdano. Felly y bu.

Pan gyrhaeddais y garej yn Llanybydder roedd y perchennog yn ei swyddfa. Wrth fy ngweld, aeth ei bryd yn llwyd. Roedd yn amlwg ei fod yn ddyn sâl a chadarnhaodd ei fod wedi bod yn yr ysbyty am driniaeth ac mai dyna ei reswm am beidio talu'r cwmni benthyca arian am y car. Er fy mod yn teimlo'n flin drosto, roedd arna i chwant cydio ynddo, ond ni wnes hynny. Yn hytrach, fe'i rhybuddiais, pe na byddai'n talu'r swm dyledus cyn tri o'r gloch y prynhawn hwnnw, y byddwn yn dychwelyd ac yn ei arestio. Fe wnaeth y rhybudd y tric ac, er rhyddhad mawr i mi, fe dalodd y cyfan a oedd arno i'r cwmni arian y prynhawn hwnnw. Roedd hwn yn brofiad na fyddwn yn ei ddymuno ar unrhyw un, yn enwedig cwpwl ifanc newydd briodi.

Ers i mi fod yn grwtyn ysgol, roedd gen i ddiddordeb mewn pob math o bysgota ac yn enwedig pysgota pluen. Des mewn cysylltiad â Gwilym James a oedd yn rhingyll yn yr Ystafell Weithredol yn y pencadlys. Roedd Gwilym yn wreiddiol o ardal afon Cych ac yn bysgotwr pluen penigamp. Roedd hefyd yn aelod blaenllaw o'r Carmarthen Amateur Angling Association, sefydliad pysgota yng Nghaerfyrddin yr oedd yn anodd iawn dod yn aelod ohono. Yn wir, roedd yn un o'r swyddogion. Dywedodd wrthyf roi fy enw i lawr ar y rhestr aros ac os deuai lle gwag yn y dyfodol y byddai'n ceisio fy nghael yn aelod. Ni ddigwyddodd hyn am ddwy flynedd arall.

Yn y cyfamser, ymunais â'r Carmarthen Angling, clwb pysgota arall yn yr ardal oedd â'r hawl i bysgota ar ran o afonydd Tywi a Gwili ond nad oedd yn berchen ar gystal dŵr pysgota â chwmni'r Amateur.

Dyma'r adeg pan ddechreuais glymu plu pysgota fy hun. Roedd gen i un a oedd yn gweithio'n arbennig o dda, ac ychydig cyn y llanw byddwn yn aml yn dal llawer iawn o frithyllod môr ar y Tywi a hefyd ar y Gwili. Er ei bod yn groes i hawliau heddweision ar yr adeg honno i wneud unrhyw elw heblaw am blismona, dechreuais werthu'r pysgod hyn i 'Red', a oedd yn ben cogydd gwesty Llwyn Iorwg yng Nghaerfyrddin. Roedd yr elw a gawn o werthu'r rhain yn help mawr i ychwanegu at fy nghyflog, a oedd yn weddol isel ar y pryd. Cofiaf yn iawn am fore 13 Awst 1965 a'r noswaith flaenorol, gan mai dyma'r bore y cafodd fy mab hynaf, Elfyn, ei eni. Gan fy mod yn methu cysgu ac nad oedd gennyf hawl i weld yr enedigaeth, es i bysgota ar ddôl Glangwili. Bûm yn llwyddiannus iawn gan ddal rhyw ddwsin o frithyll môr mawr. Cafodd y cyfan eu gwerthu i westy Llwyn Iorwg.

Ar yr un adeg, cefais ganiatâd i bysgota ar afon Tywi yn ymyl tafarn yr Half Way, Nantgaredig. Perchennog y dŵr yma oedd Dai Boot, gŵr o Bontarddulais a pherchennog ffatri esgidiau leol. Cefais wybodaeth fod gan y prif gwnstabl a rhingyll Llanymddyfri ganiatâd i bysgota yno a bod y pyllau'n llawn eogiaid a brithyll môr. Gan fy mod yn patrolio'r ardal yma bron yn ddyddiol, daeth i'm sylw na fyddai neb yn pysgota yma yn y prynhawn ond bod rhywun yno'n aml ar ôl chwech o'r gloch.

Er mwyn osgoi eraill fyddai'n pysgota, penderfynais fynd yno ar ôl cwpla'r shifft fore a chyrraedd yno am tua pedwar o'r gloch gan barcio fy nghar yn ymyl mynedfa i'r cae. O fewn rhai munudau daeth rhingyll Llanymddyfri i'r cae gan ddechrau pysgota rhyw gan medr oddi wrthyf. Gan fy mod am osgoi cwrdd ag ef, dychwelais i'm modur gan gwpla pysgota ar ôl rhyw hanner awr yn unig. Ni feddyliais fwy am hynny.

Am hanner awr wedi wyth y bore rhyw dri diwrnod ar ôl i mi ymweld â dŵr Dai Boot, cefais orchymyn i fynd i Ystradwrallt, cartref y prif gwnstabl, i'w nôl a'i gludo i bencadlys yr heddlu. Nid oeddwn wedi cael cyfle i roddi fy nghap newydd ar fy mhen a rhaid oedd i mi wisgo fy hen gap â'i big yn rhydd – roeddwn am i'r big fod yn fflat ar fy nhalcen yr un fath â'r Gwarchodlu Cymreig. Gyda mi yn y car roedd llythyron o'r pencadlys wedi'u harwyddo i'r prif gwnstabl. Roedd yn arferiad rhoi'r llythyron i'r prif gwnstabl a byddai ef yn eu darllen ar y ffordd i'r swyddfa.

Wedi cyrraedd drws cefn Ystradwrallt, es allan o'r car ac agor drws ffrynt fy modur yn barod i'r prif gwnstabl ddod iddo. Ar yr un pryd, gofalais fod pig fy nghap yn edrych yn iawn. O fewn eiliadau, daeth y prif gwnstabl allan. Nid oedd yn edrych yn hapus iawn ac er i mi ei saliwtio a'i gyfarch gan ddweud 'Bore da' wrtho, ni ddywedodd yr un gair wrthyf. Rhoddais y llythyron iddo a, heb ddweud dim wrthyf, dechreuodd eu hagor.

Pan oeddem yn ymyl Abergwili, tynnodd fy nghap oddi ar fy mhen a dechrau chwarae â'i big. Cefais bregeth ganddo am ei gyflwr, a bygythiad y byddai'n fy symud o Gaerfyrddin. Gofynnodd i mi gadarnhau ei fod wedi gweld fy modur yn ymyl tafarn yr Half Way ychydig ddiwrnodau ynghynt. Gan gredu ei fod yn meddwl fy mod yn yfed yn y tafarn, dywedais wrtho nad oedd hynny'n wir. Ni ddaeth y pysgota i'm meddwl. Gofynnodd a oedd gen i ganiatâd i bysgota ar dir Dai Boot. Atebais fod gen i ganiatâd i bysgota yno. Oherwydd hyn, cefais bregeth ganddo a dywedodd wrthyf na fedrwn i riportio'r gŵr yma pe byddwn yn ei weld yn torri'r gyfraith. Ei eiriau oedd 'He's got you where he wants you.' Wrth glywed hyn, gwnes y camgymeriad o ddweud wrtho fy mod wedi clywed bod ganddo ef hefyd ganiatâd i bysgota yno. Atebodd, a chofiaf yn iawn ei eiriau, 'Me – I would not lower myself to fish there and I don't want to hear that you have been there again.'

Ar ôl cael gair gyda'r tri rhingyll, ni fu raid i mi fynd i nôl y prif gwnstabl am ryw dair wythnos wedyn. Ond un prynhawn, pan oeddwn yn dechrau fy ngwaith am bump o'r gloch ac wedi dod i mewn rhyw ugain munud cyn hynny ac yn cerdded tuag at ddrws cefn y swyddfa, cwrddais â JR, y prif gwnstabl, yn dod allan. Ar unwaith, dyma fe yn fy ngorchymyn i'w ddreifio adref i Ystradwrallt. Nid oedd gen i ddewis ond gwneud fel y gorchmynnai. Yn union ar ôl dechrau ar y daith, dywedodd wrthyf ei fod wedi clywed bod gen i bluen bysgota arbennig o dda a'i fod am brynu un. Atebais nad oedd gen i hawl i wneud hyn gan fod gwneud elw o unrhyw beth yn erbyn rheolau'r gwaith ac felly na fedrwn werthu'r bluen iddo. Hefyd, nid oedd hawl gen i ei rhoi am ddim iddo oherwydd ei bod yn erbyn y rheolau i unrhyw un o radd is roi rhodd i unrhyw un o radd uwch. Dywedodd wrthyf wedyn am roddi un i'w fab Peter, a oedd o'r un radd â mi.

Wrth i ni gyrraedd sgwâr Nantgaredig roedd Dai Price, ffrind pysgota JR, yn ein disgwyl. Wrth ei weld, dyma JR yn gorchymyn i mi stopio yn Heol yr Orsaf. Ar hyn, dyma Dai Price yn dod i siarad â'r prif gwnstabl a dyma'r siarad yn troi at bysgota ac i ba le roeddent am fynd. Cynigiodd Price eu bod yn mynd i le Dai Boot yn ymyl tafarn yr Half Way. Wrth glywed hyn, bu bron i mi â chwerthin ac ar ôl i Price fynd dyma'r Chief yn gofyn wrthyf, a'i law ar fy nghefn, 'Fe glywais di beth ddywedodd Dai, on'd do fe?' Atebais nad oeddwn yn gwrando ar eu siarad. Meddai yntau, 'Good boy. Fe ei di ymhell.'

***

Roedd yn fwriad gen i sefyll y ddau arholiad yr oedd angen i mi eu pasio cyn gynted ag y medrwn, gyda'r nod o gael dyrchafiad i fod yn rhingyll. Heblaw am arholiad y gyfraith, roedd yn rhaid hefyd pasio arholiad yn y testunau canlynol:

Saesneg, gwybodaeth gyffredinol a rhifyddeg. Rhaid oedd cael dros hanner cant y cant i basio a sicrhau gradd rhingyll, a thros chwe deg y cant ar gyfer gradd arolygydd. Bron yn union ar ôl i mi basio yr arholiadau hyn, fe'u diddymwyd. Golygai hynny fod yna lawer un a oedd wedi pasio arholiad y gyfraith ond yn methu â phasio arholiad y testunau gwahanol yn awr yn gymwys i'w dyrchafu i radd uwch. Cafodd llawer eu dyrchafu ac, yn wir, bu rhai ohonynt yn ystod eu gyrfa yn dal swyddi uchel iawn. 'Sgwn i beth fyddai eu sefyllfa pe na byddai'r arholiad gwybodaeth gyffredinol wedi cael ei ddiddymu?

Yn y flwyddyn 1966 y sefais arholiad y gyfraith. Cefais farciau sylweddol yn y tri thestun – traffig, gwaith cyffredinol yr heddlu, a throseddau. Ni chefais fy llongyfarch gan y prif arolygydd, er iddo fy ngweld ar lawer achlysur yn union ar ôl i'r canlyniadau gael eu rhyddhau, ac er i'm marciau fod yn ddigon uchel i mi gael fy ystyried am gyfweliad i fynd ar gwrs yng ngholeg yr heddlu yn Bramshill pe byddai ambell un a ymunodd â'r heddlu cyn i fi wneud yn methu eu cyfweliadau hwy. Nid oeddwn yn ymwybodol o hyn tan i'r prif gwnstabl ddweud wrthyf pan oeddwn yn ei gludo i'w gartref un noswaith.

Yn ystod y ddwy flynedd ganlynol mynychais bump o gyrsiau yn ymwneud â'm gwaith fel plismon traffig ym mhencadlys Heddlu De Cymru ym Mhen-y-bont ar Ogwr. Yn 1966, y cyntaf oedd cwrs uwch gyrru modur a'r ail oedd y cwrs uwch gyrru beic modur. Bûm yn llwyddiannus yn y ddau, gan gael y radd gyntaf yn y cwrs moduro ac ail yn y cwrs beiciau modur. Mynychais gwrs y swyddogion traffig hefyd, a oedd yn ymwneud â holl waith swyddogion yr adran. Bu'r cwrs yma o fudd mawr i mi yn fy ngyrfa. Yn 1967 anfonwyd fi ar y cwrs beic modur unwaith eto – Advanced Refresher, gyda'r bwriad o gael y radd gyntaf, ac felly y bu.

Yn y flwyddyn hon ymunodd heddlu Canolbarth Cymru â heddlu sir Benfro, Caerfyrddin a Cheredigion a byddai'n angenrheidiol i'r heddlu newydd sefydlu ysgol yrru ei hun yn hollol annibynnol ar ysgol yrru Pen-y-bont. Golygai hynny y byddai'n orfodol i bob un o'r pedwar dalgylch newydd a ffurfiwyd gan yr uned gael hyfforddwyr gyrru eu hunain â'r cyfrifoldeb am yr ysgol yrru newydd. Y bwriad oedd cael rhingyll gyda chymhwyster gyrru o'r radd flaenaf i fod yn gyfrifol am yr ysgol, a hynny ar ôl cael y cwrs priodol i ddysgu heddweision i yrru. Byddai'r cwrs hwn yn cael ei gynnal yn yr ysgol yrru ym Mhen-y-bont. Yng Nghaerfyrddin, dim ond un rhingyll oedd â'r cymwysterau angenrheidiol i fynychu'r cwrs yma ond oherwydd ei oedran nid oedd am ei fynychu ac felly rhaid oedd anfon cwnstabl a chanddo'r cymwysterau angenrheidiol. Roeddwn yn ffodus fy mod wedi pasio'r arholiad i fod yn rhingyll a hefyd yn yrrwr o'r radd uwch. Nid oedd gan yr un cwnstabl arall yng Nghaerfyrddin y cymwysterau hyn. Cefais felly fy anfon ar y cwrs hyfforddi gyrru am bum wythnos ac ar ei ddiwedd roeddwn yn athro gyrru cymwysedig.

Rhai Achosion yn fy Ngwaith

AM Y DDWY flynedd gyntaf yn yr adran, ac oherwydd mai dim ond gan yr adran yr oedd moduron â chysylltiad ffôn â'r pencadlys, roedd y gwaith yn amrywiol iawn. Bechgyn adran y traffig fyddai'n cael eu hanfon gyntaf i bob achos brys. Nid oedd unrhyw fath o drefniant ar gael gydag aelodau'r *beat* nac ychwaith gyda bechgyn y gorsafoedd gwledig, ac er bod un modur i'w gael gan aelodau'r CID ymhob rhanbarth, ni fyddent yn cael eu hanfon i achosion nes bod bechgyn adran y traffig wedi bod yno gyntaf. Soniaf am 'fechgyn' oherwydd, yn wahanol i heddiw, dim ond dynion oedd yn aelodau o'r adran. Yn wir, yn ystod fy ngyrfa yn yr heddlu ni chofiaf am unrhyw ferch yn aelod o'r adran. Fel y gellid disgwyl, byddem yn delio â bron pob achos o ddamweiniau modur ac roedd yn ofynnol arnom i lanw'r llyfryn ar gyfer pob damwain hyd yn oed os nad oedd neb wedi cael niwed corfforol. Roedd peidio â gwneud hynny yn drosedd fewnol.

Cofiaf yn iawn am y ddamwain angheuol gyntaf a welais. Cefais fy anfon i lawr i ymyl Nantyci ar hen brifffordd yr A40 lle roedd lori a oedd yn cael ei gyrru gan ddyn o Foelgastell wedi bod mewn gwrthdrawiad â modur bychan a oedd yn cael ei yrru gan ddyn o ogledd Cymru. Fe fu farw chwaer gyrrwr y modur, sef Winifred Mable Town, yn fy mreichiau. Roedd hi dros ei 80 oed ac yn eistedd yn sedd flaen y car.

Roedd gyrrwr a pherchennog y lori wedi teithio o'i gartref yn Foelgastell cyn belled â Sanclêr gyda'r bwriad o deithio tua sir Benfro i nôl llwyth o wellt. Pan oedd ym mhentref Sanclêr sylweddolodd nad oedd ganddo arian ac y byddai'n rhaid iddo ddychwelyd i'w gartref os oedd am brynu. Heb feddwl rhagor, dyma fe'n troi'n ôl ac yn dychwelyd tua Chaerfyrddin ac, yn ôl ei ddatganiad, roedd yn mynd cyn gyflymed ag y medrai heb dorri'r gyfraith.

Ar yr un pryd roedd Mrs Town a'i brawd yn teithio ar yr un hewl tuag at Gaerfyrddin. Pan gyrhaeddodd y lori ben hewl Meidrim yn Passby daeth i fyny y tu ôl i gerbyd brawd Mrs Town, a oedd yn teithio'n eithaf araf. Gan fod brys arno, penderfynodd gyrrwr y lori basio'r modur yn ymyl Tafarn Plwca. Bu bron iddo gwblhau'r symudiad ond wrth iddo geisio dod yn ôl i'w ochr ei hun cyffyrddodd rhan chwith ôl y lori ag ochr dde blaen y modur a'i dynnu i un ochr. Collodd y gyrrwr reolaeth lwyr o'i fodur ac aeth dros y clawdd ac i mewn ar ei ben i gae yr ochr arall i'r hewl. Wrth reswm, bu'n rhaid cau'r hewl am rhyw ddwy awr, ond ar ôl tynnu lluniau o'r ddamwain a chymryd y mesuriadau angenrheidiol cafodd yr hewl ei hailagor.

Oherwydd marwolaeth Mrs Town, rhaid oedd gwneud datganiad i'r crwner. Ar ôl agor yr achos rhaid oedd iddo ei ohirio er mwyn gweld a oedd digon o dystiolaeth i ddod ag achos cyfreithiol yn erbyn gyrrwr y lori am yrru'n ddiofal neu hyd yn oed am achosi marwolaeth Mrs Town drwy yrru'n beryglus. Yn wahanol i heddiw, rhaid oedd i mi wneud cynllun o'r ddamwain gyda mesuriadau o leoliad y ddau gerbyd ar yr hewl yn y fan lle digwyddodd y ddamwain.

Roedd hi hefyd yn ofynnol gwneud datganiad llawn a'i anfon gyda phob tystiolaeth yn ymwneud â'r ddamwain a hefyd y lluniau a dynnwyd o'r ddamwain, a'r mesuriadau cywir a gymerwyd, at y Cyfarwyddwr Erlyniadau Cyhoeddus (DPP) er mwyn penderfynu a ddylid erlyn gyrrwr y lori ai peidio. Ymhen ychydig amser cafwyd ateb o swyddfa'r DPP yn dweud y dylid erlyn gyrrwr y lori am achosi marwolaeth Mrs Town drwy yrru'n beryglus. Oherwydd difrifoldeb y drosedd rhaid oedd i'r achos gael ei gynnal yn y brawdlys o dan gadeiryddiaeth y barnwr a rheithgor o 12.

Cofiaf yn iawn am yr achos. Plediodd gyrrwr y lori yn ddieuog i'r cyhuddiad ond fe'i cafwyd yn euog o'r drosedd wreiddiol. Dyma oedd yr achos cyntaf o'i fath i gael y canlyniad yma ym mrawdlys Caerfyrddin. Yn arferol byddai'r rheithgor yn cael person yn ddieuog o'r drosedd wreiddiol ond yn euog o yrru'n ddiofal. Er hynny, wedi iddo gael ei ganfod yn euog, ni chafodd ei ddedfrydu i garchar; yn hytrach, cafodd ddirwy o £200 a'i wahardd rhag gyrru am ddwy flynedd fel cosb.

Oherwydd llwyddiant yr achos yma cefais fy ngalw i wneud datganiad i'r Cyfarwyddwr Erlyniadau Cyhoeddus ym mhob achos o ddynladdiad mewn damweiniau modur yn yr holl ardal. Cefais gymorth i wneud hynny gan Dan Jones, a oedd erbyn hyn yn rhingyll yn yr adran. Nid hwn oedd y gwaith mwyaf pleserus ond, wrth lwc, ni ddigwyddai damweiniau o'r fath yn aml iawn.

***

Ar ddechrau mis Mai byddai llwythi ar lwythi o datws sir Benfro yn cael eu cludo i ganolbarth Lloegr, ac er eu bod yn cael eu cludo yn ystod y dydd yn ogystal â'r nos, oherwydd y traffig trwm a ddefnyddiai'r A40 ni chaent lawer o sylw.

Oherwydd bod hyn cyn dyfodiad y *tachograph*, rhaid oedd i ni fel heddweision, os oeddem am wneud ymchwiliad i oriau gyrru unrhyw un o yrwyr y lorïau yma, edrych yn fanwl ar lyfrau record eu horiau gwaith. Er mwyn ein twyllo, cariai rhai o'r gyrwyr ddau lyfryn. Gan gredu bod rhai o yrwyr y lorïau tatw yn gyrru am lawer iawn mwy o oriau nag oedd yn gyfreithlon iddynt, penderfynais i a phlismon arall wneud ymchwiliad cudd ar ddwy o'r rhain yn ymyl Bancyfelin. Roedd yn ddeg o'r gloch ar nos Wener pan gymerwyd rhif dwy o'r lorïau hyn. Roeddent yn llawn tatws, ac yn gwneud eu ffordd am ganolbarth Lloegr. Am ychydig wedi pump o'r gloch fore Sadwrn, gwelwyd y ddwy yn dychwelyd. Er na chawson nhw eu stopio, gwelsom pwy oedd eu gyrwyr.

Y noswaith ganlynol, am tua un ar ddeg o'r gloch, dros

24 awr ers eu gweld y tro cyntaf, eto yn ymyl Bancyfelin, gwelwyd yr un ddwy lori gyda'r un gyrwyr yn teithio tuag at Benfro. Rhaid oedd cymryd yn ganiataol eu bod yn dychwelyd o ganolbarth Lloegr ar ôl bod yno gyda'u llwythi tatw a'u bod wedi cael y toriadau angenrheidiol oddi wrth y gyrru.

Fe'u stopiwyd, gan ofyn i'r ddau yrrwr am eu llyfrau a'u trwyddedau gyrru. Dangosodd un ohonynt ddau lyfryn i mi. Roedd y ddau wedi'u llenwi, un ar ddydd Gwener a'r llall ar ddydd Sadwrn. Ar ôl eu holi, cyfaddefodd y ddau nad oeddent wedi cael yr un toriad am 24 awr a'u bod wedi bod â thri llwyth o datw i ganolbarth Lloegr yn ystod y cyfnod hwnnw. Roedd hi'n amlwg wrth edrych arnynt eu bod wedi blino ac na ddylent, felly, fod yn gyfrifol am beiriant mor beryglus â lori. Dywedodd un wrthyf ei fod yn falch fy mod wedi'i stopio ac mai ei feistr, perchennog un o'r ffermydd tatw, oedd yn ei orfodi i dorri'r gyfraith, gan ddweud wrtho, os nad oedd ef yn fodlon gyrru'r oriau ychwanegol, yna fe fyddai'n cyflogi rhywun arall yn ei le. Aeth sôn drwy sir Benfro bod heddlu Caerfyrddin yn gwneud ymgyrch yn erbyn gyrwyr y lorïau tatw ac, yn wir, dyna oedd diwedd y torcyfraith yn ymwneud ag oriau gyrru yn ystod y cyfnod hwnnw.

Cafodd y ddau yrrwr eu herlyn, gan bledio'n euog i'r cyhuddiadau yn eu herbyn. Am hynny, ni fûm yn y llys (Sanclêr) ac ni wn beth oedd eu cosb. Ar y pryd, nid oedd gennym yr hawl i'w harestio nac ychwaith i'w stopio rhag gyrru ymhellach. Roedd yn ofynnol arnom adael iddynt yrru er ein bod yn ymwybodol nad oeddent mewn cyflwr corfforol na meddyliol i wneud hynny.

***

Roedd hi tua dau o'r gloch ar fore Sadwrn a'r Cwnstabl Keith Morgan a minnau mewn car heddlu yn paratoi i ymadael â'r swyddfa yng Nghaerfyrddin gyda'r bwriad o batrolio holl heolydd ardal y dref pan gawsom alwad i fynd i weld dyn a oedd yn ein disgwyl yn Heol Capel Dewi yn ymyl ffrm Tŷ

Newydd. Roedd wedi cysylltu â'r swyddfa gan ddweud ei fod wedi gweld dyn yn dod allan o dŷ gerllaw lle roedd dynes oedrannus yn byw ar ei phen ei hun. Wrth reswm, fe aethom i'w weld ar unwaith.

O fewn munudau roeddwn yn siarad gyda'r gŵr, a oedd yn adnabyddus i mi. Dywedodd wrthym ei fod, yng nghwmni ei wraig, yn dychwelyd o'r dref ac yn cerdded ar hyd y lôn fach a oedd yn arwain i'w gartref pan redodd dyn allan o fyngalo gerllaw. Dywedodd ei fod wedi cwrso ar ôl y dihiryn yma ond fe'i collodd pan gyrhaeddodd yr hewl fawr. Dywedodd ei fod wedi diflannu i gyfeiriad pentref Capel Dewi.

Gan fy mod yn ei adnabod, roeddwn yn amheus iawn o'i ddatganiad a phan welais olion gwaed ar un o'i ddwylo roeddwn yn rhag-weld y byddwn yn delio gydag achos mwy difrifol na thorri i mewn i dŷ.

Roeddwn yn ymwybodol nad oedd y dyn hwn yn gallu'r Gymraeg felly dywedais wrth Keith yn Gymraeg nad oeddwn yn coelio ei stori a gofyn iddo gadw llygad barcud arno. Ar y pryd nid oedd gennym unrhyw dystiolaeth ei fod wedi cyflawni unrhyw drosedd ac o'r herwydd nid oedd gennym bŵer i'w arestio nac ychwaith i archwilio ei ddillad.

Oherwydd fy mod yn ei ddrwgdybio ac yn poeni bod rhywbeth difrifol wedi digwydd, fe aethom ar frys i'r adeilad dan sylw. Yn answyddogol, roedd yr achwynwr yn awr yng ngofal y Cwnstabl Morgan yng nghefn y car ac, yn ddiarwybod iddo, roedd y drysau ar glo.

Wedi i mi gyrraedd y tŷ a'i archwilio o'r tu allan gyda fy fflachlamp, nid oedd dim i'w weld yn annaturiol wrth edrych ar ei ffrynt. Nid oedd yr un golau i'w weld yno, roedd y ffenestr ffrynt ar gau ac roedd drws y ffrynt ar glo. Cerddais i'r cefn a darganfod golygfa hollol wahanol. Roedd gwydr y ffenestr gefn, a oedd hefyd yn ffenestr yr ystafell wely, yn deilchion a'r drws cefn yn agored. Roedd golau yn yr ystafell wely a'r dillad gwely ar y llawr. Nid oedd unrhyw un i'w weld yno. Wrth archwilio'r dillad gwely gwelais fod llawer o waed arnynt ac roedd yr ôl gwaed yn ymestyn ar draws y llawr, drwy'r drws cefn ac allan i fynedfa'r tŷ. Oddi yno, gyda fy fflachlamp, gallwn ddilyn y trywydd am ryw 20 metr i gyfeiriad tŷ fferm a oedd rhyw 50 metr arall oddi yno. Roedd golau yn yr adeilad hwnnw.

Wrth feddwl am y gwaed ar ddwylo'r dyn a'r gwaed ar lawr yr ystafell wely ac ar y llwybr i gyfeiriad y fferm, roeddwn yn sicr bod y dyn wedi bod mewn cysylltiad â'r gwaed yma. Roeddwn yn rhag-weld bod perchennog y gwaed wedi cyrraedd y ffermdy o'n blaen ac felly cerddodd y tri ohonom tuag at y ffermdy. Gan adael y ddau arall y tu allan, cnociais ar y drws a gweiddi 'heddlu'. Agorwyd y drws gan wraig y fferm ac yn eistedd o'm blaen mewn cadair roedd hen ddynes â'i llygaid a'i hwyneb mewn cyflwr difrifol. Nid oedd angen gofyn beth oedd achos ei hanafiadau. Rhedais yn ôl i'r modur gan ofyn ar y ffôn am ambiwlans i ddod ar unwaith, a rhoddais fraslun i'r pencadlys o'r hyn, yn fy marn i, oedd wedi digwydd.

Pan ddychwelais aeth y Cwnstabl Morgan a minnau i mewn i'r tŷ gyda'r cwynwr. Pan welodd yr hen ddynes wyneb yr achwynwr gwaeddodd, 'Cerwch â'r mochyn mas o 'ma.' Bydd y geiriau hynny a gwedd yr hen wreigan ar fy nghof tra byddaf byw. Roeddent yn ddigon i gadarnhau fy amheuon am y dyn, a dywedais wrtho fy mod yn ei arestio am dorri i mewn i dŷ'r hen ddynes gyda'r bwriad o ddwyn a hefyd am ymosod arni.

Gwadodd y dyn y cyhuddiad gan ddweud wrthym fynd i ofyn i'w wraig beth oedd wedi digwydd gan ci bod hi yn ei gwmni yn cerdded adref. Nid oedd gen i amheuaeth nad oedd wedi bod adref ar ôl cyflawni ei weithred anghyfreithlon ac wedi cynghori ei wraig i ddweud, os byddai angen, ei bod hi gydag ef pan oedd yn dychwelyd adref. Yn amlwg, ni ddywedodd wrthi ei reswm am ddweud hyn nac ychwaith beth oedd wedi digwydd.

Wrth holi'r wraig, gwelais fod pram yn yr ystafell a babi bychan ynddo. Pan ofynnais iddi ble roedd y babi pan oeddent yn dychwelyd o'r dref am ddau o'r gloch y bore, atebodd hi fod y tri ohonynt gyda'i gilydd a'r babi yn y pram. Ar ôl ychwaneg o holi, cyfaddefodd nad ydoedd wedi bod yng nghwmni ei gŵr ar unrhyw adeg y noswaith honno. Ar ôl gwneud rhagor o ymholiadau cafodd yr achwynwr ei gyhuddo o fyrgleriaeth, o geisio lladd yr hen ddynes ac o ymosod yn anweddus arni. Ar ôl pledio'n euog i'r cyhuddiadau hyn cafodd ei garcharu am oes.

***

Yn 1967 daeth y Ddeddf Diogelwch Ffyrdd i fodolaeth a hefyd y profwr anadl, ac er mwyn gweithredu'r profion hyn daeth yr Alcotest R80 i fodolaeth. Golygai hyn, os oedd cais wedi'i wneud gan heddwas mewn iwnifform, ei bod yn ofynnol i yrrwr a oedd wedi cyflawni trosedd roi sampl o'i anadl. Yn yr un modd, roedd hefyd yn ofynnol i yrrwr oedd wedi bod mewn damwain ffordd roi sampl, os oedd cais wedi'i wneud. Roedd pŵer hefyd gan gwnstabl mewn iwnifform i ofyn i yrrwr unrhyw gerbyd ar y briffordd roi sampl anadl iddo os oedd yn tybio bod y gyrrwr wedi bod yn yfed diod feddwol. Roedd methu â rhoi sampl o'r fath yn drosedd a byddai hawl gan heddwas i arestio'r gyrrwr dan sylw.

Am oddeutu un o'r gloch un bore Sadwrn roedd y Cwnstabl Keith Morgan a minnau ar ein ffordd yn ôl i bencadlys yr heddlu pan welsom fodur Mercedes Sport glas ei liw yn teithio tuag atom ger Ffordd y Cwrwg yng Nghaerfyrddin. Wrth ein gweld, trodd y modur am Stryd Las, lle daeth i stop. Cyrhaeddais y modur pan oedd y gyrrwr a'i deithwraig yn dod allan ohono. Sylwais ar unwaith fod y gyrrwr yn simsan ar ei draed ac roedd yn amlwg ei fod wedi bod yn yfed. Felly, gofynnais iddo ddod i mewn i fodur yr heddlu gan ofyn iddo faint o'r gloch y bu iddo yfed ei lasiad olaf. Atebodd yn Saesneg iddo wneud hynny rhyw awr ynghynt. Felly gofynnais iddo am sampl o'i anadl. Cytunodd a rhoddais y teclyn anadl iddo. Chwythodd i mewn i'r bag fel roedd yn angenrheidiol iddo wneud. Tynnais y diwben wydr o'r bag gan feddwl, oherwydd cyflwr y dyn, y byddai'r crisialau i gyd wedi troi eu lliw yn wyrdd. Ond nid felly y bu. Roedd mwyafrif y crisialau yn felyn o hyd, a olygai fod y gŵr wedi pasio'r prawf anadl. Oherwydd hyn, ac er nad oedd mewn cyflwr i yrru yn fy marn i, nid oedd gen i'r pŵer i'w arestio felly roedd yn ofynnol arnaf i'w adael yn rhydd.

Gadawodd ei fodur yn Stryd Las ac aeth y Cwnstabl Morgan a minnau i edrych ynddo. Ar sedd y gyrrwr roedd potel fach wag o Gold Spot, purwr anadl. Roedd hi'n amlwg ei fod wedi cymryd yr hylif yma cyn i ni gyrraedd ei fodur ac roedd hwnnw wedi gwneud ei waith. Roedd wedi twyllo'r profwr anadl a'r heddlu. Bu hyn yn wers i ni ac mi wnes adduned yn y fan a'r lle na fyddwn yn caniatáu i sefyllfa o'r fath ddigwydd fyth eto.

Rhyw fis ar ôl y digwyddiad, a minnau eto'n gweithio shifft nos ond y tro yma yng nghwmni'r Cwnstabl Ian Evans, roeddem yn patrolio heolydd tref Caerfyrddin a'r dalgylch oddeutu hanner awr wedi hanner nos un noson pan welais y modur Mercedes glas wedi'i barcio yn Heol Awst, Caerfyrddin, gyferbyn â thafarn y Llew Aur. Gyda'r wybodaeth a gefais ar ôl yr achos cynt fod y perchennog yn filiwnydd, yn yfwr cyson ac yn hidio dim am y ddeddf newydd, des i'r penderfyniad ei fod yn ymweld â'r tafarn ac yn debygol o fod yn yfed yno.

I gadarnhau fy amheuaeth, ac ar ôl parcio fy modur o'r golwg, tynnais siaced fy iwnifform a'm het a cherdded at y tafarn. Er bod y llenni wedi'u tynnu a dim ond golau gwan yn yr ystafell, gwelais drwy fwlch bychan ynddynt berchennog y modur yng nghwmni gwraig y tafarn, yn yfed yr hyn a dybiwn oedd yn *whisky chasers*. Roedd yr hyn a welais yn ddigon imi benderfynu cadw llygad o hirbell ar ddrws y tafarn ac os byddai'r gŵr mor ffôl â gyrru ei fodur yna byddwn yn ei ddilyn a'i stopio a gofyn iddo am brawf anadl.

Rhaid cofio, yn wahanol i heddiw, fod heolydd y dref, ar wahân i nos Sadwrn/bore Sul, yn hollol wag ar ôl hanner nos, a dyma oedd y sefyllfa ar y bore Sadwrn hwn. Aethom i barcio ein modur y tu ôl i'r gofgolofn yn Heol Awst, allan o olwg y tafarn. Wrth sefyll y tu allan i'r modur roedd gennym

145

olygfa glir o ddrws y tafarn a oedd ddim ond rhyw ganllath i ffwrdd.

Am chwarter wedi un, sef yr amser arferol i blismyn shifft nos fynd am eu brecwast yn y swyddfa, agorodd drws y tafarn a daeth y dafarnwraig allan. Edrychodd i fyny ac i lawr Heol Awst cyn mynd yn ôl i mewn. Yn syth wedyn, daeth perchennog y Mercedes allan gan gerdded i'w gar. Aeth y Cwnstabl Evans a minnau yn ôl i'n modur a chychwynnodd y Mercedes ar ei ffordd i fyny Heol Awst, i Heol Dew ac yna am Heol Dŵr. Dyna lle y stopion ni fe.

Cerddais at ddrws y gyrrwr gan edrych arno'n fanwl i sicrhau na fyddai'n ceisio yfed neu fwyta rhywbeth a allai amharu ar y prawf anadl. Roeddwn yn fodlon na wnaeth hynny. Dywedais wrtho fy mod yn amau ei fod wedi bod yn yfed diod feddwol gan ofyn iddo pryd y cafodd ei ddiod olaf. Atebodd yn Saesneg bod dros awr ers hynny. Ni ddywedais i mi ei weld yn yfed yn y Llew Aur rhyw hanner awr ynghynt. Gofynnais iddo am sampl o'i anadl gan egluro ei bod yn drosedd i wrthod. Cytunodd heb wneud unrhyw sylw nac esgus. Methodd y prawf, gyda lliw melyn y crisialau yn y diwben wydr wedi newid yn wyrdd uwchben y llinell a oedd arni. Dywedais wrtho beth oedd canlyniad y prawf a'm bod yn ei arestio ac am ei gludo i'r swyddfa yng Nghaerfyrddin, lle byddai angen gwneud profion pellach. Cytunodd ac fe'i cludwyd i'r swyddfa, oedd ddim ond ychydig funudau i ffwrdd. Gyrrodd y Cwnstabl Evans fodur y dyn i'r pencadlys.

Wedi cyrraedd y swyddfa, rhaid oedd cyflwyno'r gyrrwr i'r Rhingyll Alan Hughes, a oedd ar ddyletswydd yno, gan ddweud wrtho beth oedd fy rheswm am arestio'r gŵr. Daeth yn amlwg fod y rhingyll yn ei adnabod a dechreuodd ei alw'n 'syr'. Yna, dyma'r gŵr, a oedd wedi cydweithredu'n llwyr gyda mi, yn gwneud cais am alw ei gyfreithiwr i'r swyddfa gan ddweud nad oedd am gymryd unrhyw brawf arall heb gyngor ei gyfreithiwr. Oherwydd bod y gyfraith yn newydd roedd y rhingyll yn ansicr beth oedd y sefyllfa ynglŷn â'r ail brawf anadl. Gan fy mod wedi bod yn astudio'r gyfraith yn weddol fanwl, dywedais wrtho ei bod yn orfodol i'r gŵr gymryd yr ail brawf heb unrhyw amod ac y byddai'n drosedd os gwrthodai.

Ac yntau wedi'i sicrhau bod yr uchod yn gywir, gofynnodd y Rhingyll Hughes i'r gyrrwr dderbyn yr ail brawf anadl gan roi gwybod iddo beth fyddai'r canlyniadau pe byddai'n gwrthod. Heb ragor o ddadlau, cymerodd y gyrrwr ei ail brawf. Yr un fath â'r cyntaf, newidiodd lliw'r crisialau yn y diwben wydr i wyrdd uwchben y llinell. Oherwydd y canlyniad yma rhaid oedd gofyn yn awr iddo roddi sampl o'i waed neu ei ddŵr er mwyn ei anfon i'w ddadansoddi yn y labordy fforensig yng Nghaerdydd i gadarnhau lefel yr alcohol ynddo.

Yn fuan iawn, daeth yn amlwg fod y gŵr yma'n ymwybodol o'r drefn a'r amseroedd a oedd yn ymwneud â'r samplau. Ar ôl ei hysbysu bod ei gyfreithiwr wedi'i alw i'r swyddfa, dywedodd y gŵr wrth y rhingyll nad oedd am roi sampl o'i waed ond, yn hytrach, y byddai'n fodlon rhoi samplau dŵr (dau o fewn yr awr). Ar ôl y sampl cyntaf, a daflwyd i ffwrdd yn ôl y gofyn, cyrhaeddodd ei gyfreithiwr y swyddfa.

Os oedd y gŵr ar gefn ei geffyl cyn presenoldeb y cyfreithiwr, aeth yn llawer gwaeth ar ôl iddo gyrraedd. Rhaid cofio ei fod wedi cael ei arestio ac felly ei fod yn ofynnol iddo ymostwng i drefn y ddeddf. Cyn pen yr awr, gofynnodd y rhingyll iddo, fel yr oedd galw arno, am ail sampl o'i ddŵr. Gwrthododd y gŵr gan ddweud ei fod yn methu gwneud dŵr. O'r herwydd roedd yn ofynnol i'r rhingyll ofyn iddo (am y tro olaf) am sampl gwaed. Ildiodd i'r cais yma a galwyd am wasanaeth meddyg yr heddlu i'w gymryd.

Yn y cyfamser, mynnodd y gŵr fod y rhingyll yn rhoi iddo'r diwben wydr a ddefnyddiais yn ei achos. Roedd eisoes wedi meddiannu'r un a ddefnyddiwyd gan y rhingyll yn y swyddfa drwy fynd â hi oddi ar y bwrdd. Yn ddiarwybod i mi, caniatawyd iddo gael yr un a ddefnyddiais, sef yr un a roddodd i mi'r pŵer i'w arestio.

Oherwydd bod y diwben yma yn fy modur, anfonwyd y

147

Cwnstabl Evans i'w nôl. O fewn eiliadau dychwelodd Evans gyda thiwben yn ei feddiant. Edrychais arni ac ar yr un pryd dywedais wrth y rhingyll nad oedd hawl gan y diffynnydd i'w chael ac y dylid ei rhoi mewn dŵr i'w gwneud yn ddiogel. Mynnodd y diffynnydd ei chael ac fe'i rhoddwyd iddo.

Nid oeddwn yn fodlon ar y drefn hon nac ychwaith yn hapus mai'r diwben a roddwyd i'r diffynnydd oedd yr un a ddefnyddiais yn ei achos. Oherwydd fy amheuon, ac ar ôl i'r diffynnydd a'i gyfreithiwr ymadael â'r swyddfa, edrychais ym mhart blaen fy modur i weld a oedd y diwben a ddefnyddiais yno o hyd. Er syndod i mi, darganfyddais fod yno dair tiwben arall. Roedd yn amhosib, felly, sicrhau pa un a ddefnyddiais ac, yn yr un modd, yn amhosib dweud a oedd y diffynnydd wedi cael yr un iawn. Soniais am hyn wrth y rhingyll ond ni chlywais fwy am y peth. Wedi meddwl, nid oedd llawer o wahaniaeth a oedd y diffynnydd wedi cael yr un a ddefnyddiais ai peidio gan nad oedd ganddo hawl iddi yn y lle cyntaf. Ni feddyliais ar y pryd y clywn fwy amdani.

O fewn pythefnos derbyniwyd o'r labordy fforensig ganlyniad prawf gwaed gyrrwr y Mercedes. Roedd cynnwys yr alcohol ynddo bron dri chwarter eto yn uwch na'r maint cyfreithlon ac felly rhaid oedd iddo ymddangos mewn llys barn. Cadeirydd y llys yma oedd Mr Havard Evans o Gaerfyrddin. Yn ogystal â dirwy ariannol, cafodd ei wahardd rhag gyrru am dair blynedd. Yn union ar ôl hyn, gwnaeth gais llwyddiannus i gael y ddedfryd wedi'i gohirio oherwydd ei fwriad i apelio yn ei herbyn.

Daeth gwybodaeth i law mai sail ei apêl oedd cyflwr anfoddhaol un o'r ddwy diwben a ddefnyddiwyd. Cafodd y ddwy eu harchwilio gan arbenigwr. Daeth y gŵr yma i'r penderfyniad fod un ohonynt yn ddiffygiol. Aeth yr achos yr holl ffordd i ystyriaeth Tŷ'r Arglwyddi a phenderfynodd aelodau'r pwyllgor, o dan gadeiryddiaeth yr Arglwydd Brif Ustus Widgery, nad oedd gwahaniaeth a oedd y diwben a ddefnyddiwyd yn ddiffygiol os oedd y prawf wedi'i wneud gyda'r ffydd cywir a bod yr alcohol yn y profion gwaed yn uwch na'r maint a ganiateid. Oherwydd penderfyniad aelodau'r Tŷ, y mae'r achos hwn yn ymddangos mewn llyfrau lle ceir astudiaeth o achosion. Oherwydd yr amser a gymerwyd i ddelio â'r achos mewn llawer llys barn, caniatawyd i'r diffynnydd yrru am rhyw ddwy flynedd ar ôl iddo gael ei wahardd gan aelodau'r llys cyntaf yr ymddangosodd ynddo.

Nid dyma oedd diwedd yr achos. Rhyw ddwy flynedd wedi ei waharddiad, a ddaeth i rym adeg penderfyniad aelodau Tŷ'r Arglwyddi, cefais fy ngalw i roi tystiolaeth yn llys y Goron Caerfyrddin oherwydd cais a wnaed gan y diffynnydd i gael ei drwydded yrru yn ôl flwyddyn cyn i'w waharddiad ddod i ben. Mae'n bleser gen i ddweud na fu ei gais yn llwyddiannus. Dengys yr achos hwn nad yw moethusrwydd ac arian yn medru dylanwadu bob amser ar gwrs cyfiawnder, cyfraith gwlad a'r gwirionedd.

Achosion Pwysig

ROEDDWN YN YMWYBODOL bod aelodau Cymdeithas yr Iaith Gymraeg yn chwalu arwyddion hewl Saesneg yn yr ardal ac un noswaith, pan oeddwn yn patrolio yr A40 tua Sanclêr, des ar draws tri aelod oedd yng nghanol gwneud hyn.

Er fy mod yn Gymro i'r carn ac yn cyd-fynd â'u hymdrech i gael arwyddion Cymraeg yn lle'r rhai Saesneg, nid oeddwn yn medru diystyru'r gweithredoedd torcyfraith roeddent yn eu cyflawni yn fy mhresenoldeb. Roeddwn o'r farn bod gofyn arestio'r tri ac felly y bu. Nid oeddwn yn teimlo'n gyffyrddus iawn ar ôl eu harestio ond roedd yn orfodol i mi, fel heddwas, wneud hyn.

***

Yn gynnar un bore pan oeddwn yn gweithio shifft nos cefais alwad oddi wrth y Rhingyll Hughes yn gofyn i mi ddychwelyd i'r swyddfa. Dywedodd wrthyf fod galwad frys wedi'i derbyn yn y pencadlys rai munudau ynghynt gan ddynes oedd yn byw mewn pentref cyfagos yn gofyn am bresenoldeb yr heddlu yn ei chartref ar unwaith. Ni ddywedodd y ddynes y rheswm am yr alwad ond bron yn syth wedi gwneud yr alwad, gwnaeth y ddynes alwad arall yn gofyn i'r heddlu ddiystyru ei galwad flaenorol. Roeddwn yn amheus iawn o'r galwadau hyn, yn enwedig y rheswm am yr ail alwad. Gan fy mod y noswaith honno yn gwneud gwaith rhingyll yn adran y traffig, es i a'r Cwnstabl John James i'w chartref. Yno gwelsom fod golau mewn nifer o ystafelloedd yn y tŷ ac roedd hi'n amlwg bod rhywun yno.

Cawsom fynediad i'r tŷ gan ddynes ganol oed, a wnaeth ein harwain i'r ystafell fyw ac i gwmni ei gŵr. Edrychai'r ddau'n ofidus a thybiwn fod y wraig wedi bod yn llefain. Gofynnais iddynt beth oedd pwrpas yr alwad frys a'r rheswm am ofyn am bresenoldeb yr heddlu yn eu cartref. Atebodd y ddynes fod ei merch, a oedd yn cysgu yn yr ystafell wely yng nghornel y tŷ, wedi dychryn pan ddaeth ei chyn-gariad i mewn i'w hystafell wely a rhoddi ei ddwylo dros ei cheg. Bu yn ei hystafell am ryw ddwy awr ac ar ôl iddo fynd rhedodd y ferch yn llefain i mewn i ystafell ei rhieni gan sgrechian fod ei chyn-gariad wedi bod yno. Dyma felly oedd y rheswm am yr alwad frys i bencadlys yr heddlu.

Ar ôl siarad â'r ferch, a oedd yn ddeunaw oed, daeth yn amlwg fod ei chyn-gariad wedi dod i mewn i'r tŷ drwy agor ffenestr yr ystafell ymolchi, a oedd yn gilagored, a mynd oddi yno i'w hystafell wely, lle arhosodd yn ei chwmni ac ar ei gwely am dros ddwy awr. Roedd hi o'r farn ei fod wedi dod i mewn i'w chartref gyda'r bwriad o'i threisio ond iddi ei berswadio i beidio â gwneud hynny. Nid oedd gen i unrhyw amheuaeth nad oedd yr hyn a ddywedodd wrthyf yn wir ac o'r herwydd roedd yn ofynnol arnom i geisio dal y bachgen yma a hynny'n weddol glou. Bu heddweision yn y bwthyn lle roedd yn aros, yn ei weithle a'i gartref ond nid oedd yn bresennol yn yr un ohonynt.

Oherwydd cyflwr gofidus y ferch, roeddwn o'r farn bod rhagor ganddi i'w ddweud am y bachgen ac o'r herwydd gofynnais iddi a fyddai'n bodloni cael sgwrs gydag un o ferched yr heddlu y bore hwnnw. Cytunodd i'm cais ac ar ôl cysylltu â rhingyll y CID yng Nghaerfyrddin cafwyd datganiad llawn ganddi a hefyd gan ei mam. Wrth ddarllen ei datganiad aeth ias oer i lawr fy nghefn. Tua blwyddyn a hanner ynghynt roedd hi a'r troseddwr yn mynychu yr un sefydliad addysg ac ar wahân i'r penwythnosau, pan fyddai ei mam yn ei nôl a'i chludo adref, byddai'n aros yno. Ar un adeg bu'r troseddwr yn gariad iddi, ond daeth y garwriaeth i ben wedi rhyw chwe mis. Ar yr un adeg, ymadawodd y troseddwr â'r sefydliad.

Dyma'r sefyllfa ar un nos Sul arw a thywyll pan ddychwelodd y fam ei merch i'r sefydliad a'i gadael yn y fynedfa.

Pan oedd y ferch yn paratoi i fyned i mewn i'r adeilad, daeth ei chyn-gariad ati a dweud wrthi fod ganddo rywbeth a oedd yn perthyn iddi yn ei hen lety a bod angen iddi ddod gydag ef i'w nôl. Credai'r ferch fod hyn yn wir, a chan gredu hefyd eu bod yn mynd i'w gyn-lety, fe aeth yn ei gwmni. Nid dyma ei fwriad. Wrth ymyl mynedfa i gae ac ynddo sied sinc, gafaelodd yn ei braich a'i harwain tuag at y cae ac i mewn i'r sied. Yno roedd twmpathau o wellt wedi'u dodi ar y llawr a channwyll wedi'i chynnau.

Yn ystod y nos, treisiwyd y ferch gan ei chyn-gymar dair gwaith cyn iddo benderfynu, yn yr oriau mân, ei bod yn amser i fynd oddi yno. Arweiniodd hi i orsaf drên ac yma fe'i treisiodd unwaith yn rhagor cyn dal trên oddi yno. Ar ôl ymadawiad y bachgen, cerddodd y ferch, gan lefain, i mewn i'r sefydliad addysg gan adrodd am ddigwyddiadau'r noson a'r treisio a dweud pwy oedd y person cyfrifol. Penderfynwyd galw ei mam i fod yn bresennol, a dywedwyd wrth y ddwy am beidio â sôn am y digwyddiad wrth neb. Gyda chaniatâd a chydweithrediad y fam, penderfynwyd, os byddai'r ferch yn cael ei mislif o fewn y diwrnodau nesaf, ac er mwyn enw da'r sefydliad, na fyddent yn sôn wrth neb nac yn gwneud unrhyw gŵyn am yr ymosodiadau arni. Felly y bu.

Cafodd y ferch ei mislif fel y disgwyl a dyna oedd diwedd y mater – tan y noswaith dyngedfennol hon yn ei chartref. Nid oeddwn yn coelio bod y fam a phennaeth y sefydliad wedi amddiffyn y bachgen yn fwriadol, a hynny er lles y sefydliad addysg, gan lwyr ddiystyru'r trais difrifol a oedd wedi digwydd i'r ferch. Wedi darllen y datganiad, a chan gofio beth a ddigwyddodd yn gynharach yn y dydd, roedd yn amlwg bod gennym fachgen ifanc yn rhydd yn ein plith a oedd yn berygl i ferched. Yn hwyrach yn y dydd cafwyd hyd iddo ac fe'i harestiwyd. Es i'w holi yng nghwmni un o fechgyn y CID.

Cyfaddefodd i'r cyfan oll a gwneud datganiad llawn, a hynny yn ei law ei hun. Cafodd ei gyhuddo o bedwar achos o dreisio ac un o fyrgleriaeth. Oherwydd cynnwys datganiad y ferch a chyfrifoldeb pennaeth y sefydliad, bu'n ofynnol arnaf i'w holi, yn enwedig am ei ran yn y digwyddiad a'i reswm am beidio â rhoi gwybod am ddigwyddiadau'r noswaith a'r bore y cafodd y ferch ei threisio. Ni wnaeth unrhyw esgus. Credaf iddo ymddiswyddo ychydig amser wedi hyn.

Ymddangosodd y diffynnydd yn llys y Goron o flaen barnwr a rheithgor i ateb y cyhuddiadau a wnaethpwyd yn ei erbyn. Oherwydd iddo gyfaddef i'r holl droseddau yn ei ddatganiad, tybiwyd y byddai'n pledio'n euog i'r cyhuddiadau ac felly pan ymatebodd i glerc y llys ei fod yn pledio'n ddieuog daeth hyn yn dipyn o syndod i bob un ohonom a oedd wedi bod yn delio efo'r achos. Nid oedd gennym yr un syniad beth fyddai ei esgus am gyflawni'r troseddau difrifol, ond ni fu raid i ni aros yn hir cyn clywed.

Y ferch oedd prif dyst yr erlyniad ac yn dilyn ei thystiolaeth, a oedd yn grynodeb o bopeth a ddigwyddodd iddi yn ymwneud â'r diffynnydd, cafodd ei chroesholi gan ei fargyfreithiwr. Er nad oedd y ferch wedi dweud hyn wrth yr heddlu, cyfaddefodd ei bod hi a'r diffynnydd, pan oeddent yn gariadon, wedi gorwedd yn noeth ar fwy nag un achlysur ar wely yn llety'r diffynnydd, ond nad oedd unrhyw gyfathrach rywiol wedi digwydd rhyngddynt. Gwadodd y ferch hynny'n bendant. Oherwydd hyn, cyhuddwyd hi o bryfocio'r diffynnydd i gyflawni'r troseddau yn ei herbyn. Roedd croesholi bargyfreithiwr y diffynnydd yn ddigyfaddawd.

Llefodd y ferch bron drwy gydol y croesholi ac fe deimlwn yn flin iawn drosti. Teimlwn hefyd yn rhannol gyfrifol am ei rhoddi yn y sefyllfa yma drwy ei pherswadio i gwyno am y diffynnydd a'r troseddau a gyflawnodd yn ei herbyn. Rhoddais fy nhystiolaeth heb gael fy nghroesholi o gwbwl. Roedd yn amlwg mai'r ferch oedd targed bargyfreithiwr y diffynnydd. Nid oedd yn orfodol i'r diffynnydd roi tystiolaeth ac ni wnaeth hynny. Yn fy nhyb i, nid oedd hyn yn iawn, ond dyna oedd trefn y gyfraith ar y pryd.

Cyn dweud wrth y rheithgor ymneilltuo i ystyried y

dystiolaeth, rhoddodd y barnwr grynodeb o holl dystiolaeth yr achos. Oherwydd i'r diffynnydd wrthod rhoi tystiolaeth a chael ei groesholi gan fargyfreithiwr yr erlyniad, dim ond tystiolaeth y ferch oedd ganddo i'w grynhoi. Er iddo sôn am y trais a ddigwyddodd, pwysleisiodd y ffaith fod y ddau wedi gorwedd yn noeth gyda'i gilydd cyn i'r trais ddigwydd, er bod hynny fisoedd ynghynt, gan ddweud y dylai aelodau'r rheithgor ystyried hynny o ddifri cyn dod i'w penderfyniad. Yn fy marn i, gorbwysleisiwyd y ffaith hon, gan ddiystyru'r ffaith fod y ferch yma wedi cael ei threisio sawl gwaith ar yr un noson gan y diffynnydd. Ni soniodd y barnwr ei bod yn drosedd i gael rhyw gyda merch yn erbyn ei hewyllys waeth beth oedd wedi digwydd rhyngddynt yn flaenorol. Ni soniodd rhyw lawer ychwaith am y byrgleriaeth a'r ymweliad â'i chartref heb ganiatâd, ond cyfeiriodd eto at y gorwedd noeth a'r pryfocio. Yn fy nhyb i, roedd ei grynodeb o'r achos yn hollol unochrog ac nid oedd yn syndod pan ddychwelodd y rheithgor i'r llys gyda'r farn fod y diffynnydd yn ddieuog o'r holl droseddau.

Tra oedd y ferch yn llefain y glaw a minnau'n methu credu bod y fath barodi o gyfiawnder yn medru digwydd mewn llys barn yng Nghymru, daeth y diffynnydd ataf gan gynnig ei law imi a dweud, 'No hard feelings. We might meet again.' Teimlwn fel rhoddi un iddo, ond yn amlwg ni allwn wneud hynny. Atebais drwy ddweud wrtho nad oeddwn byth am ei weld eto, ac os gwelai ef fi y dylai gadw'n ddigon pell oddi wrthyf.

Oherwydd crynodeb unochrog y barnwr, roedd yn fwriad gan fargyfreithiwr yr erlyniad apelio yn erbyn y dyfarniad, ond nid oedd y ferch yn barod i fynd drwy'r un profiad eto ac felly dyna fu diwedd y mater. Gan gymryd i ystyriaeth y modd y cafodd y ferch yma ei thrin yn y llys, does ryfedd bod rhai merched yn anfodlon gwneud cwynion yn erbyn dynion sydd yn eu treisio.

O'm rhan i, teimlwn mor ddiymadferth a minnau'n gwybod nad oedd y ferch wedi gwneud dim byd o'i le ond, er hynny, cafodd ei chwestiynu a'i thrin yn y llys fel pe bai wedi cyflawni rhyw weithred ddifrifol a'i chyhuddo mai ei hymddygiad hi oedd yn gyfrifol am y troseddau yn ei herbyn. Hwfft i'r fath gyfraith a hwfft i'r crynodeb a'r dyfarniad.

***

Soniaf am yr achos canlynol oherwydd pwysigrwydd gwaith ffermwr o ardal Sylen, Llanelli a oedd yn ymwybodol nad oedd ei gymydog, sef ffermwr a oedd yn byw yr ochr arall i'r cwm, adref.

Yn ystod misoedd yr haf yn 1965, gwelodd y ffermwr fan yn cyrraedd clos ei gymydog. Tybiai, am nad oedd neb yno, y byddai'r cerbyd yn dychwelyd oddi yno'n weddol fuan. Ond nid felly y bu. Ar ôl rhyw ddeng munud, a chyda'r fan ar glos y fferm o hyd, penderfynodd fod rhywbeth amheus yn digwydd yno. Ffoniodd yr heddlu gyda'r wybodaeth ac yna aeth â'i gerbyd ei hun, ei barcio ym mynedfa'r fferm a'i gloi. Golygai hyn na fedrai unrhyw gerbyd arall fynd heibio iddo. Pan ddaeth y fan ddieithr i fynediad y fferm, a'r gyrrwr a'i gydymaith yn gweld y sefyllfa, gadawodd y ddau eu cerbyd yn y fan a'r lle a rhedeg i ffwrdd – y ddau i wahanol gyfeiriadau.

Yr adeg honno roeddwn yn patrolio ardaloedd tref Caerfyrddin ar fy meic modur. Ces gyfarwyddyd i batrolio ardaloedd Sylen a chadw llygad am ddau ddyn yr oedd yr heddlu lleol yn tybio eu bod wedi torri i mewn i'r tŷ fferm o dan sylw. Ar y pryd, nid oeddem yn gwybod pwy oedd y ddau. Wedi patrolio'r ardal am rhyw awr gyda heddweision eraill, yn hollol aflwyddiannus, penderfynais, heb unrhyw reswm penodol, batrolio cyn belled â Phorth Dafen, ardal a oedd rhyw dair milltir o ffermdy'r byrgleriaeth a'r ochr arall i'r hewl fawr o Lanelli i Cross Hands – hewl a oedd yn cael ei phatrolio'n gyson gan heddweision. O gofio hynny, nid oeddwn yn ffyddiog y byddwn yn gweld unrhyw un ar yr hewl fechan yma. Ond nid felly y bu. O fewn milltir i'r hewl fawr, gwelais ddyn yn cerdded tuag ataf o gyfeiriad Porth Dafen.

Roeddwn o'r farn ei fod wedi troi'n ôl i'm hwynebu a'i fod, yn wreiddiol, yn cerdded i'r cyfeiriad arall. Dywedodd wrthyf ei fod yn cerdded i gwrdd â'r bws ar yr hewl fawr a'i fod am fynd i dref Llanelli. Roedd ei wyneb yn adnabyddus i mi ond nid oeddwn yn medru rhoi enw iddo. Ar ôl ei gwestiynu roeddwn yn weddol sicr bod hwn yn un o'r gwŷr yr oeddwn yn chwilio amdanynt. Ar ôl rhagor o bendroni pwy ydoedd, cofiais i mi weld ei lun yng ngorsaf heddlu Llanelli flynyddoedd ynghynt. Gelwais arno. Edrychodd arnaf fel petai'n gwybod ei fod wedi'i ddal. Dywedais wrtho fy mod yn ei arestio am dorri i mewn i'r ffermdy yn Sylen. Ni wadodd na chyfaddef i'r drosedd.

Y broblem oedd gen i yn awr oedd sut y byddwn i'n ei gludo i orsaf yr heddlu yn Llanelli. Nid oedd gen i obaith nac ychwaith yr hawl i'w gario ar gefn fy meic modur. Ni fedrwn gysylltu â'r Ystafell Weithredol oherwydd nam ar radio fy meic modur, felly roeddwn mewn tipyn o bicil. Yr unig beth o'm plaid oedd bod y lleidr yn rhy wan i redeg i ffwrdd. Pan oeddwn yn ceisio penderfynu beth oedd orau i'w wneud daeth modur atom o gyfeiriad yr hewl fawr. Gofynnais i'r gyrrwr a fyddai cystal â ffonio 999 o'r ffôn agosaf gan ddweud bod eisiau cymorth arnaf a hynny cyn gynted â phosib. Ni welais neb am rhyw chwarter awr a dyma oedd chwarter awr hiraf fy mywyd. Y gŵr a ddaeth ataf yn y pen draw oedd y Ditectif Arolygydd Ken Watkin, â'r Ditectif Roy Davies yn gwmni iddo. Geiriau cyntaf Watkin wrthyf oedd, 'Good boy, we've got him at last.' Dyna oedd y peth diwethaf i mi ei glywed am y digwyddiad. Ni ddaeth neb i ymweld â mi ac ni ofynnwyd i mi wneud unrhyw ddatganiad am arestio'r drwgweithredwr. 'Sgwn i pwy gafodd y clod am ei arestio?

Heddlu Dyfed-Powys

Gydag uno'r heddluoedd rhaid, wrth reswm, oedd cael un prif gwnstabl gyda chyfrifoldeb am yr heddlu newydd. Y ddau ymgeisydd oedd J R Jones, prif gwnstabl heddlu Caerfyrddin a Cheredigion, ac R B Thomas, prif gwnstabl heddlu canolbarth Cymru. Cofiaf fel petai hi'n ddoe ddiwrnod y penodi yn Swyddfa'r Sir yn Aberystwyth.

Cefais orchymyn i fynd, ar fore'r penodi, i nôl Miss Mollie Phillips, Cilyblaidd yn ymyl Llanbed, aelod o bwyllgor yr heddlu newydd, a'i chludo i'r cyfarfod dewis yn Aberystwyth. Cafodd y Cwnstabl Howard Davies yr un gorchymyn i gludo aelod arall o'r pwyllgor i Aberystwyth. Roedd yn fore oer gyda pheth eira a rhew a thybiaf fod JR am wneud yn siŵr fod y ddau aelod yma'n mynychu'r cyfarfod.

Roedd y Cwnstabl Howard Davies, y Cwnstabl Gerwyn Jones, gyrrwr JR a minnau yn sefyll yn ymyl drws ystafell y cyfarfod pan ddaeth JR ac R B Thomas allan. Nid oeddwn yn ymwybodol ar y pryd mai R B Thomas oedd y gŵr arall. Roedd JR yn wên o glust i glust a daeth atom gan ddweud mai ef oedd wedi'i benodi yn bennaeth yr heddlu newydd. Wrth glywed hyn, dangosodd y pedwar ohonom ein balchder gan afael yn ei law a'i longyfarch. Roedd ein llongyfarchion o fewn clyw ac ym mhresenoldeb R B Thomas ac, wrth edrych yn ôl, mae'n bosib ei fod yn cofio am ein balchder ar y diwrnod hwn wrth iddo ddelio gyda'n gyrfaoedd pan ddaeth ef yn brif gwnstabl wedi ymddeoliad J R Jones, yn enwedig gyrfaoedd Howard Davies a Gerwyn Jones, er ei bod yn bosib fy mod yn hollol anghywir.

Ar yr un adeg cafodd Cyril Vaughan, brodor o ardal

Machynlleth yn ôl y sôn, ei benodi'n brif gwnstabl cynorthwyol ac, wrth reswm, roedd R B Thomas yn awr yn ddirprwy i J R Jones. Ac yntau wedi bod yn brif gwnstabl ei hun ac yn bennaeth heddlu canolbarth Cymru, nid wyf yn meddwl ei fod yn bles iawn o fod yn ddirprwy i unrhyw un, yn enwedig J R Jones. Ar un achlysur clywais JR yn codi ei lais ac yn ei atgoffa mai ei ddirprwy ef ydoedd a dim byd mwy.

Gyda dyfodiad yr heddlu newydd roedd yn ofynnol cael prif uwch arolygydd ac uwch arolygydd i fod yn gyfrifol am y pedwar rhanbarth ac, yn yr un modd, i gael swyddogion o'r un radd gyda chyfrifoldeb am adrannau y traffig, y gweinyddu a'r CID.

Cyn ffurfio'r heddlu newydd penderfynwyd cael arolygydd yn gyfrifol am yr uned traffig ym mhob adran. Ron Tremlett oedd yr unig ringyll yng Nghaerfyrddin oedd â'r cymwysterau i fod yn un o'r rhain. Ychydig amser cyn yr uno, cafodd gynnig i fod yn arolygydd yn gyfrifol am adran y traffig yn Hwlffordd ar yr amod ei fod yn symud o'i gartref yn Abergwili i fyw yn ardal Hwlffordd.

Ar y diwrnod yma, tua dechrau 1968, roeddwn yn iard gefn y pencadlys yng nghwmni'r Rhingyll Les Hughes pan ddaeth y Prif Gwnstabl J R Jones atom. Gofynnodd i'r rhingyll a oedd yn credu fy mod i'n ddigon da i fod yn rhingyll, gan gyfeirio ataf. Atebodd y rhingyll fy mod a dywedodd JR wrthyf ddod i'w ystafell am naw o'r gloch y bore canlynol yn fy iwnifform orau. Er fy mod, yn absenoldeb y pum rhingyll, yn gwneud eu gwaith, a hynny'n weddol reolaidd, nid oeddwn yn medru coelio'r peth. Dywedodd Les wrthyf wedyn fod JR wedi dweud wrtho am sefyllfa Ron Tremlett yn symud i Hwlffordd ac yn cael ei benodi'n arolygydd ac y byddwn i'n cymryd ei le yng Nghaerfyrddin gyda'r cyfrifoldeb am yr ysgol yrru newydd. Glyn Evans oedd y prif swyddog a oedd yn gyfrifol am adran y traffig yr adeg yma.

Y noswaith honno dywedais wrth fy ngwraig beth oedd yn mynd i ddigwydd ac nad oeddwn yn ei goelio. Y bore canlynol, yn fy iwnifform orau, gwnes fy ffordd i'r gwaith. Pan gyrhaeddais swyddfa'r traffig roedd Ron Tremlett yno o'm blaen. Dywedodd wrthyf ei fod am ymddiheuro wrthyf a'i fod yn mynd i chwalu fy ngobeithion oherwydd ei fod yn mynd i wrthod derbyn y swydd yn Hwlffordd am resymau personol.

Wrth reswm, ni alwodd JR fi i'w ystafell i'm dyrchafu y bore hwnnw. Ymddiheurodd i mi rhyw ddau ddiwrnod ar ôl hyn gan ychwanegu mai ei gynllun oedd fy rhoi'n gyfrifol am yr ysgol yrru yn y pencadlys newydd yng Nghaerfyrddin pe bai'r Rhingyll Tremlett wedi bodloni mynd i Hwlffordd ond, oherwydd iddo wrthod, ni fyddai hynny'n bosib yn awr.

Golygai hyn fod gan dri o'r rhanbarthau newydd un rhingyll yn eu hunedau traffig oedd â chymhwyster gyrru gradd uwch yn ogystal â'r cymwysterau i ddysgu swyddogion i yrru, ond nid felly yng Nghaerfyrddin. Roedd yn sefyllfa chwerthinllyd gan feddwl mai Caerfyrddin oedd pencadlys yr heddlu newydd. Bûm yn gyfrifol am redeg yr ysgol yrru am dros chwe mis pan gafodd Ron Tremlett ei anfon i ysgol yrru Pen-y-bont a chael y radd gyntaf mewn gyrru.

Ni chefais fy ngwneud yn rhingyll am bedair blynedd arall, sef ym Mawrth 1972. Dyma oedd y cyfle cyntaf i mi gael dyrchafiad yng Nghaerfyrddin. Rhaid ystyried nad oeddwn wedi arwyddo i fyned allan o siroedd Caerfyrddin a Cheredigion, sef yr ardal heddlu yr ymunais ynddi, ac felly ni chawn fy ystyried am ddyrchafiad y tu allan i'r ddwy sir yma.

Yn ôl y disgwyl, Glyn Jones, cyn-ddirprwy brif gwnstabl heddlu Caerfyrddin a Cheredigion, oedd yn barod yn brif uwch arolygydd, gafodd ei benodi yn bennaeth adran y CID, gyda Vivian Fisher yn ddirprwy iddo. O'r niferoedd o ddyrchafiadau a fu yr adeg yma, dyrchafiad Vivian Fisher oedd yr un mwyaf dadleuol o'r cyfan. Cyn dyfodiad Heddlu Dyfed-Powys, arolygydd yn y CID yng Nghaerfyrddin oedd Vivian Fisher. Pennaeth yr adran oedd y Prif Arolygydd Ffred Jones, a oedd â chyfrifoldeb am waith Fisher yn ogystal â gwaith aelodau eraill yr adran drwy'r heddlu yn siroedd Ceredigion a Chaerfyrddin. Gyda dyfodiad Heddlu Dyfed-Powys cafodd Viv Fisher ei ddyrchafu'n uwch arolygydd ar y CID, ac felly un radd yn uwch na Ffred Jones. Golygai hyn fod Ffred ar y diwrnod cyn uno'r heddluoedd yn gyfrifol am Viv Fisher, ond ar ddiwrnod yr uno ac ar ôl hynny, Viv Fisher oedd â'r cyfrifoldeb amdano ef. Ni fu Viv Fisher, felly, erioed yn dal swydd prif arolygydd – rhyfedd o fyd. Daeth sôn ar y pryd ei fod ef a JR yn aelodau o'r Seiri Rhyddion ac mai dyma oedd y rheswm am ei ddyrchafiad. Ni wnes lawer o sylw o'r hyn a glywais ar y pryd. Cafodd ddyrchafiad arall yn weddol fuan i fod yn brif uwch arolygydd gyda chyfrifoldeb am ardaloedd Caerfyrddin ac Aberystwyth.

Ar noson cyhoeddi canlyniad lecsiwn sir Caerfyrddin ar sgwâr y dref pan oedd Gwynfor Evans yn ymgeisydd seneddol dros Blaid Cymru a chanddo'r posibilrwydd o lwyddo, daeth rhai miloedd i ddisgwyl y canlyniad. Fisher oedd â'r cyfrifoldeb am blismona'r digwyddiad. Roeddwn yno fel un o'r cyhoedd ac nid ar ddyletswydd swyddogol. Yn ystod yr oriau mân daeth yr ymgeiswyr a'r swyddogion allan i'r safle uwchben mynedfa Neuadd y Dref. Pan ddaeth y canlyniad fod Gwynfor wedi llwyddo, dechreuodd pawb ganu. Heb feddwl eilwaith dyma Fisher, a oedd yn gadeirydd Côr Meibion Caerfyrddin, allan ac ar ôl diosg ei het arweiniodd ganu'r dorf. Bu'r noswaith/bore yma yn llwyddiant ysgubol ac mae'n siŵr o fod ar gof pawb a oedd yno tra byddant byw.

Yn ôl y disgwyl, cafodd yr Uwch Arolygydd Harold Sherwood ei wneud yn brif uwch arolygydd gyda chyfrifoldeb am adran y traffig. Cafodd David Phillips ei wneud yn ddirprwy iddo. Roedd Mr Phillips yn berson hollol wahanol i Mr Sherwood ac yn ddyn hoffus a thawel iawn. Roedd ef a'i deulu yn byw yng Nghaerfyrddin ond nid felly y prif uwch arolygydd, a oedd â'i gartref yn Llanelli. Heb eithriad, câi fodur yr heddlu i'w gludo yn ôl a blaen oddi yno yn ddyddiol. Soniais ynghynt nad oedd neb yn ymwybodol fod ganddo unrhyw gymhwyster gyrru nac ychwaith iddo fod ar unrhyw gwrs yn ymwneud â gwaith yr adran. Roedd ei ddirprwy hefyd yn yr un sefyllfa yn union, heb yr un cymhwyster gyrru a heb erioed fod yn aelod o'r uned.

Gan nad oedd cymwysterau dysgu gyrru o'r radd uwch gan yr un o'r prif swyddogion yn yr ysgol yrru yng Nghaerfyrddin, roedd Glyn Evans, rhagflaenydd Mr Sherwood, wedi gofyn i mi fod yn gyfrifol am yr adran honno. Daeth yn amlwg pan gymerodd Mr Sherwood drosodd ei fod wedi sylwi ar hyn a daeth i'm clyw ei fod wedi cwestiynu'r rheswm paham mai fi oedd wedi cael fy anfon ar y cwrs dysgu gyrru ac nid un o'r ddau ringyll a oedd yn yrwyr ail radd. Efallai ei fod yn credu fy mod yn ffefryn gan Jack Edwards, y cyn-arolygydd, neu Glyn Evans, y prif arolygydd, a oedd yn gyfrifol am fy enwebu i fynychu'r cyrsiau. Daeth yn amlwg iddo ddiystyru'r cymwysterau gyrru a oedd yn angenrheidiol i fynychu'r cwrs dysgu gyrru.

Clywais drwy fy ffrindiau yn ysgol yrru Pen-y-bont iddo gysylltu ag uwch swyddogion adran traffig Heddlu De Cymru a'u gorfodi i dderbyn y ddau ringyll i fynychu'r cwrs yma. Bu Ron Tremlett yn llwyddiannus ond nid felly Dan Jones, a oedd yn ffefryn gan Sherwood. Methodd Jones gwblhau'r cwrs. O fewn byr amser, cafodd ddyrchafiad i fod yn arolygydd yn yr Ystafell Weithredol, er nad oedd wedi bod yn rhingyll am ddwy flynedd, sef yr amser angenrheidiol cyn gallu cael dyrchafiad i fod yn arolygydd.

Yn y cyfamser, roeddwn wedi sicrhau lle ar hen faes awyr Pen-bre i gael 'pan sglefrio' (*skid pan*) yno ac fe gafodd ei gwblhau adeg yr uniad. Yn yr un modd, roeddwn wedi gwneud lle i ymarfer refersio yno ar gyfer y *snake reverse*. Roeddwn hefyd wedi cael peiriant car gydag un ochr wedi'i thynnu er mwyn dangos i'r disgyblion sut roedd y pŵer yn dod i mewn ac yn mynd allan o'r uned i'r olwynion.

Er eu bod yn gyfrifol am yr ysgol yrru, nid oes gen i gof i'r prif uwch arolygydd nac ychwaith ei ddirprwy, David Phillips, fynychu un o'r gwersi yn ymwneud â gyrru, nac ychwaith yr hen faes awyr ym Mhen-bre. Gellid dweud nad oedd gan yr un o'r ddau unrhyw ddiddordeb ynddynt. Yn yr un modd, gellid hefyd ddweud nad oedd ganddynt unrhyw ddiddordeb yng ngwaith aelodau'r adran.

Yr adeg yma roeddem yn byw yn rhif 24, Heol Glannant, Caerfyrddin, tŷ bychan wedi'i logi gan yr heddlu oddi wrth ddynes leol. Roedd fy ngwraig yn feichiog gyda'n hail blentyn, ac ar 29 Medi 1968 ganwyd Emyr Wyn. Ddwy flynedd a hanner yn ddiweddarach, ar 23 Mawrth 1971, cafodd Sian Eleri Sophia, ein hunig ferch, ei geni. Gyda genedigaeth Eleri yr oedd fy nheulu'n gyflawn.

Oherwydd fy hoffter o ganu, a'r ffaith fy mod yn berchen ar lais bas gweddol, ymaelodais â Chôr Meibion Caerfyrddin a'r Cylch. Daeth tri ohonom yn aelodau o'r côr ar yr un pryd a chan ein bod yn agos at yr un oed daethom yn ffrindiau. Ychydig amser ar ôl ymuno â'r côr, daeth un o'r rhain ataf gan ddweud ei fod wedi cael cynnig i ymuno â mudiad y Seiri Rhyddion yng Nghaerfyrddin. Gofynnodd a fyddai gennyf ddiddordeb ymuno â'r mudiad. Nid oeddwn wedi clywed llawer o sôn amdano, na beth oedd ei bwrpas, nac ychwaith beth roedd ei aelodau yn ei wneud. Gwnes ymchwiliadau a chefais gyngor nad oedd yn bosib i mi fel heddwas ymuno oherwydd y llw a oedd yn ofynnol i'w gymryd cyn ymuno, a hefyd eu rheolau caeth. Felly y bu.

Roeddwn yn parhau i fod yn bysgotwr brwd ac erbyn hyn, gyda chymorth a dylanwad y Rhingyll Gwilym James, roeddwn wedi cael fy nerbyn yn aelod yng nghlwb pysgota y Carmarthen Amateur Angling. Er nad oeddwn i fod i wneud unrhyw elw y tu allan i waith yr heddlu, byddwn yn parhau i werthu bron pob pysgodyn a ddaliwn i brif gogydd y Llwyn Iorwg yng Nghaerfyrddin. Fel cynt, roedd arian y pysgod yn help mawr tuag at fy nghyflog, a oedd ddim ond ychydig yn fwy na mil o bunnau'r flwyddyn.

Roeddwn yn mwynhau dysgu am y gyfraith a, phwy a ŵyr, efallai, pe byddai yna destunau'n ymwneud â hynny yn yr ysgol ramadeg, y byddwn wedi'u hastudio. Gan fy mod wedi llwyddo yn yr arholiad i fod yn rhingyll, roeddwn yn awr mewn sefyllfa i sefyll arholiad yr arolygydd a rhoddais fy enw ar y rhestr. Gan fod llawer o bwysau gwaith arnaf – llawer ohono'n ymwneud ag ymddygiad ac agwedd y prif uwch arolygydd tuag ataf, yn ogystal â'r ffaith nad oeddwn wedi cael amser i baratoi oherwydd salwch, gwnes ddatganiad yn egluro nad oeddwn am sefyll yr arholiad. Ni wnaeth y prif uwch arolygydd sylw o'm datganiad ac fe'm gorfododd i'w sefyll. Wrth edrych yn ôl, tybiaf ei fod o'r farn y byddwn yn methu a'i fod yn gobeithio hynny. Ond nid felly y bu. Bûm yn llwyddiannus, ond er hynny, ac er fy mod yn aelod gweithgar o'i uned, ac yn gyfrifol am ddysgu aelodau heddlu adrannau Caerfyrddin ac Aberystwyth i yrru yn ôl dull arbennig yr heddlu, yn ogystal â gwneud gwaith y chwe rhingyll yn eu habsenoldeb – gwaith oedd yn ddi-dâl ac yn hollol answyddogol – ni wnaeth fy llongyfarch unwaith. Tybiwn ei bod yn bosib nad oedd am faddau i mi am ddigwyddiad y llwyth tatw yn Abergwili flynyddoedd ynghynt. Roedd wedi cosbi'r Rhingyll Ieuan Evans am hynny ar y pryd. Ai dyma fy nhro i? Roedd ei agwedd tuag ataf yn cael effaith andwyol ar fy iechyd, fy ngwaith a hefyd ar fy nheulu.

Byddai'r prif uwch arolygydd yn fy mychanu ar bob cyfle, a hynny wastad o flaen aelodau eraill o'r adran – byth pan oeddwn ar fy mhen fy hunan gydag ef. Byddai'n dweud wrthyf pa gyflymder y dylwn yrru a ble yn union y dylwn yrru ar yr hewl. Byddai wedyn yn gofyn i mi a oeddwn wedi bod ar gwrs gyrru er ei fod yn ymwybodol fy mod yn gyfrifol am yr ysgol yrru yng Nghaerfyrddin.

Un bore Sadwrn gaeafol ym mis Ionawr cefais alwad ganddo i ddod i Lanelli er mwyn ei gludo i'r pencadlys yng Nghaerfyrddin. Roedd yn fore rhewllyd ac roedd hi hefyd wedi bod yn bwrw eira. Roedd yr heolydd yn llithrig ofnadwy. Rhaid felly oedd defnyddio Land Rover yr heddlu i fynd i'w gasglu. Daeth y Cwnstabl Keith Morgan gyda mi fel sylwedydd. O ganlyniad i gyflwr gwael yr heolydd, penderfynwyd mai mynd drwy Gydweli fyddai orau. Felly y bu. Ar bont Sandy, Llanelli roedd tua deg modur wedi sglefrio oddi ar yr hewl.

Roedd cyflwr yr hewl yn ofnadwy. Cyraeddasom gartref yr uwch swyddog ac wedi inni ei saliwtio fe eisteddodd yn y sêt ffrynt wrth fy ymyl. Cefais orchymyn ganddo i fyned i mofyn y Prif Uwch Arolygydd Glyn Jones, a oedd hefyd yn byw yn Llanelli, yn ogystal â'i ferch, a oedd ar y pryd yn gweithio yn y Cyngor Sir yng Nghaerfyrddin. Wedi hynny dyma ddechrau ein taith am Gaerfyrddin.

Rhybuddiais yr uwch swyddog ei bod yn rhewi a bod yr heolydd yn llithrig ofnadwy. Atebodd 'So what? You've been on a driving course, haven't you?' Erbyn cyrraedd mynedfa Ysgol y Strade roeddem y tu ôl i lori a oedd yn gwasgaru graean dros yr hewl. Penderfynais mai aros y tu ôl iddi fyddai orau ond cefais gyfarwyddyd gan yr uwch swyddog i'w phasio. Felly y bu. Yn ymyl Cydweli dywedodd wrthyf fy mod yn mynd lawer yn rhy araf ac y byddai Miss Jones yn hwyr i'w gwaith. Er gwaethaf protestiadau oddi wrthi, gorchmynnodd y prif uwch arolygydd i mi fynd yn gyflymach. Roeddwn yn awr yn ymwybodol fy mod yn mynd yn rhy glou ac ystyried cyflwr yr hewl, a dywedais hynny wrtho. Yr ateb a gefais oedd 'You've been on a driving course, haven't you?' Erbyn hyn roeddwn wedi cael llond bol o'i gyfarwyddyd ac yn ymyl Capel Rama, gan nad oedd yna ddim byd yn dod, penderfynais fynd yn llawer cyflymach. O fewn eiliadau dyma fe'n gweiddi 'That's enough, Lewis. That's enough.' Atebais, 'Are you sure? Are you sure?' Er ei fod yn edrych yn llwyd, roedd Mr Jones yn gwenu yng nghefn y modur.

Yn ystod yr un prynhawn cefais gyfarwyddyd gan y prif uwch arolygydd eto, y tro hwn i fynd ag ef yn ôl i'w gartref yn Llanelli, ac unwaith eto daeth y Cwnstabl Morgan gyda mi. Nid oedd y Cwnstabl Morgan yn medru gyrru'r Land Rover ac nid oedd ganddo drwydded yr heddlu i'w yrru. Ni ddychwelodd Mr Glyn Jones na'i ferch gyda ni. Ar ôl dechrau'r daith, cefais lawer cyfarwyddyd gan y prif uwch arolygydd ynghylch lle y dylwn fod yn gosod y cerbyd ar yr hewl, ac unwaith eto gofynnodd a oeddwn wedi bod ar gwrs gyrru'r heddlu. Roedd bellach yn rhoi cyfarwyddiadau pendant i mi: 'Out a bit', 'Slow down', 'Change gear', 'In a bit'. Roedd ei gyfarwyddiadau yn gwbwl anghywir. A minnau wedi cael llond bol, stopiais y cerbyd gan fynd allan o'r sedd ddreifio. Dywedais wrtho nad oeddwn yn mynd i ddreifio dim pellach. Rhoddodd yntau orchymyn i'r Cwnstabl Morgan ddreifio. Atebodd hwnnw nad oedd ganddo drwydded i yrru'r cerbyd. Dywedais wrtho y byddai'n rhaid iddo ef ei hun yrru a dangos inni sut i wneud hynny. Gwrthododd, gan ateb ei fod yn rhoddi cyfarwyddyd swyddogol i mi yrru'r modur. Nid oedd gen i ddewis felly ond gwneud hynny. Ni chefais yr un cyfarwyddyd ganddo ar ôl hyn. Er fy mod yn mwynhau fy ngwaith, nid oeddwn yn edrych ymlaen at weithio yn ystod oriau'r dydd gan fy mod yn ymwybodol y byddai'r swyddog hwn ar ddyletswydd.

***

Yn gynnar yn y flwyddyn 1970 roeddwn yn gweithio shifft nos ac yn gwneud gwaith answyddogol y rhingyll traffig. Delme Evans oedd rhingyll y stryd yng Nghaerfyrddin. Tua dau o'r gloch y bore cefais alwad i ddweud bod modur y Cwnstabl Lionel Jones wedi dod i stop yn ymyl pentref Bancyfelin – roedd ei ffanbelt wedi torri. Yn ôl yr arfer, cefais afael mewn ffanbelt newydd yn y garej a gwneud fy ffordd i Bancyfelin. Y modur oedd gennyf oedd Vauxhall Victor Estate. Hwn oedd y modur y byddwn yn ei ddefnyddio i fynd i ddamweiniau. Nid oedd yn fodur patrôl – roedd yn llawer arafach na'r rhai hynny a doedd ei frêcs ddim hanner cystal. Pan oeddwn yn agosáu at Sgwâr Tre Ioan daeth modur allan o Heol Llansteffan. Roedd y gyrrwr yn plygu ymlaen ar yr olwyn yrru. Roedd, heb os, yn feddw. Fe aeth heibio imi gan wneud ei ffordd am ganol y dref. Es ar ei ôl cyn gynted ag y medrwn. Erbyn hyn roedd yn diflannu o'm golwg ar dop Teras Picton. Pan gyrhaeddais yno nid oedd cip ohono ond penderfynais yrru tuag at Ffordd y Cwrwg a mynedfa pencadlys yr heddlu. Erbyn hyn roeddwn wedi rhoi'r gorau i edrych amdano ac yn awr yn gyrru ddim

mwy na rhyw 40 milltir yr awr, gyda'r bwriad o droi'n ôl
ym mynediad y pencadlys. Ar ôl gyrru heibio cornel chwith
ychydig bellter o'r mynediad gwelais fodur Panda yr heddlu
wedi'i barcio o dan lamp stryd rhyw hanner canllath i ffwrdd.
Penderfynais beidio â throi yn ôl yn y mynediad ond, yn
hytrach, mynd i'r cylchfan ym mhen draw'r stryd a throi'n ôl
fel bod drysau gyrwyr y ddau fodur nesaf at ei gilydd er mwyn
i mi ddweud wrth y gyrrwr am y meddwyn yr oeddwn wedi'i
weld yn gynharach yn Nhre Ioan.

Pan oeddwn ddim ond rhyw 20 llath oddi wrth y Panda,
penderfynodd y gyrrwr wneud tro pedol a mynd ar ei union
i'm llwybr. Er i mi wneud fy ngorau i stopio fy modur cyn dod
i wrthdrawiad gyda'r Panda, ofer fu fy ymdrech ac fe ddaeth y
ddau fodur i gyffwrdd â'i gilydd, er mai dim ond ychydig bach
o ddifrod oedd i'r ddau. Gofynnais i'r gyrrwr beth yn y byd
roedd yn treio ei wneud. Atebodd ei bod yn ddrwg ganddo
ond nad oedd wedi fy ngweld.

Daeth y Rhingyll Evans i'r digwyddiad a dywedwyd wrth
yr Uwch Arolygydd Phillips amdano. O fewn ychydig daeth y
swyddog yma atom. Dywedais wrtho beth oedd wedi digwydd
ond nid oedd am wybod. Y diwrnod canlynol fe wnaeth
gyrrwr y Panda ddatganiad yn dweud fy mod yn gyrru'n
gyflym ofnadwy ac nad oedd unrhyw fodur i'w weld yn
unman pan ddechreuodd wneud y tro pedol. Golygai hynny
fod gen i rhyw hanner canllath i stopio cyn dod i gyffyrddiad
â'r Panda. Gan nad oedd unrhyw farciau ar wyneb y ffordd,
a dim ond ychydig o ddifrod i'r ddau gar, roedd yn amlwg ei
fod yn dweud celwydd.

Yn y bore cefais fy ngalw i swyddfa'r prif uwch arolygydd.
Dywedodd wrthyf fy mod yn cael fy ngwahardd rhag gyrru
ei foduron ac y byddwn yn dechrau 'ar y stryd' yn syth. Nid
oedd am gael gwybod fy ochr i o'r stori am union achos y
ddamwain, a dywedodd wrthyf mai arnaf i yr oedd y bai am
fy mod yn mynd yn rhy glou. Gofynnais iddo, os oedd hynny'n
wir, ymhle roedd y marciau ar y lôn. Nid oedd am wybod.
Tybiwn fod gwên ar ei wyneb a bod fy anfon ar y *beat* yn rhoi

pleser mawr iddo. Roedd yr holl beth yn anghredadwy. Ni chafodd gyrrwr y Panda ei wahardd rhag gyrru.

Am ddau diwrnod bûm yn 'cerdded y stryd' ac yn mwynhau fy hun. Yr unig beth a oedd yn chwerthinllyd oedd y ffaith fy mod yn gwisgo helmet yn hytrach na het fflat ac yn lle cot hir roeddwn yn gwisgo cot fer sef cot bechgyn y *motor patrol*. Ar fy nhrydydd diwrnod ar y stryd daeth y Ditectif Brif Uwch Arolygydd Glyn Jones ataf ar sgwâr Caerfyrddin. Gofynnodd i mi beth oedd wedi digwydd. Dywedais wrtho am y sefyllfa. Ei ymateb oedd, 'What's wrong with the b***dy man?' Dywedodd wrthyf am riportio i swyddfa'r CID y bore canlynol. O fewn yr awr cefais alwad i ddychwelyd i'r pencadlys ac i fynd i swyddfa'r prif uwch arolygydd traffig. Dywedodd wrthyf fy mod yn 'rhy fawr i'm hesgidiau' ac na ddylwn feddwl fy mod wedi'i faeddu. Gofynnais iddo beth roedd yn ei feddwl gan ddweud wrtho unwaith eto nad fi oedd yn gyfrifol am y ddamwain. Nid oedd am wybod. Roeddwn o'r farn ei fod yn chwarae â mi. Roeddwn wedi cael digon, a chan godi o'm cadair dywedais wrtho fy mod yn mynd ac nad oeddwn yn mynd i oddef rhagor o'i wawdio na'i fwlio. Gwaeddodd arnaf i ddychwelyd gan ddweud bod hynny'n orchymyn swyddogol. Erbyn hyn roeddwn yn llefain ac yn methu coelio sut y gallai dyn yn ei swydd ef gymryd agwedd mor gas ac afresymol tuag ataf.

Es i mewn i swyddfa'r traffig gan ysgrifennu nodyn o ymddiswyddiad. Rhwygodd Dan Jones, y rhingyll ar ddyletswydd ar y pryd, y llythyr gan ddweud wrthyf am beidio â bod yn ffôl. O fewn eiliadau daeth y dirprwy, Mr Phillips, i'm gweld a'm cysuro. Dywedais fy nghwyn wrtho ac am y bwlio gan y prif uwch arolygydd. Dywedodd wrthyf am beidio ymddiswyddo ac na fyddai'r uwch swyddog yn y swydd am yn hir eto. Dywedais wrtho fy mod wedi gyrru moduron patrôl am gannoedd o filoedd o filltiroedd ac ar gyflymder uchel iawn heb unrhyw ddamwain, ond pan oeddwn wedi cael rhyw damaid o ddamwain ac yn medru profi beth oedd wedi digwydd, nid oeddwn wedi cael cymorth yr un ohonynt. Ymddiheurodd Mr Phillips gan ddweud ei fod ef yn fy nghoelio.

Roedd yn fwriad gen i ofyn i'r prif uwch arolygydd y rheswm paham roedd yn cymryd agwedd mor atgas ataf. Methais wneud hyn gan iddo ymddeol a gadael ei swydd yn sydyn heb unrhyw gyhoeddusrwydd. Rwyf yn siŵr ei fod yn dial arnaf am fy mod wedi'i weld mewn sefyllfa chwerthinllyd yn Abergwili flynyddoedd ynghynt pan oedd yn ei gwrcwd yn taflu tatws i'r naill ochr i geisio gwneud llwybr i fodur y prif gwnstabl. Ar ôl ei ymadawiad daeth Mr Phillips yn ei le ac fe gafodd Michael Cronin, heddwas o Ddyffryn Tafwys, ei wneud yn uwch arolygydd. Roedd gan y gŵr hwn bob cymhwyster yn ymwneud â'r adran drafnidiaeth ac roedd yn bleser dod i'r gwaith unwaith eto.

Dyrchafiad

YM MIS MAI 1972 galwodd JR fi i'w swyddfa, ac ar ôl ymddiheuro wrthyf am ei addewid i mi rhyw bedair blynedd ynghynt fe'm gwnaeth yn rhingyll yn nhref Caerfyrddin a'r cylch. Y Prif Arolygydd Bryn Jones oedd pennaeth y dalgylch hwn gyda Delme Evans a Bill Williams yn arolygwyr ac yn ddirprwyon iddo. Fi oedd yr ieuengaf o bell ffordd o'r tri rhingyll arall a oedd yno. Roedd ymddygiad y tri uwch swyddog yn hollol broffesiynol ac roeddwn yn mwynhau fy ngwaith.

Un o'r tasgau cyntaf a gefais oedd ymweld â Mr Islwyn Williams, fy nghyn-brifathro, yn ei gartref yng Nghaerfyrddin. Roedd un o'i gyn-ddisgyblion wedi gwneud cais i ymuno â'r heddlu ac wedi'i enwebu fel un a allai roi tystlythyr iddo. O ganlyniad roedd yn ofynnol i mi gyfweld Mr Williams. A dweud y gwir, roeddwn yn edrych ymlaen at ei weld, ond siom a gefais pan ddywedodd nad oedd yn fy adnabod nac ychwaith yn cofio amdanaf yn ddisgybl yn yr ysgol. Pwy a ŵyr, efallai ei fod yn dweud y gwir.

Un dydd, galwodd Mr Bryn Joncs fi i'w swyddfa gan ddweud wrthyf ei fod am i fi ymweld â'r holl dafarndai gwledig yn nalgylch Caerfyrddin. Dywedodd wrthyf beidio dweud dim am hyn wrth y tri rhingyll arall nac ychwaith wrth y cwnstabliaid a oedd yn gyfrifol am blismona'r tafarndai.

Roeddwn yn gryf o'r farn bod defnyddio synnwyr cyffredin wrth ddelio â digwyddiadau yn mynd ymhell iawn ac o help mawr wrth wneud penderfyniadau. Dyma oedd fy agwedd wrth ddelio â thafarndai pan nad oedd achosion o drais wedi digwydd. Nid oedd yfed ar ôl yr amser penodedig mewn tŷ tafarn yn uchel iawn ar fy rhestr o dorcyfraith. Os byddai hyn yn digwydd yna byddai'r tafarnwr yn cael rhybudd gen i yn hytrach na mynd ag ef gerbron y llys.

Tua hanner awr wedi deg un nos Sadwrn – amser stop-tap – ffoniais Ernie Jones, a oedd yn gweithio tan un o'r gloch y bore, yn byw yng Nghynwyl Elfed ac yn gyfrifol am blismona llawer tafarn yn yr ardal. Dywedais wrtho y byddwn yn ymweld ag ef o fewn rhyw chwarter awr. Ni ddywedais wrtho y rheswm pam. Rhaid cyfaddef yn awr fod Ernie Jones yn un o'r goreuon ac yn blismon gwlad bendigedig. Ar ôl cyrraedd yr orsaf, dywedais wrtho beth oedd pwrpas fy ymweliad ac y byddwn yn ymweld â thafarn Abernant. Nid oeddwn erioed wedi bod yno ac roeddwn yn gorfod dibynnu ar gyfarwyddyd Ernie i fynd i'r lle. Roedd hi ymhell wedi amser cau pan gyrhaeddon ni'r dafarn. Roedd y drws ar agor a dau Land Rover y tu allan. Cofiaf gyngor Ernie wrthyf air am air: 'Don't be too hard on these now, Ken.' Aethom i mewn.

Roedd dau ddyn yno, un yn eistedd bob ochr i'r lle tân, gyda pheint yr un o'u blaen. Ni wnaethant unrhyw sylw ohonom. Y tu ôl i'r bar roedd dynes – des i'w hadnabod fel Jane – ac o'i blaen roedd jwg gwrw enamel wen. Pan welodd hi Ernie dyma ofyn iddo, 'The usual, PC?' Atebais nad oedd y cwnstabl yn yfed heno. Gofynnais iddi a oedd hi'n gwybod faint o'r gloch oedd hi. Edrychodd i fyny at gloc mawr ar y wal a oedd yn dangos deg o'r gloch ac yna ateb, 'A wnaiff hi ddeg?' Bûm bron â chwerthin. Roedd hon yn dipyn o gymeriad ac yn fy atgoffa o Mei yn nhafarn y Red Lion yng Nghwrtnewydd. Ar ôl dweud wrthi ei bod yn nesáu at hanner nos, rhoddais rybudd iddi gan ddweud y byddwn yn galw'n aml ac y byddai pethau'n wahanol y tro nesaf. Ni ddigwyddodd hynny a dyna oedd y tro olaf i mi ymweld â thafarn Abernant.

Cefais wybodaeth, flynyddoedd ar ôl hyn, fod yna heddwas oedd wedi bod yn plismona'r ardal ac yn byw ym Meidrim wedi bod yn cadw llygad ar y tafarn yma gyda'r bwriad o riportio'r perchennog am werthu diod feddwol i'r cwsmeriaid ar ôl yr amser penodedig. Er mwyn gweld i mewn i'r tafarn, gorweddai ar ei fola mewn mynwent gerllaw. Daeth y bechgyn lleol i wybod am hyn ac er mwyn atal yr heddwas rhag defnyddio'r lle hwn yn y fynwent i ysbïo ar y tafarn cafodd ei guddfan ei gorchuddio ag olew gwastraff. Dyna fu diwedd ei ymdrechion.

Am resymau amlwg, nid oes modd i mi enwi'r tafarn, y lleoliad nac ychwaith yr heddwas sydd yn ymwneud â'r achos nesaf yma. Roedd hi'n nos Sadwrn a thua hanner awr wedi deg pan alwais heibio'r heddwas a oedd yn gyfrifol am blismona ardal y tafarn. Cyrhaeddon ni'r lle tua chwarter wedi un ar ddeg. Roedd drws y ffrynt ar agor a llawer o gwsmeriaid yn y bar yn yfed. Y tu ôl i'r bar, ac yn amlwg yn gweini'r cwsmeriaid, roedd cwnstabl a oedd yn byw yn lleol. Wrth fy ngweld, rhedodd allan drwy ddrws y cefn. Gwnes ymholiadau gan ddarganfod bod y perchennog a'i wraig wedi mynd am wyliau am y penwythnos gan adael y tafarn yng ngofal y cwnstabl. I gymhlethu pethau, a gwneud yr achos yn llawer mwy difrifol, roedd y cwnstabl yma wedi mynd adre'n sâl o'i waith y diwrnod cynt.

Ar ôl i mi rybuddio'r cwsmeriaid am yfed ar ôl yr amser cyfreithlon, addawodd un ohonynt fod yn gyfrifol am y tafarn tan y byddai'r perchennog yn dychwelyd. Siarsiais yr heddwas a oedd gyda mi i beidio â sôn am yr achos yma wrth neb ac i beidio â rhoi dim byd yn ei lyfr poced nes y byddwn yn cysylltu ag ef. Felly y bu.

Roedd hi tua un o'r gloch y bore pan alwais yng nghartref y cwnstabl a oedd wedi bod yn gweini cwrw yn y tafarn rhyw ddwy awr ynghynt. Cnociais ar ddrws ffrynt y tŷ a chael ateb gan ei wraig, a ddywedodd wrthyf fod ei gŵr yn sâl ac na ddylwn fod yn ei styrbio yr amser hyn o'r bore. Dywedais wrthi y byddai o fudd i'w gŵr pe bai'n dod i'm gweld yn syth. Hynny a ddigwyddodd. Dywedais wrtho na fyddwn yn ei riportio pe byddai'n dychwelyd i'w waith y bore canlynol a hefyd nad oeddwn am ei weld yn y tafarn hwnnw fyth eto. Dywedais y byddwn yn cael gair gyda'r tafarnwr wedi iddo ddychwelyd. Digwyddodd hyn, dychwelodd y cwnstabl i'w waith yn y bore ac addawodd y tafarnwr atal y cwnstabl rhag cael mynediad i'w dafarn byth eto.

Yn ôl y drefn fewnol, fy nyletswydd oedd riportio'r cwnstabl hwn. Drwy beidio â gwneud hyn, roeddwn i fy hun wedi troseddu. Roeddwn hefyd yn euog o beidio â riportio cwsmeriaid y tafarn am yfed ar ôl amser cau. Bu hyn ar fy meddwl am fisoedd lawer ond ni chlywais ddim pellach am y digwyddiad. Wrth edrych yn ôl, rwy'n meddwl ar un llaw am ddyfodol y cwnstabl a'i deulu pe byddwn wedi'i riportio, ond eto, ar y llaw arall, roeddwn wedi rhoddi fy hun mewn gwaeth sefyllfa o lawer.

Rwy'n siŵr, pe byddai'r un sefyllfa wedi codi unwaith eto, y byddwn wedi delio gyda hi'n hollol wahanol. Aeth y si ar led fod yna ringyll ifanc newydd yng Nghaerfyrddin oedd 'ar ôl' tafarndai. Nid oedd yna ddim byd ymhellach o'r gwir, ond roedd y si'n gweithio, gyda'r tafarndai i gyd yn cadw o fewn y gyfraith. Goryfed a meddwi oedd y broblem fwyaf ac achos pennaf trais yn yr ardal.

Kong Nam oedd y tŷ bwyta Tsieineaidd cyntaf, a'r unig un ar y pryd, yng Nghaerfyrddin. Roedd Mrs Nam, y perchennog, yn ddynes fwyn a hael ond nid oedd yn gwrando llawer ar gyngor oherwydd nad oedd yn medru deall nac ychwaith siarad llawer o Saesneg. Roedd y bwyty wedi'i leoli ar Stryd Las yn ymyl sgwâr Caerfyrddin. Roedd trwydded ganddi i werthu diod feddwol hyd at un o'r gloch y bore yn ei thŷ bwyta, ar yr amod ei fod i'w yfed gyda'r bwyd ac nid ar wahân. Roedd yr amod yma'n cael ei dorri'n rheolaidd, yn enwedig ar y penwythnosau. Roedd llawer o fechgyn lleol yn ymwybodol fod Mrs Nam yn medru gwerthu'r ddiod gadarn hyd at un o'r gloch y bore ac felly, ar ôl i'r tafarndai lleol gau eu drysau, byddent yn mynd i Kong Nam, eistedd wrth y bar a dweud celwydd wrth Mrs Nam eu bod am gael bwyd yno yn hwyrach yn y nos/bore. Am ei bod yn eu coelio, byddai'n gweini unrhyw ddiod o'u dewis iddynt.

Er cynghori Mrs Nam fod hyn yn anghyfreithlon ac nad oedd i ddigwydd, nid oedd yn gwrando. Efallai nad oedd yn deall neu efallai fod arni ofn y bechgyn. O achos hyn, ac yn weddol aml, byddem yn cael ein galw i'r bwyty oherwydd meddwi, ymladd a throseddau eraill. Oherwydd ei bod yn diystyru'r gyfraith, roeddem i gyd wedi cael cyfarwyddyd gan Bill Williams, yr arolygydd, nad oeddem i fynd yn agos at ei bwyty pan fyddai helbul yno. Yn fy marn i, nid oedd y cyfarwyddyd hwn yn un doeth ac felly, er mwyn stopio problemau a allai ddigwydd yno yn eu gwraidd, byddwn, pan fyddwn ar ddyletswydd, yn galw i'w gweld yn weddol aml ar ôl un ar ddeg o'r gloch y nos. Roedd hyn yn bendant yn gweithio. Rhaid cofio hefyd y byddwn, pan fyddwn ar ddyletswydd y shifft nos, ac yn ddiarwybod hollol i'r Arolygydd Williams, yn aml yn cael cyri cyw iâr am ddim ganddi, felly roedd yn ofynnol arnaf i edrych ar ei hôl.

Tua hanner nos un nos Sadwrn roeddwn, gyda heddwas arall, ar ddyletswydd yn Stryd Las, Caerfyrddin, a phan oeddem ddim ond rhyw 20 llath o'r tŷ bwyta dyma Mrs Nam yn ymddangos ac yn gweiddi, 'Police, police, help, help!' Ar yr un pryd roedd yn rhedeg at gar a oedd wedi stopio oherwydd bod golau traffig yn dangos coch – golau a oedd bron yn union tu allan i'w bwyty. Gan feddwl bod rhyw drais difrifol wedi digwydd, dyma fi'n rhedeg at ddrws y gyrrwr, ei agor, gafael yn y gyrrwr a'i dynnu allan. Wrth i mi wneud hyn dyma'r modur, â theithiwr yn dal yn y sêt ffrynt, yn dechrau mynd am yn ôl tuag at afon Tywi. Daeth yn amlwg fod y teithiwr yma, er nad oedd yn gallu gwasgu'r brêc i'w stopio, yn gallu ei lywio. Aeth yn syth drwy'r cylchfan ar waelod Stryd Las ac yna dod i stop pan ddaeth i gyffyrddiad â'r lle pwyso lorïau a oedd wrth ochr yr afon. Wrth lwc, nid oedd y teithiwr yn y sêt ffrynt wedi cael ei anafu a dim ond ychydig o niwed oedd i bart cefn y modur. Nid oedd niwed i adeilad y lle pwyso.

Achos yr holl gyffro oedd bod y ddau fachgen, a oedd yn dod o sir Benfro, wedi mynd allan o'r bwyty heb dalu am eu bwyd. Heb feddwl ddwywaith, a heb i Mrs Nam wneud cwyn yn eu herbyn, fe wnaeth y ddau ei thalu. Ni chlywais ddim mwy am ddifrod i'r car a allai, gyda'i deithiwr, fod wedi mynd yn syth i afon Tywi, heblaw am y lle pwyso. Pe bai hynny wedi digwydd fe fyddwn, mwy na thebyg, yn delio gydag achos o foddi, a hynny i gyd am fod dau fachgen ifanc yn ceisio cael dau bryd o fwyd am ddim.

***

Er fy mod hyd yn hyn wedi delio â phob math o achosion, rhai'n ddoniol ac eraill yn ddifrifol, dyma, yn fy marn i, yw'r un mwyaf anghredadwy. Roedd hi tua phump o'r gloch ar nos Iau ddiwethaf y mis, diwrnod mart ceffylau Llanybydder, pan alwodd dyn o'r ardal a dweud ei fod wedi colli ei geffyl o'r mart a'i fod yn credu iddo gael ei ddwyn gan rywun o stad y Gurnos ym Merthyr Tudful. Roeddwn ar y pryd wedi gorffen fy shifft waith ac yn paratoi i fynd adref.

Gan fy mod wedi clywed yr hyn a gafodd ei ddweud, es at y dyn a dechrau ei groesholi, yn enwedig ynghylch y rheswm pam nad oedd wedi riportio'r mater i un o'r plismyn a oedd ar ddyletswydd naill ai yn y mart ei hun neu wedyn. Atebodd fod dyn roedd yn ei adnabod wedi dweud wrtho iddo weld ei geffyl yn cael ei arwain o'r lloc roedd ynddo gan rai a oedd yn dod o'r Gurnos a thuag at focs ceffyl glas a oedd y tu ôl i gerbyd y tu allan i'r mart. Er mwyn ceisio'i ddal roedd wedi teithio'n syth am Gaerfyrddin ond wedi methu. Cyn cymryd yr un cam, roedd yn rhaid ystyried mai dim ond gair y dyn yn y mart oedd ganddo, dyn nad oedd yn gwybod ei enw nac ychwaith ei gyfeiriad ond ei fod yn adnabod ei wyneb. Dywedais wrtho y byddwn yn gwneud ymholiadau gyda heddlu Merthyr ac y byddwn mewn cysylltiad ag ef.

Fore trannoeth, ffoniais heddlu Merthyr Tudful gan siarad ag un o'r heddweision a oedd â chyfrifoldeb am blismona stad y Gurnos. Dywedodd wrthyf nad oedd croeso i heddweision yno ond ei fod yn adnabod un a fyddai'n rhoi gwybodaeth yn gyson iddo. Byddai felly'n ceisio cysylltu ag ef ac yn fy ffonio pe byddai ganddo unrhyw wybodaeth am y ceffyl.

O fewn tipyn, ffoniodd gan ddweud bod ceffyl wedi

cyrraedd yno y noswaith cynt. Yn ôl ei ddisgrifiad, roedd yn amlwg mai hwn oedd ceffyl yr un a wnaeth gŵyn. Dywedais wrtho fy mod yn bwriadu dod i'r Gurnos gyda heddwas arall a pherchennog y ceffyl. Byddem hefyd yn dod â bocs i gludo'r ceffyl adref. Ar ôl cysylltu â'r Prif Arolygydd Jones, gwnes drefniadau i gwrdd â'r heddwas lleol yn ymyl mynedfa'r stad dai a hynny ar amser penodedig. Aeth y trefniadau'n berffaith ac ar ôl cwrdd â'r heddwas aeth y tri ohonom i mewn i'r stad gan adael y perchennog y tu allan yn ei Land Rover. Nid oedd neb i'w weld yno ond tybiwn fod llawer llygad yn edrych arnom. Nid oedd yna focs ceffyl na'r un Land Rover yn agos i'r lle. Aeth yr heddwas â ni'n syth at dwr o fflatiau. Y tu allan i'r rhain roedd olion ceffyl a thipyn o ddom. Aethom i mewn a gweld yn syth fod yna wair a bwcedaid o ddŵr yn y fynedfa, ond dim sôn am geffyl. Aethom i fyny'r staer ac ar yr ail lawr daethom o hyd i geffyl bach mynydd Cymreig.

Eto, nid oedd neb i'w weld yn unman. Daeth y perchennog atom ac ar ôl adnabod y ceffyl fel ei eiddo aed ati i geisio ei gael i lawr ac i mewn i'r bocs – gwaith anodd ofnadwy. Roeddwn yn teimlo'n hollol anghyffyrddus ac yn ymwybodol ein bod yn cael ein gwylio. Ar ôl rhyw awr o dynnu, gwthio a pherswadio, cwblhawyd y dasg ac ar ôl diolch i'r heddwas lleol am ei wasanaeth amhrisiadwy aethom allan o stad y Gurnos a hynny ar frys.

Roeddwn yn hapus fod y dasg bennaf o gael y ceffyl yn ôl i'w berchennog wedi'i chyflawni. Dacth yn amlwg y byddai'n amhosib dal y person a'i dygodd. Roedd ymweld â stad y Gurnos wedi bod yn brofiad na fyddwn am ei ailadrodd. Tybiwn fod y lle'n llawn ysbrydion ac roeddwn yn ddiolchgar nad oedd gan Heddlu Dyfed-Powys le tebyg iddo yn ardal Caerfyrddin.

***

Cefais alwad ffôn gan Mr Gwynoro Jones, Aelod Seneddol sir Caerfyrddin, oedd yn byw yn y dref bryd hynny, yn ystod gwyliau'r Nadolig 1972. Ei neges oedd ei fod wedi derbyn parsel gan y Post Brenhinol gyda marc post Belfast arno. Gan fod yr IRA yn ei anterth ar y pryd, gan nad oedd wedi archebu unrhyw beth o'r ddinas honno ac oherwydd ei swydd, roedd am ofyn cyngor ynghylch beth i'w wneud â'r pecyn. Roedd yn gofidio beth oedd ei gynnwys. O ganlyniad, cynghorais ef i fynd â'r pecyn i sied a oedd ganddo ar waelod yr ardd gan ddweud y byddwn yn cysylltu â'r Arolygydd Bill Williams, fel yr oedd yn ofynnol arnaf wneud.

Noswaith neu ddwy cyn y Nadolig, gorchmynnodd yr arolygydd i mi ddod gydag ef i ymweld â'r Aelod Seneddol. Ei eiriau oedd 'Dere 'mla'n. Ni'n mynd i gael Christmas drink 'da Gwynoro.' Gwir oedd ei eiriau. Ar ôl peth trafodaeth ynglŷn â'r pecyn yn y sied ac ar ôl iddo yfed rhyw ddau wydraid o win, dywedodd yr arolygydd wrth Mr Jones fynd i mofyn y pecyn. Nid oeddwn yn credu'r hyn a ddigwyddodd wedi hynny. Aeth Mr Jones i'w nôl a, gyda'r pecyn ar y bwrdd yn yr ystafell ffrynt, dyma'r arolygydd, ar ôl ei archwilio â'i fysedd, yn estyn ei gyllell boced a dechrau torri ochrau'r bocs. Roeddwn yn gofidio wrth weld yr hyn roedd yn ei wneud ac yn ymwybodol, os oedd ffrwydryn yn y pecyn yn cael ei reoli gan wifrau, pe torrai un ohonynt yna fe fyddai'r pecyn yn ffrwydro ac fe fyddai'r tri ohonom yn nhragwyddoldeb. Edrychodd Mr Jones arnaf yn bryderus. Teimlwn fel rhedeg allan o'r tŷ ond ni wnes hynny. Troais fy nghefn at yr arolygydd a'r pecyn. Roedd yn rhyddhad enfawr i mi, ac yn sicr i Mr Jones, pan ddywedodd yr arolygydd, ''Na ni. Llyfr yw e.' Roedd Mr Jones wedi archebu llyfr o Iwerddon ond nid o Belfast. Tyngais wrth fy hun, pe byddwn yn cael y fath alwad eto, na fyddwn yn dweud amdani wrth yr Arolygydd Williams.

Ni ddefnyddiais fy ffon (*staff*) o gwbwl yn ystod fy ngyrfa yn yr heddlu ac roedd defnyddio grym yn groes i'm hegwyddor. Llawer gwell gen i oedd datrys unrhyw ddigwyddiad drwy siarad a chynghori. Yn y tri achos canlynol, fodd bynnag, nid oedd hynny'n bosib. Byddai rhai o fechgyn y dref yn meddwi ac yn achosi terfysg ar y strydoedd. Pan fyddai'r heddlu'n cyrraedd i ddelio â'r mater, byddai'r bechgyn yn gorwedd ar lawr ac yn achwyn bod ganddynt boenau mewn rhannau o'u cyrff. O ganlyniad, nid oedd dewis gan yr heddlu ond eu hanfon i'r ysbyty i gael eu harchwilio. Dyma oedd y sefyllfa y noswaith hon. Heb yn wybod i mi, roedd yna feddwyn wedi'i anfon i Ysbyty Glangwili yn achwyn bod ganddo boen yn ei stumog. Roedd ei gŵyn yn gelwydd ac wedi'i gwneud er mwyn osgoi cael ei arestio. Wedi iddo gyrraedd yr ysbyty, dechreuodd ffraeo ac ymladd gyda'r ddau borthor a hefyd gyda'r staff. Wrth reswm, cafodd yr heddlu eu galw, ac es i yno gyda heddwas arall i ddelio â'r mater.

Roedd y gŵr a achosodd y broblem yn feddw ac yn adnabyddus i mi. Roedd yn ymladd gyda'r ddau borthor ac yn gweiddi a rhegi nerth ei ben. Er i mi geisio rhesymu ag ef, nid oedd am wrando. Daeth ataf gan geisio fy nharo â'i ddyrnau. Nid oedd gen i ddewis ond ei arestio, a defnyddio'r grym angenrheidiol i wneud hynny. Fy ngobaith oedd ei gael ar lawr ac yna rhoddi cyffion am ei arddyrnau. Oherwydd ei ymddygiad, roedd hyn bron yn amhosib. Nid oedd ond un peth amdani. Rhoddais un ergyd yn ei gylla. Aeth yn dawel ac fe gwympodd ar lawr. Rhoddwyd y cyffion amdano ac fe gafodd ei arestio, ei ddwyn i orsaf yr heddlu, ei gyhuddo a'i ddwyn o flaen y llys, lle cafodd ddirwy sylweddol. Ychydig amser wedi hynny, daeth ataf i ymddiheuro. Roedd y ficer lleol wedi gweld yr holl ddigwyddiad ac yn cytuno'n llwyr â'r grym roeddwn wedi'i ddefnyddio. Diolch am hynny.

Digwyddodd yr ail achos ar ddydd Sadwrn yn yr haf pan oeddwn ar ddyletswydd gyda'r nos. Tua wyth o'r gloch daeth un o'r heddweision i'r swyddfa yng nghwmni dynes ifanc a oedd bron yn noeth heblaw am fantell yr heddwas a oedd o'i hamgylch. I wneud pethau'n waeth fyth, roedd plentyn bychan tua blwydd a hanner yn ei gofal. Daeth yn amlwg ei bod o dan ddylanwad cyffuriau. Rhaid dweud nad oedd cymryd cyffuriau yn beth cyffredin yn yr ardal ar y pryd. Wrth i mi ei chwestiynu dywedodd mai hi oedd mam y ferch fach. Oherwydd ei chyflwr ac er lles y ddau, penderfynais fynd â hwy i Ysbyty Dewi Sant, Caerfyrddin lle cawsant eu harchwilio gan feddyg. Penderfynodd y meddyg gadw'r ddynes ifanc yn yr ysbyty tan y byddai'n ymwybodol o ddifrifoldeb ei hymddygiad ac fe gafodd frechiad a'i tawelodd bron ar unwaith.

Ychydig amser ar ôl i mi fynd oddi yno a chyrraedd yn ôl yn y swyddfa, cefais alwad frys arall i fynd yn ôl i'r ysbyty. Roedd partner y ddynes ifanc a thad y plentyn wedi cyrraedd ac yn mynnu cael gweld y ddwy. Roedd am fynd â'r plentyn gydag ef. Roedd y gŵr yma hefyd o dan ddylanwad cyffuriau – nid cynddrwg â'i bartner ond, yn fy marn i, nid oedd yn ddigon cyfrifol i edrych ar ôl y ferch fach.

Ailanfonwyd am y meddyg gyda'r bwriad y byddai'n delio gydag ef yn yr un modd ag y bu'n delio gyda'r wraig. Nid felly y bu. Gwrthododd y meddyg orfodi'r gŵr i aros yn yr ysbyty gan ddweud ei fod yn methu gwneud hynny am nad oedd ei gyflwr yn cyfiawnhau hynny. Roeddwn yn awr mewn sefyllfa ofnadwy gyda'r dyn, a oedd erbyn hyn bron yn ymladd gyda staff yr ysbyty ac yn mynnu mynd â'r ferch fach oddi yno. Rhaid cofio nad oedd gen i unrhyw dystiolaeth mai ef oedd tad y plentyn, a hyd yn oed pe bai hynny'n wir, nid oeddwn yn fodlon iddo gael cyfrifoldeb amdani oherwydd ei gyflwr. Pan ddywedais hyn wrtho, gwnaeth un naid amdanaf ac yno y bûm am rai munudau yn ymladd ag ef ar y llawr. Er mwyn amddiffyn fy hun, trawais ef rhyw dair gwaith yn ei stumog. Credaf fod y drydedd ergyd wedi gwneud ei gwaith. Ymdawelodd, a phan roddwyd ef mewn cyffion dechreuodd lefain a gofyn am ei bartner a'i blentyn. A dweud y gwir, roeddwn yn teimlo'n flin drosto. Cefais air arall gyda'r meddyg. Penderfynodd mai'r peth mwyaf doeth fyddai gwneud gorchymyn i'w gadw yn yr ysbyty o dan yr un amodau â'r ddynes ifanc, ac yn union yr un fath â hi cafodd frechiad i'w dawelu.

Tua deg o'r gloch y bore canlynol cefais alwad i fynd i'r swyddfa am fod yno rywun oedd am fy ngweld. Yno roedd y cwpl roeddwn wedi bod yn delio â hwy y noswaith cynt.

Roedd y ddynes ifanc am ddiolch i mi am edrych ar ei hôl hi a'i merch fach pan nad oedd mewn cyflwr i wneud hynny ei hun. Yn yr un modd, roedd y gŵr ifanc hefyd am estyn ei ddiolchgarwch i mi. Nid oedd yr un ohonynt yn cofio dim am y digwyddiad. Cyn ymadael, addawodd y ddau na fyddent byth eto'n cyffwrdd ag unrhyw gyffur. Roedd gen i fy amheuon a fyddent yn cadw at eu haddewid, ond pwy a ŵyr?

Mae'r trydydd achos yn ymwneud â dwyn. Gan fod yna bresenoldeb heddweision ar strydoedd y dref, nid oedd llawer o ddwyn o siopau yng Nghaerfyrddin, ond un prynhawn dydd Sadwrn gwelodd cwnstabl dibrofiad ddau fachgen ifanc yn dod allan o gefn siop yn Heol Awst â dillad yn eu meddiant. Roedd yn amau fod y dillad wedi'u dwyn. Ar ôl holi perchennog y siop, cadarnhawyd bod ei ddrwgdybiaeth yn gywir. Aed â nhw i swyddfa'r heddlu yng nghefn y Panda. Ar y dechrau, nid oedd yr un o'r ddau am gyfaddef eu bod wedi bod yn dwyn ond ar ôl cael gafael mewn rhagor o ddillad wedi'u cuddio y tu cefn sedd ôl modur yr heddlu cyfaddefodd y ddau eu bod wedi bod yn dwyn o siopau'r dref a'u bod yn gwneud hynny'n weddol reolaidd. Gan nad oedd yr un o'r ddau yn 16 oed, rhaid oedd eu cyfweld ymhellach ym mhresenoldeb eu rhieni.

Cyfaddefodd un ohonynt i bob trosedd o ddwyn o siopau Caerfyrddin roedd wedi'i chyflawni gyda'i ffrind, er na chredaf ei fod yn ystyried difrifoldeb eu gweithredoedd troseddol. Nid felly y bachgen arall. Wedi cyrraedd ei gartref cawsom gyfweliad â'i dad, a ddywedodd wrthyf fod y bachgen yn ei ystafell wely ond nad oedd ef am fod yn bresennol pan fyddwn yn cyfweld ei fab. Dywedodd wrthyf nad oedd yn medru ei reoli ac fe'm rhybuddiodd i fod yn ofalus wrth ddelio ag ef. Pan es i'w gyfweld yng nghwmni heddwas lleol, roedd yn eistedd ar ei wely yn ysmygu. Gofynnais iddo ddiffodd ei sigarét. Gwrthododd, gan ddweud y gallai ef wneud beth a fynnai yn ei ystafell ei hun. Nid oedd gen i ddewis ond gafael yn y sigarét a'i chwalu'n ddarnau o'i flaen.

Gyda'r wybodaeth a gefais gan ei ffrind ynglŷn â'u dwyn o siopau'r dref, gofynnais iddo am ei ymateb i'r cyhuddiadau. Atebodd drwy ddweud nad oedd hawl gen i i'w holi ac na fyddai'n dweud dim wrthym. Gan gofio geiriau ei dad ei fod allan o reolaeth, teimlodd y bachgen fy nwy faneg, a oedd yn rhydd yn fy llaw, ar draws ei ddwy foch. Pan ddywedodd y byddai'n fy riportio am hyn, cafodd un arall. Gofynnais iddo a oedd yn edifar ganddo am ei droseddau yn siopau Caerfyrddin. Dechreuodd lefain gan ddweud 'Sorry. Sorry.' Cyfaddefodd y cyfan, gan ychwanegu troseddau eraill yr oedd wedi'u cyflawni ar ei liwt ei hun. Dywedais wrth ei dad beth oedd wedi digwydd yn yr ystafell wely ac ychwanegu efallai y byddai'r bachgen yn ymddwyn yn well o ganlyniad i hyn. Ni chlywais ragor am yr un o'r ddau.

***

Caerfyrddin oedd lleoliad yr Eisteddfod Genedlaethol yn 1974 ac, wrth reswm, roedd yn orfodol i'r heddlu fod yn rhan o'r paratoadau, yn enwedig y rhai'n ymwneud â thrafnidiaeth a phlismona yno. O ganlyniad, cafodd yr Arolygydd Delme Evans ei wneud yn aelod o'r pwyllgor gwaith a bûm yn ei helpu gyda'r trefniadau. Roedd lleoliad yr Eisteddfod yn Nolgwili, ardal rhwng yr A485 (hewl Caerfyrddin i Lanbed) a'r A40 (hewl Caerfyrddin i Landeilo). Câi'r ddwy hewl yma eu huno gan hewl fach arall, felly daeth trefnu'r trafnidiaeth a'r parcio yn weddol rwydd. Plismona'r ŵyl oedd y broblem nesaf, gan ofalu bod yr heddweision a fyddai ar ddyletswydd ar y cae yn siaradwyr Cymraeg. O fewn byr amser, cafwyd gafael mewn digon o'r rhain i wneud y gwaith ac felly roedd ein paratoadau ni bron â bod yn barod.

Oherwydd bod lleoliad yr Eisteddfod o fewn rhyw chwarter milltir i Ysbyty Glangwili, achosai hynny beth pryder i ni. Ofnem efallai y byddai sŵn o'r maes yn amharu ar y cleifion ac, yn yr un modd, efallai y gallai traffig y tu allan i'r ysbyty amharu ar gerbydau ambiwlans fyddai'n cludo cleifion yno.

Ond drwy ofalu y byddai digon o blismyn ar ddyletswydd yn yr ardal, ni ddylai hynny fod yn broblem.

Daeth diwrnod agoriadol yr Eisteddfod ac am yr wythnos roeddwn ar ddyletswydd am 18 awr y dydd – o naw y bore tan un y bore canlynol. Aeth popeth yn berffaith tan oddeutu un o'r gloch un bore pan gafwyd galwad frys ym mhencadlys yr heddlu oddi wrth un o weithwyr yr ysbyty yn dweud bod rhywun yn chwarae'r organ ym mhafiliwn yr Eisteddfod a bod y sŵn yn amharu ar gwsg y cleifion yno. Aed i'r Maes ar unwaith ac wrth basio'r ysbyty roedd sŵn yr organ i'w glywed yn weddol amlwg. Roedd rhywun yn chwarae'r organ â'r uchelseinydd mor uchel â phosib. Yn y pafiliwn sylwais fod heddwas yn eistedd wrth yr organ, yn nhraed ei sanau ac yn mwynhau ei chwarae. Y dihiryn oedd Hywel Lewis, heddwas o Rydaman. Ar ôl gair o gyngor a galwad i'r ysbyty, cafodd y broblem ei datrys yn llwyddiannus.

Erys diwrnod olaf yr Eisteddfod ar fy nghof fel petai wedi digwydd ddoe. Roeddwn yn cyd-gerdded â Vivian Fisher, prif uwch arolygydd yr ardal, a JR, y prif gwnstabl, pan ddywedodd JR wrth Mr Fisher ei fod yn fy ngholli i am fy mod yn cael fy symud i weithio i'r 'Operations Room'. Er fy mhrotestiadau a rhai Vivian Fisher, nid oedd troi ar JR, a'i eiriau wrth Fisher oedd 'hau hadau mân'. Nid oeddwn yn ystyried bryd hynny bod un o gyfnodau hapusaf fy mywyd yn yr heddlu bron â dod i ben.

O fewn dwy wythnos i orchymyn JR roeddwn yn rhan o dîm yr Ystafell Weithredol. Fel heddwas yn adran y traffig am wyth mlynedd roedd gen i gysylltiad clòs â gweithwyr yr ystafell hon ac oherwydd hynny roeddwn yn ymwybodol o natur eu gwaith, er nad oeddwn erioed wedi gweithio yma. Roedd pum arolygydd, pum cwnstabl a deuddeg o aelodau nad oedd yn heddweision yn yr Ystafell Weithredol. Fi oedd yr unig ringyll yno. Daeth yn amlwg yn weddol glou, yn absenoldeb un neu ddau o'r arolygwyr, mai fi fyddai'n gwneud eu gwaith, a hynny'n rheolaidd. Yn yr un modd, fe fyddwn, yn absenoldeb y cwnstabliaid, yn gwneud eu gwaith hwy hefyd. Golygai hyn nad oeddwn yn gwybod o'r naill ddiwrnod i'r llall pa oriau y byddwn yn eu gweithio. Ar lawer achlysur byddwn yn gweithio o ddeg y nos hyd chwech y bore ac yna'n ailddechrau am ddau y prynhawn wedi dim ond rhyw chwe awr o gwsg. Digwyddai hyn yn rheolaidd ac fe gafodd effaith andwyol ar fy iechyd.

Ar ôl rhyw flwyddyn yn y gwaith hwn daeth lle i ringyll â chyfrifoldeb am adran y traffig yn Rhydaman. Er ei bod yn orfodol i mi deithio i Rydaman, nid oedd hynny o unrhyw rwystr i mi. Rhaid dweud fy mod yn falch o adael y swydd yn yr Ystafell Weithredol, a'r unig reswm am hynny oedd oherwydd anghysondeb yr oriau gwaith.

Y pryd hwnnw roedd rhanbarth Rhydaman o dan ofal y Prif Arolygydd Alun Davies. Roedd Alun a minnau bron yr un oed ac wedi dechrau yn yr heddlu ar yr un adeg. Y gwahaniaeth oedd ei fod ef wedi bod yng ngholeg yr heddlu yn Bramshill er mwyn hwyluso a chyflymu ei yrfa tra oeddwn i wedi bod yn gweithio shiffts ac yn gwneud gwaith ar y *beat*. Rhaid dweud nad oedd ganddo unrhyw amcan am waith adran y traffig a phenderfynodd roi'r cyfrifoldeb am waith yr adran i ringyll y stryd. I wneud pethau'n waeth, penderfynodd gael gwared ar swyddfa'r rhingyll traffig. Bu llawer o eiriau rhyngom ac ar ôl cyfnod hir o drafod a dadlau cefais fy ffordd a chafodd rôl y rhingyll traffig ei hadfer, a'r swyddfa draffig. Dirprwy Alun Davies oedd yr Arolygydd David Griffiths, a oedd wedi bod yn yr heddlu am rhyw 30 o flynyddoedd, ac roedd yn falch o weld y newid. Roedd yr adran yn cael ei staffio gan chwe heddwas a dau gar patrôl. Roedd y chwech ohonynt yn siaradwyr Cymraeg ac yn byw yn yr ardal, a thyfodd hyder y bechgyn a chryfhaodd eu gwaith wedi'r newid.

O fewn chwe mis ymunodd Alun Davies ag un o heddluoedd Llundain a chafodd David Griffiths, ei ddirprwy, swydd prif arolygydd. Oherwydd afiechyd difrifol, byr iawn fu ei gyfnod yn y swydd. Cafodd Delme Evans, a oedd yn arolygydd yng Nghaerfyrddin, ei wneud yn brif arolygydd gyda chyfrifoldeb am adran Rhydaman. Ar ôl gweithio gydag ef yng Nghaerfyrddin pan oeddwn yn rhingyll, roedd ei ddyrchafiad i'r swydd i'w groesawu a chefais ddwy flynedd hapus iawn yn Rhydaman o dan ei reolaeth.

Dyddiau Rhydaman a'r Pencadlys

DARGANFYDDAIS YN WEDDOL glou mai Russell y Garej oedd yn cael ei alw i bron bob damwain a ddigwyddai yn yr ardal, a châi ei dalu am symud y cerbydau. Fel tâl i'r heddweision byddai'n gadael iddynt ddefnyddio'i garej i drwsio eu moduron eu hunain. Yn ôl y drefn, ni ddylai hyn ddigwydd, ond dyma fu'n digwydd am flynyddoedd lawer. Sut felly y gallwn i gwestiynu hynny? Honnais nad oeddwn yn ymwybodol o'r arferiad.

Roedd y dyn yma'n gymeriad, yn rhegi bob yn ail air bron ac yn Gymro i'r carn. Nid oedd ganddo lawer o amser i Saeson, felly pan ddywedodd un o'r bechgyn wrtho fy mod i, y rhingyll newydd, yn Sais, dechreuodd fy rhegi a dweud wrth y bechgyn am fy nghadw ymhell o'i garej.

Un diwrnod, yng nghwmni un o'r bechgyn, fe barciais y car patrôl y tu allan i garej Russell. Roedd ef yn y *pit* yn trwsio rhyw gerbyd. Aeth y cwnstabl a oedd gyda fi i'w weld. Gyda ffenestr y gyrrwr ar agor fel y gallwn glywed, cymerais arnaf fy mod ar y ffôn. Gyda geiriau hollol anweddus, dywedodd Russell wrth y cwnstabl am fy nghadw ymhell ac na fyddwn yn cael troedio y tu fewn i'w garej. Wedi clywed hynny, es i mewn i'r garej ac mewn acen hollol Seisnigaidd gofynnais iddo ai ef oedd perchennog y garej. Atebodd ar unwaith 'Yes, sir.' Gofynnais iddo wedyn a oedd y bechgyn yn cael defnyddio ei garej i drwsio eu ceir. Atebodd ar unwaith 'No, sir.' Methais gadw'r ymgom i fynd ddim pellach a gofynnais iddo yn Gymraeg paham roedd yn dweud celwydd wrtha i.

Edrychodd arnaf gyda gwên lydan ar ei wyneb a gweiddi, 'Cymro yw hwn, achan, ac nid b****y Sais. Pam wedoch chi i gyd wrtha i mai Sais oedd y diawl?' Daeth allan o'r *pit* ac estyn ataf law oedd yn olew du drosti. Er fy mod yn ymwybodol y byddai fy llaw innau yn frwnt drosti ar ôl hynny, ni allwn beidio â'i chymryd.

***

Cefais wybod fel y cyrhaeddais y swyddfa toc wedi wyth un bore fod dau ddyn o Abertawe yn y ddalfa. Roeddent wedi'u harestio gan ddau o fechgyn y traffig am dorri i mewn i Glwb Rygbi Tŷ-croes. Aethant i mewn i'r adeilad drwy dorri un o'r ffenestri a darganfuwyd blew gwallt ar y gwydr.

Ieuan Davies oedd y rhingyll ar ddyletswydd ar y pryd. Ar ôl adrodd hanes y sefyllfa wrthyf, gofynnodd a fyddai'n iawn iddo gael sampl o wallt y ddau. Bodlonodd un ohonynt. Cynghorais Ieuan i dynnu un neu ddau o flew o ben y llall os oedd angen. O fewn ychydig funudau clywais dwrw mawr yn dod o gyfeiriad yr ystafell gyfweld, gyda Ieuan yn gweiddi, 'Dal y diawl, Heddwyn. Dal y diawl.' Es i mewn i'r ystafell. Roedd y carcharor â'i wyneb am y llawr gyda Heddwyn, un o'r plismyn, ar ei ben â'i ddwy ben-lin yn gwasgu ei ganol. Roedd Ieuan wrthi'n torri gwallt o ochr ei ben gyda siswrn bach. Dywedodd y carcharor y byddai'n gwneud cwyn yn y llys am hyn, ond er iddo wneud hynny ni chymerodd cadeirydd y fainc sylw o'i gŵyn ac fe'i cadwyd yn y ddalfa.

***

Ffoniodd Delme Evans fi'n gynnar iawn un bore gan ddweud wrthyf fod llofruddiaeth wedi digwydd yn ardal Heddlu De Cymru o Frynaman ond bod y llofrudd yn awr mewn adeilad a oedd yn ardal Heddlu Dyfed-Powys. Aethom gyda'n gilydd i'r fan. Roedd y gŵr ar ben to tŷ ac yn bygwth taflu ei hun i lawr. Roedd sawl heddwas ac aelodau o'r frigâd dân yn dal lliain mawr yn ymyl wal y tŷ er mwyn lleihau cwymp y llofrudd pe bai'n mentro neidio. Roedd yr heddwas lleol, a oedd yn adnabod y llofrudd, ar ben y to ac yn ceisio'i berswadio i ddod i lawr trwy ddrws a oedd y tu cefn iddynt, ac i beidio neidio. Pan fethodd, ceisiodd ei annog i neidio ac, er mawr sioc i mi, fe ddangosodd iddo sut i wneud hynny. Aeth i ymyl to'r tŷ tri llawr a neidio tuag at liain y gweithwyr tân. Wrth wneud hyn, datgymalodd ei fraich. Wrth weld hyn, cerddodd y llofrudd allan drwy ddrws ar y to ac i'r ddalfa.

***

Er fy mod yn gorfod teithio o Gaerfyrddin i Rydaman bob dydd, a hynny'n costio llawer, nid oedd yn ofid i mi gan ei bod yn bleser gweithio yno.

Roedd JR, y prif gwnstabl, wedi ymddeol cyn i mi gael fy anfon i Rydaman ac roedd R B Thomas, ei ddirprwy, wedi cymryd ei le fel prif gwnstabl. Yn gyfrifol am ranbarth Llanelli, a oedd yn cynnwys ardal Rhydaman, roedd y Prif Uwch Arolygydd Graham Murphy. Roedd yn frodor o sir Benfro ac wedi bod yn aelod o'r heddlu yno. Roeddwn yn ymwybodol ei fod wedi sicrhau bod cyfran helaeth o uwch swyddogion y rhanbarth, yn enwedig arolygwyr, wedi bod yn aelodau o heddlu'r hen sir Benfro. Felly, pan ddywedodd Delme Evans wrthyf ei fod yn mynd i ddweud wrth Mr Murphy ei fod am i fi gael fy ngwneud yn arolygydd yn Rhydaman yn lle Arthur Davies, a oedd wedi ymuno â heddlu Gwent, ni chefais sioc pan ddeallais mai aelod o heddlu hen sir Benfro gafodd y swydd. Yr esgus a roddwyd i Delme Evans oedd fy mod i'n aelod o adran y traffig ac felly nad oeddwn yn addas i lenwi'r swydd.

Er mai Mr Murphy oedd â'r cyfrifoldeb am blismona rhanbarth Llanelli ac felly â'r cyfrifoldeb am roddi enwau aelodau o'i ranbarth i'r prif gwnstabl i'w dyrchafu, y Prif Uwch Arolygydd Michael Cronin oedd â'r cyfrifoldeb am adran y traffig a'r Ystafell Weithredol ac ef a fyddai â'r cyfrifoldeb am roi enwau swyddogion o'r adran yma i'r prif gwnstabl i'w dyrchafu. Felly y bu yn y flwyddyn 1980 pan ddaeth lle i ddau arolygydd yn ei adran. Roedd un o'r rhain â chyfrifoldeb am adran y traffig yn Llanelli a'r llall yn yr Ystafell Weithredol – dwy swydd yr oeddwn yn addas i'w llenwi. Dywedodd Mr Cronin wrthyf ei fod yn mynd i gynnig i mi fod yn arolygydd yn Llanelli gyda'r cyfrifoldeb am yr ysgol yrru a Howard Davies, rhingyll yn yr Ystafell Weithredol, yn cael ei wneud yn arolygydd yno. Roeddwn bryd hynny ar gychwyn am wyliau gyda'm teulu i faes carafannau yng Nghei Bach. Cafodd y prif uwch arolygydd fy rhif ffôn. Er syndod i mi, ni chafodd yr un o gynigion Mr Cronin eu derbyn.

Roedd hyn yn peri ychydig o ofid i mi. Roedd pennaeth yr adran yn cynnig i'r prif gwnstabl enwau dau aelod o'i adran i'w gwneud yn arolygwyr yn ei adran ef, a'r prif gwnstabl yn eu gwrthod. Pam? Beth oedd ei reswm? Meddyliais am y diwrnod hwnnw pan gafodd JR ei wneud yn brif gwnstabl ardal Dyfed-Powys a Howard a minnau'n dangos ein balchder ac yn ysgwyd ei law yng ngŵydd R B Thomas. Cwestiynais a oedd hynny'n ddigon o reswm i'n gwrthod, ynteu a oedd pwerau allanol yn gweithredu. Ar y pryd nid oedd gen i unrhyw ateb, ac roeddwn o'r farn, tra byddai R B Thomas yn brif gwnstabl, bod dyfodol Howard Davies a minnau yn edrych yn weddol dywyll.

Cefais alwad gan Mr Cronin yn gofyn i mi a fyddwn yn fodlon dod i weithio i'r pencadlys yng Nghaerfyrddin fel Rheolwr Trafnidiacth Heddlu Dyfed-Powys, yn gyfrifol am y moduron a'u gweithwyr. Er fy mod yn hapus iawn yn Rhydaman, golygai hyn na fyddai raid i mi deithio a byddwn hefyd yn gweithio o naw y bore tan bump y nos gyda phob penwythnos yn rhydd. Ar ôl cysylltu â Delme Evans, derbyniais y swydd.

Roedd y gwaith yma'n her newydd i mi. Darganfyddais yn weddol glou fy mod yn ddibynnol iawn ar Emrys Jones, rhingyll yn swyddfa Mr Cronin, a hefyd ar ddygnwch a gonestrwydd y peirianwyr. Ar ôl rhyw dri mis roeddwn yn fodlon iawn fy myd, yn hapus iawn yn y gwaith ac yn teimlo'n hollol hyderus.

Gyda llawer o feiciau modur yr heddlu yn barod i'w newid, ymchwiliais i ganfod pa wneuthurwr a fyddai orau a pha un fyddai'r fargen orau. Roeddwn o'r farn y byddai beiciau modur BMW yn well bargen nag unrhyw rai eraill, a chyda Jas Bowen, a oedd yn asiant i BMW, wedi'i leoli ym Mhensarn, Caerfyrddin penderfynais wneud ymholiadau i gael un neu ddau o'r rhain i'w treialu. Cefais air gyda'r prif uwch arolygydd ynglŷn â hyn ond nid oedd o'r un farn â mi ac fe'm cynghorodd i beidio â'u prynu. Daeth ei gyngor yn rhy hwyr gan fy mod wedi gwneud trefniadau i'w cael, ond ni ddywedais hynny wrtho. Yn ystod y bythefnos ganlynol roedd ar ei wyliau. Dyma'r adeg roeddwn wedi trefnu y byddai'r beiciau modur yn dod i'r pencadlys, ond cyn hyn cyrhaeddodd llythyr i'r pencadlys wedi'i gyfeirio at y prif gwnstabl yn cadarnhau y byddai'r ddau feic modur yn cyrraedd o fewn y dyddiau canlynol.

Cyrhaeddodd y llythyr ddesg y prif gwnstabl ac ar ôl ei ddarllen anfonodd ef i swyddfa'r traffig ac at Emrys Jones, gan ofyn mewn inc coch pwy oedd wedi trefnu hyn. Daeth Emrys ataf gan ddangos y llythyr i mi gyda sylw a chwestiwn y prif gwnstabl arno. Cymerais mai Emrys oedd wedi ysgrifennu arno ac wedi copïo llofnod y prif gwnstabl. O'r herwydd, ysgrifennais arno mai fi oedd wedi gwneud y penderfyniad ac fe'i llofnodais. Roeddwn yn amau honiad Emrys mai'r prif gwnstabl oedd wedi cwestiynu'r penderfyniad ac fe gymerodd beth amser iddo fy argyhoeddi. Wrth reswm, rhaid oedd i mi ganslo'r trefniadau a wneuthum gyda BMW. Ni chlywais ragor am y peth ond roeddwn yn cwestiynu paham roedd y prif gwnstabl gymaint yn erbyn cael beiciau modur BMW yn yr heddlu gan fod beiciau'r gwneuthurwr yma'n well ym mhob ffordd nag unrhyw feic arall.

Ym mis Ionawr 1981 galwyd fi i swyddfa R B Thomas. Y peth cyntaf a ddaeth i'm meddwl oedd beth roeddwn wedi'i wneud. Roedd ar ei draed ac yn edrych allan drwy'r ffenestr. Heb wneud unrhyw sylw, dywedodd fy mod yn cael fy mhenodi i fod yn arolygydd yn yr Ystafell Weithredol. Yn rhyfedd, nid ysgydwodd fy llaw, nac ychwaith fy llongyfarch na hyd yn oed edrych arnaf. Roedd y cyfan drosodd o fewn eiliadau. Ar ôl ei saliwtio a diolch iddo, es allan o'i ystafell. Ni allwn gredu'r peth, ac ni allai fy ngwraig ei gredu ychwaith. Daliwn i gwestiynu pam na fyddwn wedi cael fy nyrchafu rhyw chwe mis ynghynt pan oedd Mr Cronin wedi argymell y dylwn gael fy mhenodi yn arolygydd naill ai yn adran y traffig yn Llanelli neu yn yr Ystafell Weithredol. Oedd ganddo reswm personol dros beidio â gwneud hynny?

O fewn pythefnos, dechreuais fy swydd newydd yn un o bum arolygydd yn yr Ystafell Weithredol. Roedd y pump ohonom yn gyfrifol am ofalu ein bod yn delio â phob digwyddiad a ddeuai i'n sylw ar frys ac yn gywir, a hynny 24 awr y dydd. Ni oedd yr unig uwch swyddogion a fyddai ar ddyletswydd yn Heddlu Dyfed-Powys ar ôl un o'r gloch y bore. Felly, os oedd hi'n angenrheidiol i uwch swyddog wneud penderfyniad ar ôl un y bore, ni oedd y rhai fyddai'n gwneud y penderfyniad hwnnw.

Fel pum arolygydd roedd gennym sgwad o bedair merch ac un heddwas yr un, gydag un rhingyll a weithiai yn lle'r heddwas neu'r arolygydd, fel y byddai'r angen, fel cynt. A minnau wedi bod yn rhingyll yn yr ystafell yma flynyddoedd ynghynt ac yn adnabod yr aelodau i gyd, daeth gwaith yr ystafell yn weddol rwydd i mi – gwaith yr oeddwn yn ei gyfrif yn bwysig iawn a gwaith a allai gael dylanwad pwysig ar ganlyniadau achosion. Roeddwn unwaith eto'n gweithio oriau anghymdeithasol, ac er fy mod yn eu casáu medrwn gael digonedd o amser i bysgota.

Un prynhawn, gyda dim ond tair o ferched ac un rhingyll yn gweithio, a'r rhingyll a minnau yn delio ag achosion gweddol bwysig, yn ddiarwybod i mi cafodd y rhingyll alwad ffôn gan RB, y prif gwnstabl, a oedd ar ei ffordd yn ôl o Lundain ar y trên. Dywedodd wrtho drefnu bod modur yr heddlu yn ei ddisgwyl yng ngorsaf Abertawe – modur a oedd i'w gludo oddi yno i'w gartref yn ymyl Hwlffordd. Dyma oedd ei arferiad. Ni fyddai byth yn mynd ar y trên ymhellach nag Abertawe.

Tua chwech o'r gloch cefais alwad ffôn ganddo. Gwaeddodd arnaf yn Saesneg, 'Where's my f***ing car?' Nid oeddwn yn gwybod am beth roedd yn sôn nac ymhle yr oedd. Daeth yn amlwg fod y rhingyll wedi anghofio'r cyfan amdano. Dywedais wrtho ein bod wedi bod yn brysur iawn drwy'r prynhawn ac y byddwn yn cael modur o Lanelli i fynd ar unwaith i orsaf Abertawe. Atebodd ei fod ef yn cael blaenoriaeth ar unrhyw achos a bod angen i mi fy hun ddod i'w nôl. Dywedais wrtho fy mod yn delio ag achos ar y pryd ac nad oedd yn bosib i mi adael. Atebodd yntau ei fod yn rhoddi gorchymyn swyddogol i mi ddod i'w nôl. Teimlwn ei fod yn ymddwyn yn hollol hunanol ac amhroffesiynol ond ni fedrwn feddwl dweud hynny wrtho. Rhaid oedd gwneud fel y gorchmynnodd a gadael y rhingyll yn gyfrifol am dri digwyddiad.

Roedd y prif gwnstabl yn fy nisgwyl yn yr orsaf ac ni roddodd unrhyw gyfle i mi esbonio beth oedd wedi digwydd a'r rheswm pam roedd y rhingyll wedi anghofio ei gyfarwyddyd. Rhaid dweud nad oedd gen i rhyw lawer o barch ato cyn y digwyddiad yma, ac oherwydd ei hunanoldeb aeth hwnnw'n llai fyth. Yn fy nhyb i, roeddwn yn siŵr ei fod yn cofio i ni longyfarch JR a'i fod am wneud pethau'n anodd i ni. Roedd Mrs Jean Harries yn aelod o'm sgwad ac wedi bod yn gwneud gwaith teleffonydd am flynyddoedd lawer. Anghofia i fyth am un achlysur pan nad oedd y prif gwnstabl yn ei swyddfa a Jean yn ymwybodol o hynny. Roeddwn yn ei hymyl pan dderbyniodd alwad ar y bwrdd ffôn oddi wrth uwch swyddog yn y Swyddfa Gartref, yr Ysgrifennydd Cartref ei hun o bosib, yn gofyn am gael siarad efo'r prif gwnstabl. Atebodd Jean ef gan ddweud 'The chief constable is not in. Can I help you?'

Ar ôl gweithio am rhyw flwyddyn yn y swydd, daeth i'm clyw fod cynlluniau ar y gweill i gael gwared ar swyddi'r arolygwyr yn yr Ystafell Weithredol. Nid oeddwn yn coelio'r peth gan mai ni oedd yr unig uwch swyddogion fyddai'n gweithio yn yr heddlu ar ôl un o'r gloch y bore. Cefais gyfweliad gan y prif gwnstabl cynorthwyol ynglŷn â'r bwriad a chafodd ef sioc pan ddywedais hyn wrtho. Roedd yn amlwg nad oedd wedi ystyried y peth ac nad oedd yn ystyried pwysigrwydd y gwaith a'r penderfyniadau a wneid gan yr arolygwyr. Er hyn, cafwyd gwared â thri ohonom ac o fewn byr amser cefais fy ngwneud yn gyfrifol am yr uned traffig yn Llanelli.

Uned Traffig Llanelli

ROEDDWN WRTH FY modd yn y swydd hon, swydd a addawyd i mi gan Mr Cronin rhyw ddwy flynedd ynghynt – ond pa ots am hynny, roeddwn yma'n awr. Yn gweithio yn y swyddfa roedd un rhingyll ac un cwnstabl, y rhingyll â chyfrifoldeb am blismyn yr adran yn Llanelli. Roeddwn hefyd yn gyfrifol am yr adran yn Rhydaman lle gweithiai un rhingyll a chanddo gyfrifoldeb am blismyn yr adran – swydd yr oeddwn wedi'i dal fy hun rhyw ddwy flynedd ynghynt. Roedd y ddau ringyll wedi pasio'r arholiad arolygydd a'r ddau'n addas i fod yn arolygwyr.

Er bod fy ngwaith yn amrywio o fod â chyfrifoldeb am yr ysgol yrru i gynnal cyrsiau yng Nglan-y-ffer i holl blismyn adran traffig yr heddlu a rhoddi gwersi iddynt, nid oeddwn yn gyfrifol am waith dyddiol heddweision yr adran yn Llanelli, gwaith yn fy marn i a ddylai fod yng ngofal y rhingyll traffig ac felly'n gyfrifoldeb i mi. Dyma oedd sefyllfa pob rhingyll traffig a phob arolygydd traffig yn Heddlu Dyfed-Powys. Roedd hwn yn bwnc llosg i mi gan fy mod yn ymwybodol nad oedd plismyn yr adran yn cael y cyfarwyddyd cywir gan ringyll y stryd ac felly, ar fwy nag un achlysur, cefais sgwrs gyda'r prif uwch arolygydd ynglŷn â'r mater. Yr un fyddai ei ymateb, sef mai dyma oedd polisi'r prif gwnstabl ac na allai ef fel prif uwch arolygydd wneud dim yn ei gylch. Byddai aelodau'r adran ar eu colled am na chaent brofiadau'r rhingyll a'r arolygydd traffig at eu gwasanaeth, ond yn amlwg nid oedd neb mewn awdurdod yn pryderu am hyn.

Byddwn yn nodi hyn yn fy adroddiad gwaith blynyddol, a fyddai'n cael ei ddarllen a'i lofnodi gan y prif uwch arolygydd a chan y prif gwnstabl cynorthwyol, cyn ei roddi ar fy ffeil yn ogystal â'u sylwadau hwy arno. Am y tair blynedd ganlynol, ni fu unrhyw newid yng ngwaith a chyfrifoldeb swydd yr arolygydd traffig, felly yn amlwg nid oedd neb am groesi cleddyfau â'r prif gwnstabl.

A minnau wedi bod yn gyfrifol am lunio fframwaith yr ysgol yrru yn y chwedegau a hefyd wedi bod yn hyfforddi heddweision i yrru yn ôl dull yr heddlu, roeddwn yn awr yn gyfrifol am brofi effeithiolrwydd y gyrwyr ar gyrsiau gyrru, ac roedd gennyf yr awdurdod i basio neu fethu'r heddweision hyn. Yn ystod wythnos olaf y cwrs byddai'r prif uwch arolygydd traffig a minnau yn mynd gyda'r gyrwyr, mewn gwahanol foduron, i farnu safon eu gyrru, ond nid felly'r heddweision a oedd wedi methu'r prawf gyrru ynghynt yn yr wythnos.

Gan fy mod wedi gweld a delio â llawer o ddamweiniau drwg yn ystod fy ngyrfa fel heddwas traffig, roedd y testun yma'n agos iawn at fy nghalon. Roeddwn o'r farn mai cyflymder neu/ac esgeulustod oedd achos bron pob damwain, heblaw am ambell achlysur lle byddai nam mecanyddol ar gerbyd. Byddai gweld modur yn arddangos dim ond un golau blaen yn ystod oriau'r nos yn fy nghythruddo.

Roedd hi'n rheol gen i fod yn rhaid i bob heddwas traffig fyddai'n patrolio'r heolydd wneud ei hun yn amlwg er mwyn cwblhau ei waith yn llwyddiannus. Gan nad fi oedd yn gyfrifol am cu gwaith, ni allwn fynnu hyn ond fe fyddwn bron bob mis yn trefnu bod yna ryw ymgyrch i'w chael yn yr ardal yn ymwneud â diogelwch ar y ffyrdd.

Byddwn yn mynychu cyfarfodydd Pwyllgor Diogelwch y Ffyrdd yr ardal yn rheolaidd. Fy ngwaith pennaf fyddai ymchwilio i weld a fedrem gytuno i gynigion aelodau'r pwyllgor i gwtogi cyflymder gyrru mewn ardal oherwydd damweiniau neu gŵynion oddi wrth y brodorion. Rhaid fyddai cyfrif nifer y damweiniau a chyflymder mwyafrif defnyddwyr yr hewl dan sylw. Câi'r aelodau fy ymateb i'r cais yn y pwyllgor nesaf, a hynny gan ddibynnu ar fy narganfyddiadau. Rhaid

193

pwysleisio nad gennyf i yr oedd y gair olaf. Gallai aelodau'r cyngor ddiystyru fy ymateb a'm cymeradwyaeth.

Ar un achlysur, ar ddechrau un o'r cyfarfodydd, daeth cadeirydd y pwyllgor ataf gan ofyn a fyddwn yn fodlon cefnogi cynnig gan gynghorydd sir oedd newydd ei ethol i gwtogi'r cyflymder gyrru mewn pentref yn ei ardal i 40 milltir yr awr. Fe'i hatgoffais o'r canllawiau yr oedd yn ofynnol arnaf eu dilyn a dweud y down â'm hateb iddo yn y pwyllgor nesaf. Ar ôl ymweld â'r lle daeth yn amlwg, oherwydd natur y troadau cul a siarp yno, y byddai'n amhosib i unrhyw yrrwr deithio ar gyflymder o 30 milltir yr awr heb sôn am gyflymder uwch. Byddai rhoddi gwaharddiad o 40 milltir yr awr, felly, yn ddibwys ac yn chwerthinllyd. Nid oedd yr un ddamwain wedi digwydd yno ychwaith.

Rhoddais fy ymateb i aelodau'r pwyllgor na fyddwn yn medru cefnogi'r cais. Ni wnaeth fy ymateb unrhyw wahaniaeth, ac yn erbyn fy nghyngor cafodd cyflymder gyrru yr ardal dan sylw ei gwtogi i 40 milltir yr awr. O ganlyniad i'w penderfyniad, a oedd yn fy marn i yn hollol anghyfrifol, dywedais wrth gadeirydd y pwyllgor na fyddwn byth eto yn gwneud yr un ymholiad i unrhyw gais a oedd ganddynt i osod gwaharddiad cyflymder ar unrhyw hewl yn yr ardal oherwydd, yn fy nhyb i, fe fyddai'n wastraff amser. Ystyriwn y penderfyniad hwn yn weithred o grafu cefnau ei gilydd, arferiad a oedd, yn ôl y sôn, yn eithaf poblogaidd ymysg cynghorwyr. Nid y pwyllgorau hyn oedd â'r cyfrifoldeb am ddynodi'r cyflymder ar briffyrdd ond yn hytrach y Swyddfa Gartref, ac felly y corff hwnnw oedd â'r cyfrifoldeb am benderfynu'r cyflymder cyfreithlon ym mhob pentref ar hyd pob priffordd.

Un arall o'm dyletswyddau oedd gwneud yn siŵr fod y peiriant Alcotest R80 yn gweithio'n iawn. Roedd tri ohonynt yn yr ardal – un yng ngorsaf heddlu Llanelli, un yng ngorsaf heddlu Rhydaman a'r llall yng ngorsaf heddlu Ystradgynlais. Roedd yn ofynnol arnaf ymweld â'r rhain unwaith yr wythnos a gwneud yn siŵr eu bod yn gweithio'n iawn. Yn ystod fy nghyfnod yn Llanelli, ni chofiaf am unrhyw nam ar yr un o'r tri.

Streic y glowyr oedd un o'r digwyddiadau mwyaf trist i mi ymwneud ag ef yn ystod fy ngyrfa. Dechreuodd y streic ym mis Mawrth 1984 ac roedd mwyafrif glowyr de Cymru o blaid y streic. Gan fod rhai o lowyr glofa Cynheidre eto i ymuno â'r streic, cafwyd llawer o bicedwyr yn crynhoi yno'n ddyddiol. Glowyr lleol oedd y rhan fwyaf o'r rhain. Penderfynwyd cadw'r picedwyr ymhell o fynedfa'r lofa er mwyn sicrhau na fyddai gwrthdaro. Yn wir, ni chafwyd llawer o broblem gan y picedwyr, a roddai'r bai am y streic ar ystyfnigrwydd Arthur Scargill, arweinydd y glowyr, a Margaret Thatcher, y Prif Weinidog. Yn ddiarwybod i mi, nid oedd y picedwyr yn ennill yr un geiniog pan oeddent ar streic. Fel yr aeth y streic yn ei blaen, daeth yn amlwg fod llawer o'r streicwyr a'u teuluoedd yn newynu. O'r herwydd, roedd rhai ohonynt am fynd yn ôl i'w gwaith ond bod arnynt ofn gwneud hynny rhag iddynt gael eu galw'n 'sgabs'. Roedd y sefyllfa yn drist ofnadwy ac roeddwn yn teimlo drostynt.

Erbyn hyn nid oedd neb yn gweithio yn Cynheidre ond byddai'r picedwyr yno'n ddyddiol. Cyn hir penderfynodd rhai o'r glowyr dorri'r streic a mynd yn ôl i'w gwaith. Ar y dechrau, dim ond dau neu dri a wnaeth hyn. Gwnaeth hyn y sefyllfa yn un drydanol, gyda bws yn dod heibio iddynt a'u cludo i'w gwaith. Acth yr wybodaeth fel tân gwyllt drwy'r wlad ac o fewn dyddiau roedd picedwyr mewn moduron o ardaloedd yng ngogledd Lloegr yn yr ardal ac yn dilyn y bws bob bore. Er nad oeddent yn torri'r gyfraith, perai hyn dipyn o ofid i ni, er ein bod yn ymwybodol o enwau perchenogion y moduron. Aeth hyn ymlaen am rai wythnosau, gyda nifer y glowyr fyddai'n torri'r streic yn cynyddu. Rhaid oedd i'r bws yma gael ei hebrwng gan fodur yr heddlu bob bore a nos. Yn ystod y cyfnod yma, byddwn yn dechrau fy ngwaith am bump o'r gloch y bore ac yn gorffen am saith o'r gloch y nos.

Cofiaf yn iawn am Arthur Scargill yn dod i annerch cannoedd o lowyr yn neuadd bentref Pontyberem. Dim ond fi ac un heddwas arall oedd yn agos i'r lle. Fel y gellir dychmygu, nid oedd yn bosib i ni fyned i mewn i'r neuadd ond roedd yn amlwg bod y dyrfa mewn hwyliau brwdfrydig iawn cyn araith Arthur Scargill, ond nid felly ar ôl ei araith. Daeth yn amlwg bod eu haberth a'u dioddefaint wedi bod yn hollol ofer. Ychydig ddyddiau ar ôl hyn daeth y streic i ben, ac roeddwn yn falch o hynny.

***

Fel pennaeth yr adran draffig yn Llanelli, byddwn, yn ogystal â phenaethiaid adrannau eraill yr ardal, yn cael fy ngalw i ystafell Mr Murphy bob tro y byddai eisiau naill ai ringyll neu arolygydd newydd yn ei ardal. Yr un fyddai ei gwestiynau i ni ar bob achlysur. Er bod y ddau ringyll oedd yn adran y traffig yn gymwys i fod yn arolygwyr ac y gwnaent arolygwyr penigamp, nid oedd am eu hystyried i fod yn arolygwyr ar y stryd oherwydd eu bod yn aelodau o adran y traffig ac felly dim ond i fod yn arolygwyr ar adran y traffig yr oeddent yn gymwys. Mewn sefyllfa debyg, roedd cwnstabl arall yn yr adran yn gymwys i fod yn rhingyll ond oherwydd ei fod yn aelod o adran y traffig ni fyddai'n ei ystyried i fod yn rhingyll ar y stryd.

Bu llawer o ddadlau rhyngom am hyn, ond dyma oedd ei safiad ac nid oedd am newid. Roedd y ffaith nad oedd plismyn yr adran yn cael yr arolygiaeth iawn yn fy mhoeni ac o ganlyniad byddwn byth a beunydd yn dweud wrth Mr Murphy am hyn, ond yn ofer. Nid oeddwn i nac ychwaith y Rhingyll Derek Thomas, sef y rhingyll traffig yn Llanelli, yn gwybod faint nac ychwaith pa waith roeddent yn ei wneud. Roeddwn yn gwybod nad oedd gan y pum rhingyll oedd â chyfrifoldeb am y stryd lawer o ddiddordeb yn eu gwaith gan nad oeddent yn cael unrhyw oruchwyliaeth.

Ar ôl un o'm sgyrsiau gyda Mr Murphy yn ymwneud â hyn, nid oes gen i unrhyw amheuaeth nad aeth ati i wneud ymchwiliad i waith y plismyn traffig. Galwodd fi i'w ystafell a dweud wrthyf bod yna un o heddweision adran y traffig yn Llanelli nad oedd yn gwneud gwaith o gwbwl. Galwodd ef yn bwdryn gan roddi cyfarwyddyd i mi ei daflu o'r adran. Dywedais am y cyfarwyddyd hwn wrth y Rhingyll Thomas, a gofyn iddo adael ei enw allan o'r rhestr oriau gwaith am y mis canlynol. Dywedais wrtho hefyd y byddwn yn rhoi gwybod i'r heddwas am hyn. Atebodd y Rhingyll Thomas fi gan ddweud nad oedd yn meddwl y byddai hyn yn digwydd oherwydd cysylltiadau y cwnstabl yma, gan ddweud ei fod 'yn un ohonyn Nhw'. Dywedodd ei fod yn gwybod ei fod yn aelod o'r Seiri Rhyddion ac efallai'n aelod mewn mwy nag un gangen. Methwn dderbyn hyn a dywedais wrtho am wneud yn ôl dymuniad Mr Murphy.

Yn y cyfamser, cefais air efo'r cwnstabl gan ddweud wrtho'r rheswm pam roedd yn mynd yn ôl i weithio ar y stryd a beth yr oedd Mr Murphy wedi'i ddweud wrthyf. Ei ateb oedd 'We'll see about that.' Gofynnais iddo beth yr oedd yn ei feddwl ond ni wnaeth fy ateb. Rai diwrnodau ar ôl hyn, galwodd Mr Murphy fi i'w ystafell unwaith eto gan ddweud wrthyf am anghofio'r cyfarwyddyd a roddodd i mi ynglŷn â thaflu'r cwnstabl dan sylw o adran y traffig. Gofynnais iddo'r rheswm pam roedd wedi newid ei feddwl. Atebodd nad oedd yn briodol i mi ei groesholi ef.

Bûm yn pendroni llawer am hyn, yn enwedig yr hyn roedd y Rhingyll Thomas wedi'i ddweud wrthyf am gysylltiadau yr heddwas yma. Golygai hyn fod ganddo 'ffrindiau' mewn 'uchelfannau' – ffrindiau a oedd yn amlwg mewn sefyllfa fwy pwerus na'r prif uwch arolygydd. Nid oedd cyfarwyddyd swyddog o'r radd yma'n golygu dim iddo. Nid oeddwn yn credu'r fath beth a theimlwn yn sâl. Pan ddywedais hyn wrth y Rhingyll Thomas, ei ateb oedd 'Beth ddywedes i?' Bu'r digwyddiad hwn ar fy meddwl am weddill fy nghyfnod yn yr heddlu. Roedd yr holl beth yn drewi.

Cafodd rhan olaf yr M4 ei hagor ym Mhont Abraham yn ystod fy nghyfnod yn Llanelli ac roeddwn yn bresennol yn yr agoriad swyddogol. Er bod rhan o'r draffordd o gyffordd

Llanelli cyn belled â Phont Abraham yn ardal Heddlu Dyfed-Powys, penderfynwyd, gan fod Heddlu De Cymru yn ei phatrolio'n barod, y byddai'n well pe byddent yn ei phatrolio cyn belled â Phont Abraham. Dyma'r sefyllfa hyd heddiw.

Rhyw dri mis ar ôl penodiad David Shattock fel prif gwnstabl, ac yntau eisoes yn ddirprwy brif gwnstabl, galwodd fi i'w swyddfa yn y pencadlys yng Nghaerfyrddin. Dywedodd wrthyf ei fod wedi darllen fy adroddiad blynyddol a'i fod ef o'r un farn â mi y dylai'r arolygydd a'r rhingyll traffig fod yn gyfrifol am heddweision yr adran. Roedd wedi rhoddi ystyriaeth fanwl i'r peth ac wedi dod i'r penderfyniad fod mwy o eisiau swydd arolygydd yn Llanbed. Roedd arno hefyd eisiau arolygydd i gysylltu ag aelodau'r wasg. Rhoddodd ddewis rhwng y ddwy swydd i mi. Heb feddwl ddwywaith, dywedais wrtho y byddwn yn dewis bod yn arolygydd yn Llanbed. Roedd yn gwybod fy mod yn frodor o'r ardal a dywedodd mai mynd yno yr oeddwn i ailsefydlu swydd yr arolygydd, swydd nad oedd wedi bod yno ers llawer blwyddyn, ac y byddwn yn dod yn ôl i'r pencadlys ar ôl tri mis pan fyddwn yn brif arolygydd gyda chyfrifoldeb am yr adran trafnidiaeth, rheolaeth a diogelwch ffyrdd. Yn ôl fy nymuniad, daeth plismyn adran y traffig unwaith eto o dan reolaeth y rhingyll traffig, fel y dylai fod wedi bod ers blynyddoedd. Gyda fy ymadawiad, roedd penaethiaid pob adran yn nalgylch Llanelli yn awr yn gyn-heddweision heddlu yr hen sir Benfro. Roedd Murphy wedi edrych ar eu holau'n dda.

Heddlu Llanbed

DECHREUAIS FY SWYDD newydd yn Llanbedr Pont Steffan ym mis Ebrill 1986 ac, yn rhyfedd iawn, roeddwn unwaith eto'n gweithio o dan oruchwyliaeth Delme Evans, a oedd erbyn hyn yn uwch arolygydd yn Aberystwyth. Nid oedd swydd arolygydd wedi bod yn Llanbed ers rhai blynyddoedd ac roedd ystafell yr arolygydd yn hollol wag, heb unrhyw ddodrefn. Yn ôl y sôn, roedd y rhain wedi cael eu cludo, gyda'r cyn-arolygydd, i orsaf heddlu Aberteifi, lle roedd wedi cael ei benodi yn brif arolygydd. Golygai hyn fod yna un arolygydd ac un prif arolygydd yn Aberteifi. Roedd ganddynt gyfrifoldeb am blismona ardaloedd Aberteifi yn ogystal ag ardaloedd Llanbed, Aberaeron a Thregaron. Yn amlwg, nid oedd hyn yn gweithio ac yn fy marn i roedd yn ffolineb llwyr.

Pan ddaeth David Shattock i'r adwy, gwelodd hyn ac fe ddiddymwyd swydd y prif arolygydd yn Aberteifi ac ailsefydlu swydd arolygydd yn Llanbed. Yr adeg yma roedd ardal Llanbed, a oedd yn cynnwys ardaloedd Tregaron a Llandysul, yn cael ei phlismona gan ddau ringyll a chwe chwnstabl, ac ardal Aberaeron yn cael ei phlismona gan un rhingyll a thri chwnstabl. Roedd yna hefyd un rhingyll a dau gwnstabl yn adran y CID yn Llanbed. Nid oedd yr ardal yn cael ei phlismona o gwbwl ar ôl un o'r gloch y bore, a heddlu adran y traffig yn Aberteifi oedd yn gyfrifol am wneud hynny. Roedd disgwyl i un modur gyda dau heddwas oedd wedi'u lleoli yn Aberteifi blismona ardaloedd Llanbed ac Aberteifi yn hollol annigonol. Dywedais hyn wrth Raymond White, y dirprwy brif gwnstabl newydd, ar ei ymweliad cyntaf â Llanbed, gan gynnig bod pedwar o'r wyth cwnstabl a oedd yn adran y traffig yn Aberteifi, yn ogystal â dau gar patrôl, yn cael eu lleoli yn Llanbed. Cytunodd ac o fewn y mis roedd y symudiad wedi digwydd. Golygai hyn y byddai'r ardal yn cael ei phlismona 24 awr y dydd, fel y dylai fod, a hynny gan heddweision a oedd wedi'u lleoli yn Llanbed. Roedd y sefyllfa'n un ddelfrydol, gyda'r holl blismyn a'r pedwar rhingyll yn Gymry Cymraeg ac yn byw'n lleol. Roedd yna hefyd un ddynes bwysig iawn yn yr orsaf. Hon oedd Mrs Ewing, y derbynnydd ar y ddesg ffrynt. Hi hefyd oedd y teipydd, a bu o gymorth mawr i mi yn ystod fy nghyfnod yno.

Roedd dwyn defaid yn broblem enfawr yn ardaloedd Llanbed, ac wedi bod yn digwydd cyn fy nyfodiad yno. O ganlyniad, roedd mudiad Gochel Ffermydd wedi'i sefydlu. Roeddwn o'r farn efallai fod hyn yn rhemp oherwydd nad oedd heddweision wedi bod yn patrolio'r ardal yn ystod yr oriau mân, neu efallai fod ffermwyr yn gwneud cwynion ffug am wahanol resymau. Er mwyn cael mwy o grantiau byddent yn dweud wrth y Weinyddiaeth Amaeth fod ganddynt fwy o ddefaid nag oedd ganddynt, a phan ddeuai'n amser i swyddogion y weinyddiaeth gyfri'r defaid a gweld nad oedd y rhifau'n cyfateb, byddent yn dweud eu bod wedi cael eu dwyn. Byddent yn riportio'r drosedd i'r heddlu a hefyd yn gwneud cais am eu colled i'r cwmni yswiriant. Dywedais fy marn wrth y pedwar ffermwr a oedd â chyfrifoldeb am y mudiad Gochel Ffermydd, gan ddweud wrthynt y byddwn, o hyn ymlaen, yn gwneud ymchwil drwyadl i bob achos o ddwyn defaid a fyddai'n cael ei riportio. Yn ddiddorol, dim ond un achos a ddaeth i'm sylw y flwyddyn ganlynol, ac roedd hwnnw'n un dilys. Yn amlwg, fe weithiodd un peth neu'r llall.

Er fy mod i wedi bod yn mynychu cinio uwch swyddogion heddlu Llanelli yn flynyddol, nid oeddwn erioed wedi bod mewn cinio a dawns yr heddlu yn Llanbed ac felly nid oeddwn yn gwybod beth i'w ddisgwyl. Dim ond am gyfnod byr yr oeddwn i wedi bod yn Llanbed cyn cynnal y cinio a'r ddawns. Ffoniodd Raymond White fi ar y diwrnod gan ofyn imi aros amdano cyn mynd i'r ddawns. Darganfyddais fod yna 'Brif

Fwrdd' i'w gael a'm bod i a'm gwraig yn eistedd ar hwnnw yn y canol yn ymyl Mr a Mrs White. Nid oedd hyn yn fy mhlesio ond ni ddywedais air am hyn wrth fy ngwraig. Ar ôl aros am ychydig amser mewn rhes gyda gwybodusion yr ardal a oedd hefyd ar yr un bwrdd, cawsom ein galw i mewn. Roedd pawb yno ar eu traed yn clapio. Wrth weld hyn, meddyliais am y wraig, oherwydd ei bod yn swil ofnadwy a ddim yn gyfarwydd â phethau fel hyn. Ar ôl ciniawa, gofynnwyd i Raymond White annerch y gynulleidfa. Gwnaeth hyn yn odidog am ryw ddeg munud. Yna, heb unrhyw rybudd blaenorol, galwodd arnaf i i'w hannerch. Edrychais arno fel petawn yn gofyn iddo a oedd o ddifri. Nid oeddwn wedi paratoi na meddwl y byddwn yn dweud gair. Roeddwn yn teimlo fel mynd i'r tŷ bach, ond roedd yn rhaid i mi ddweud rhywbeth. Arhosais ar fy nhraed a thra bod y gynulleidfa'n clapio meddyliais beth gallwn ei ddweud. Hyd heddiw, does gan y wraig na minnau ddim syniad beth a ddywedais ond cofiaf Mr White yn rhoi ei law ar fy ysgwydd. Daeth y noson i ben yn hwylus iawn gyda llawer o arian wedi'i godi at achosion da yr ardal.

Rhyw fis o amser wedi i mi gyrraedd Llanbed roeddwn wedi cymryd ffansi at dŷ oedd ar werth ym mhentref Llanwnnen, a heblaw am addewid y prif gwnstabl ynghylch y swydd yng Nghaerfyrddin fe fyddwn wedi cynnig ei brynu. Gan imi gael fy siomi dair gwaith ynghynt gydag addewidion i'm dyrchafu, ffoniais Mr Shattock gan ddweud wrtho am y tŷ a'm bwriad i gynnig ei brynu. Dywedodd wrthyf y byddwn yn ffôl i wneud hynny oherwydd y byddwn yn dychwelyd i Gaerfyrddin i weithio o fewn byr amser. Dywedodd hefyd na fyddai ef byth yn 'mynd yn ôl ar ei air'. Yn ôl ei gyngor, ni wnes gynnig i brynu'r tŷ ac o fewn ychydig amser cafodd ei werthu.

Roedd dydd fy nyrchafiad a'm symudiad i Gaerfyrddin yn nesáu ond ni ddaeth gair, a hynny oherwydd digwyddiad yn ymwneud â phrif arolygydd 'y sgwad' yn Abertawe yn ystod ymweliad Arolygwr ei Mawrhydi â'r uned honno. O ganlyniad i'r digwyddiad, cafodd y prif arolygydd a oedd â chyfrifoldeb am yr adran yn Abertawe ei symud i Gaerfyrddin i weithio. Golygai hyn fod fy ngobaith am ddyrchafiad yn yr heddlu wedi dod i ben a hynny oherwydd un weithred amheus gan swyddog arall. I wneud pethau'n waeth, roedd y tŷ yr oeddwn wedi cymryd ffansi ato yn Llanwnnen wedi'i werthu. Roeddwn yn siomedig iawn, a dweud y lleiaf, yn enwedig gan nad oedd Mr Shattock wedi cysylltu â mi i ymddiheuro am dorri ei addewid. Teimlwn i mi gael fy nghosbi am ddrwgweithred heddwas arall.

Gwelais Mr Shattock pan ymwelodd â Llanbed rhyw bythefnos ar ôl hyn, adeg gêm rygbi rhwng tîm rygbi'r heddlu a thîm Llanbed. Gofynnais iddo paham yr oedd wedi torri ei addewid. Atebodd nad ef oedd yn gyfrifol am y symudiadau a oedd wedi digwydd. Teimlwn fel gofyn iddo pam nad oedd y prif arolygydd wedi cael ei gosbi am gamarwain Arolygwr ei Mawrhydi, ond penderfynais nad oedd pwrpas trafod y mater ymhellach. Oedd pwerau allanol ar waith yma? Daeth achos y cwnstabl traffig yn Llanelli yn fyw i'r cof, ond meddyliais fy mod yn ffôl i feddwl y fath beth.

Wrth lwc, er fy siom, roeddwn yn hapus iawn yn fy swydd fel arolygydd Llanbed. Roeddwn yn feistr arnaf i fy hun ac nid oedd Delme Evans yn ymyrryd dim â'm gwaith, nac ychwaith â'r ffordd roedd dalgylch Llanbed yn cael ei blismona. A dweud y gwir, pe na byddai'r prif gwnstabl wedi gwneud ei addewid byddwn wedi bodloni aros yma fel arolygydd tan fy ymddeoliad. Ond nid felly y daeth fy ngyrfa i ben.

Roeddwn o'r farn, os oedd tafarndai'n dawel a di-drais yna nid oedd eisiau llawer o ymweliadau gan yr heddlu arnynt. Dyma oedd sefyllfa mwyafrif tafarndai gwledig yr ardal. Er fy mod yn ymwybodol bod yfed ar ôl amser yn digwydd yn llawer o'r rhain, nid oedd hyn yn achosi unrhyw ofid i mi. Dyma oedd y sefyllfa yn y Red Lion, Cwrtnewydd, ym Mhenbontbren yn Dre-fach ac yn nhafarn yr Hafod, Gorsgoch.

Un dydd cefais alwad ffôn gan Mr White, y dirprwy brif gwnstabl, yn dweud ei fod wedi cael cwyn gan un o'r tafarnwyr lleol bod ei dafarn ef yn cael ymweliadau cyson gan yr heddlu ond nad oedd y tri thafarn uchod yn cael yr un ymweliad gan fy mod i'n dod yn wreiddiol o ardal Cwrtnewydd. Er mwyn gallu rhoi ateb cadarnhaol i'r gŵr, gofynnodd Mr White a fyddwn cystal â sicrhau bod ymweliadau'n cael eu gwneud â'r tafarndai hyn yn y dyfodol agos. Cefais air gyda'r rhingyll oedd ar ddyletswydd a gofynnwyd i'r ddau heddwas oedd â chyfrifoldeb am yr ardal wneud yr ymweliadau.

Roedd hi'n ddiwrnod Carnifal Llanybydder ac roedd y Rhingyll John Jones a minnau wedi ymweld â holl dafarndai'r pentref ac wedi sicrhau bod popeth yn iawn yno. Penderfynais ymweld â thafarn Penbontbren, Dre-fach, sef tafarn leol fy nhad. Roedd hi'n amser cau ac roedd y drws ffrynt led y pen ar agor. Cerddais i mewn, ac roedd pedwar cwsmer yno, a'r pedwar yn ffrindiau i Nhad. Wrth fy ngweld, dywedodd un o'r rhain wrth y dafarnwraig, 'Edrych pwy sy 'ma, Ken mab Tom.' Y cwestiwn nesaf oedd 'Beth ti'n yfed?' Ni thalais sylw i'w gynnig. Roedd y dafarnwraig wedi bod yn yfed ac ni wnaeth lawer o sylw o'm presenoldeb ond pan welodd fy iwnifform dywedodd, 'So ni wedi gweld neb ers blynydde a ma dou o'r diawled wedi bod 'ma heddi.' Wnes i ddim ymateb i'w sylw, dim ond dweud wrth ei chwsmeriaid 'yfed lawr'. Yn ddiarwybod i mi, roedd yr heddwas lleol hefyd wedi ymweld â'r lle ychydig yn gynharach.

Roedd tafarn y Red Lion, Cwrtnewydd hefyd ar agor a'r canwr gwlad lleol yn canu yno. Roedd llawer o'm hen ffrindiau yn yfed ac yn gwrando arno. Roedd hyn ar ôl yr amser penodedig i dafarndai fod ar agor, ond pe byddai gan y tafarnwr drwydded fiwsig yna fe fyddai'n cael bod ar agor am amser ychwanegol. Dim ond pan fyddai rhywun yno'n diddanu y byddai'r rheol hon mewn grym.

Wrth i mi fynd i mewn i'r tafarn aeth pawb yn dawel. Galwais ar y tafarnwr i ddod i gael gair, gan ofyn iddo a oedd ganddo drwydded fiwsig gan fod ganddo rywun yno'n diddanu. Daeth yn amlwg nad oedd ganddo un. Roeddwn o'r farn ei fod yn meddwl y gallai fod ar agor am awr ychwanegol pe byddai rhywun yn diddanu yn ei dafarn. Erbyn i mi egluro'r gyfraith iddo roedd ei gwsmeriaid i gyd wedi ffoi trwy ddrws y cefn yn union fel roeddwn yn tybied.

Er ei bod yn nos Sadwrn a bod tafarn Cefn Hafod, Gorsgoch yn un o dafarndai mwyaf poblogaidd yr ardal, daeth yn dipyn o sioc i mi weld bod y lle ar gau. Yn fy marn i, roedd rhywun wedi rhybuddio'r tafarnwr ein bod ar hyd y lle.

Roedd tafarndy'r Mynach, Cribyn yn dafarn wledig arall o fewn dalgylch heddlu Llanbed, ac roeddwn am ymweld â hwn hefyd cyn rhoddi fy ymateb i Mr White. Es yno tua hanner nos un nos Sadwrn a'i gael ar agor. Yn mwynhau yn y bar roedd dau o'm ffrindiau agos a phedwar arall yn dathlu pen-blwydd un ohonynt. Wrth fy ngweld, aeth y lle'n dawel a gwedd y chwech, a'r tafarnwr, yn llwyd. Gofynnais i'r tafarnwr a oedd ganddo estyniad i'r oriau agor. Atebodd nad oedd ganddo'r fath estyniad ond nad oedd yr un o'i gwsmeriaid wedi talu am unrhyw ddiod ar ôl amser cau ac mai ef oedd yn gyfrifol am hynny. Yn amlwg, roedd yn gwybod am reolau'r gyfraith a chan nad oeddwn wedi gweld unrhyw arian yn cael ei drosglwyddo i dalu am ddiod, nid oedd unrhyw drosedd wedi digwydd. Ar ôl ei gynghori, gadewais y lle.

Oherwydd presenoldeb cyson yr heddlu o fewn tref Llanbed roedd y rhan fwyaf o'r tafarnwyr yn cadw o fewn rheolau'r gyfraith. Tua hanner nos un nos Sadwrn roedd y Rhingyll Dennis Jones a minnau yn cerdded y tu allan i'r Royal Oak pan glywsom y canu mwyaf bendigedig yn dod o'r tu mewn. Roeddwn yn gwybod yn union pwy oedd perchennog y llais a thybiwn fod perchennog y lle'n chwarae un o'i recordiau. Roedd lliain wedi'i dynnu dros ffenestr y bar a heblaw am un cornel nid oedd modd gweld i mewn. Er bod golau'r bar yn wan iawn, gallwn weld bod rhyw chwech o ddynion yn yfed yno. Gallwn weld hefyd nad record oedd yn cael ei chwarae a bod perchennog y llais yno ac yn canu. Oherwydd bod y drysau i gyd ar glo, roedd hi'n amhosib cael mynediad. Pan oeddwn yn pendroni beth i'w wneud, agorodd y tafarnwr un o'r drysau i adael cwsmer allan. Heb feddwl ddwywaith, gafaelwyd ynddo, a chydag ef yng ngofal y rhingyll cerddais i mewn i'r bar wedi diosg fy het.

Cymerodd rai eiliadau i wraig y tafarn, a oedd y tu ôl i'r bar, sylweddoli fy mod yno. Dywedais wrthi adael i'r canwr orffen canu cyn rhoddi'r golau mawr ymlaen. Roedd chwech o ddynion lleol yno. Nid oedd yr un ohonynt yn feddw, ond yn hytrach yn cwmnïa ac yn mwynhau'r canu. Atgoffais y dafarnwraig o'r amser cyfreithlon i werthu'r ddiod gadarn gan gynghori i'w chwsmeriaid 'yfed lawr' a mynd adref. Rhaid cofio, cyn cael llwyddiant mewn llys barn, ei bod yn angenrheidiol profi bod tafarnwr wedi gwerthu diod i'w gwsmeriaid ar ôl yr amser priodol. Yn absenoldeb y dystiolaeth yma, a chyda'r tafarnwr yn gwadu'r drosedd, byddai'n anodd ei gael yn euog. Gwell o lawer oedd eu rhybuddio felly.

Y bore Llun canlynol, ffoniais Mr White gan ddweud wrtho bod y tafarndai i gyd wedi cael ymweliad ac nad oedd unrhyw drosedd wedi'i darganfod. Ni wnaeth yr ymweliadau yma ddim drwg o gwbwl i'r ardal ac fe'u gwnaed yn rheolaidd ar ôl hyn.

***

Roeddwn wedi bod yn fy swydd yn Llanbed am ryw ddeufis pan ddaeth un o wŷr mwyaf poblogaidd yr ardal ataf. Ar y pryd roeddwn ar ddyletswydd ac yn cerdded ar y stryd fawr. Gofynnodd i mi yn Saesneg, 'When are you going to join us now, Inspector?' Gofynnais iddo beth yr oedd yn ei feddwl ac atebodd, 'The Lodge.' Dywedais wrtho nad oeddwn yn gallu gwneud hynny oherwydd fy swydd fel heddwas. Ei ymateb, eto yn Saesneg, oedd 'It will be to your detriment if you don't, mind.' Ni chymerais lawer o sylw o'i eiriau ar y pryd, ond ar ôl mynd yn ôl i'r swyddfa roeddwn yn difaru na fyddwn wedi gofyn iddo beth roedd yn ei feddwl.

Un bore Sul pan oeddwn yn edrych allan drwy ffenestr fy swyddfa, daeth i'm sylw fod llawer o foduron wedi'u parcio ar yr ochr arall i'r stryd. Yn dyfod allan o un o'r rhain roedd hen ffrind pysgota a rygbi i mi o Gaerfyrddin. Gwaeddais arno gan ofyn iddo beth roedd yn ei wneud yn Llanbed. Gan bwyntio at gapel Seilo, dangosodd i mi flwch dal ffeiliau roedd yn ei gario. Daeth yn amlwg ei fod yn mynd i fynychu cyfarfod yn y capel. Dywedais wrtho am alw yn fy swyddfa cyn iddo fynd adref. Felly y bu. Dywedodd wrthyf ei fod wedi mynychu gwasanaeth y Seiri Rhyddion yn y capel a'i fod ef yn uwch swyddog yn y mudiad. Yn ystod ein hymgom, dywedodd wrthyf y byddai o fantais i mi ymuno â'r mudiad. Pan ddywedais wrtho fod hynny'n amhosib oherwydd amodau fy swydd, atebodd fod llawer o uwch swyddogion yr heddlu yn aelodau'n barod ond nid enwodd yr un ohonynt. Soniodd fod adran gref yng ngwaelod y sir a bod mwyafrif heddlu'r ardal yn aelodau. Ni ddaeth hyn yn sioc i mi. Cynigiodd fy enwebu gan ddweud y byddai'n rhwydd i mi gael fy nerbyn. Cyn mynd, dywedodd eto y byddai o fantais i mi ymuno â'r mudiad. Addewais y byddwn mewn cysylltiad ag ef.

Bu'r ymgom hon a'r ymgom a gefais ddyddiau ynghynt yn stryd fawr Llanbed yn chwarae tipyn ar fy meddwl. Daeth achos yr heddwas yn Llanelli eto i'r cof. Cwestiynais fy hun faint o rym oedd ganddynt ac a oedd aelodaeth o'r mudiad yn gyfrifol am ddyrchafiad llawer heddwas ac, os felly, a oedd hynny ar draul heddweision eraill. Gan nad oedd gen i unrhyw dystiolaeth o hyn, ni feddyliais ragor am y peth. Er hyn, roeddwn yn ddrwgdybus iawn o'r mudiad ac ar ôl edrych beth oedd ei bwrpas, a chan ddarganfod nad oedd tlodion yn gymwys i ymaelodi, des i'r penderfyniad mai mudiad ydoedd lle roedd yr aelodau'n edrych ar ôl ei gilydd a'i bod hi'n orfodol arnynt i wneud hynny. Er addo i'm hen ffrind y byddwn yn cysylltu ag ef, ni wnes hynny.

Gweithio yn Aberystwyth

AR AMBELL ACHLYSUR rhaid oedd i mi weithio am rai oriau yn Aberystwyth pan na fyddai'r ddau arolygydd yno. Dyma oedd y sefyllfa ar noswyl Nadolig 1987. Roedd angen i mi gadw golwg ar y lle o bump o'r gloch yr hwyr tan ddeg y noson honno. Ar ôl gweled y shifft nos yn mynd allan am ddeg o'r gloch, fy mwriad oedd dychwelyd i Lanbed ac, oddi yno, gartref i Gaerfyrddin.

Gan fod mam Shân y wraig yn byw yn Llanilar, penderfynais y byddai fy ngwaith yn Aberystwyth yn gyfle da iddi hi a'm merch-yng-nghyfraith fynd i'w gweld cyn y Nadolig. Dyna a fu. Gollyngais y ddwy yn Llanilar tua phump o'r gloch cyn mynd ar ddyletswydd i orsaf yr heddlu Aberystwyth yn hen swyddfa'r sir. Euthum i'w casglu tua chwarter i ddeg cyn picio'n ôl i Aberystwyth i gael gair â bechgyn y shifft nos. Pan adewais yr orsaf roedd y lle'n dawel ond pan ddychwelais roedd yn hollol wahanol. Roedd y ddau heddwas traffig yn delio ag achos ym Machynlleth, gyda rhingyll y shifft nos wedi'i alw i Ysbyty Bronglais. Golygai hyn mai dim ond un heddwas oedd ar ôl ar ddyletswydd i ddelio â holl achosion tref Aberystwyth. Dim ond tri mis o wasanaeth yn yr heddlu oedd gan yr heddwas felly nid oedd hi'n bosib i mi ei adael ar ei ben ei hun. Rhoddais wybod i'm gwraig, a oedd erbyn hyn yn aros amdanaf yn y car y tu allan i'r orsaf gyda'm merch-yng-nghyfraith, y byddwn yn ôl o fewn rhyw hanner awr ar ôl mynd allan gyda'r heddwas ifanc i ganol y dref ac ar ôl cysylltu â'r rhingyll. Roeddwn yn synnu mai dim ond un cwnstabl oedd ar ddyletswydd yn nhref Aberystwyth ar y noson cyn y Nadolig, a hwnnw'n gwnstabl hollol ddibrofiad.

Wrth gyrraedd yr Home Cafe yn Heol y Wig gwelwn fod

yno lawer o fechgyn ifanc wedi ymgasglu. Roedd ymladd wedi bod yno, ac un bachgen wedi'i gludo i'r ysbyty. Wrth lwc, roedd y rhingyll yno ac am ymweld â'r bachgen i weld ei ddoluriau a darganfod pwy oedd yn gyfrifol. Nid oedd yr un o'r bechgyn a oedd yn bresennol yn y stryd am wneud unrhyw ddatganiad. Roedd y dref yn ferw. O fewn eiliadau cawsom alwad i ddweud bod dynes wedi taflu ei hun i'r môr yng ngenau afon Rheidol. Roedd y môr yn arw iawn ac er chwilio'r ardal am rai oriau ni welsom hi. Toc wedi hanner nos gwelwyd corff yn y môr ger y pier. Erbyn hyn roedd tyrfa wedi ymgynnull yno gyda rhai ohonynt yn feddw ac yn ein galw'n llwfr am nad oeddem yn fodlon mynd i mewn i'r môr i geisio ei hachub. O fewn yr awr daeth criw y bad achub lleol o hyd i'r corff ac fe'i cludwyd i'r marwdy yn Ysbyty Bronglais.

Erbyn hyn roedd y rhingyll a'r ddau gwnstabl traffig wedi dychwelyd i'r orsaf. Golygai hyn y gallwn, o'r diwedd, fynd am adref, ond nid felly y bu. Pan oeddwn yn paratoi i adael, daeth galwad i'r orsaf i ddweud bod dynes ar goll ym mhentref Pontrhydfendigaid. Dywedais wrth y rhingyll y byddwn yn ymweld â'i chartref a'i pherthnasau ar fy ffordd yn ôl i Lanbed fel y gallai'r pedwar ohonynt hwy gael eu bwyd. Pe bawn yn gweld bod ei angen yna fe fyddwn mewn cysylltiad ag ef.

Yng nghwmni fy nwy deithwraig, cyrhaeddais Bontrhydfendigaid tua hanner awr wedi un y bore. Roedd perthnasau'r ddynes yn fy nisgwyl. Cefais wybod ei bod yn dioddef o iselder ysbryd difrifol ac roedd yn debygol ei bod wedi cymryd ei bywyd ei hun. Nid oedd wedi gadael yr un nodyn yn y tŷ i ddynodi hyn ond roedd un cwpwrdd yno a'i lond o dabledi iselder ysbryd. Yn ôl ei pherthnasau, nid oedd wedi cael ei gweld y diwrnod cynt. Oherwydd hyn, nid oeddwn yn gwybod ymhle i ddechrau edrych amdani. Gwnaethpwyd un archwiliad o'r afon gerllaw a hynny'n ofer. Penderfynais, pe byddai angen, y byddwn yn gwneud ymchwiliad manylach yn y bore ac yng ngolau dydd. Cyrhaeddom adref am bedwar o'r gloch y bore a dyna pryd y rhoddodd y wraig y twrci yn y ffwrn.

Tua naw o'r gloch ar fore Nadolig, ffoniais orsaf yr heddlu yn Aberystwyth i ofyn a oedd unrhyw newydd am y ddynes a oedd ar goll. Cefais wybod bod ei chorff wedi'i ddarganfod yn y môr yn Aberystwyth. Roedd hi wedi mynd gyda bws i Drefechan yn y prynhawn ac wedi mynd i mewn i afon Rheidol yn y fan honno. Golygai hyn bod cyrff dwy ddynes allan yn y môr yn Aberystwyth ar yr un pryd a hynny yn oriau mân bore dydd Nadolig. Ychydig a feddyliais ar y pryd y byddai'r heddwas ifanc a oedd yn fy nghwmni ar y stryd yn Aberystwyth y noson honno yn dod yn ŵr i fy merch ac felly yn fab-yng-nghyfraith i mi. Rhyfedd o fyd.

Ar achlysur arall pan oeddwn ar ddyletswydd yn Aberystwyth cafwyd gwybodaeth bod plant yn yfed mewn tafarn mewn pentref lleol yn nalgylch Llanbed. Gan fy mod ar fin mynd yn ôl i Lanbed a chan fod y ddau gwnstabl traffig yn Llanbed yn delio â digwyddiad arall, penderfynais alw yno i gael gweld y sefyllfa. Pan gyrhaeddais yno roedd hi tua hanner nos ac roedd hi'n amlwg bod parti wedi bod yno. Roedd llawer o fechgyn a merched y tu allan i'r tafarn a rhai o hyd yn y bar. Nid oedd yr un ohonynt yn yfed dim ac nid oedd neb yn feddw. Cefais wybod mai parti i ddathlu canlyniadau arholiadau Lefel O ydoedd. Tybiwn fod y mwyafrif ohonynt yn ddisgyblion ysgol tua 16 oed. Pan welodd y tafarnwr fi, rhedodd allan drwy ddrws y cefn gan ddweud ei fod yn mynd i'w foddi ci hun.

Gan nad oeddwn wedi gweld neb yn yfed yn y tafarn nac ychwaith wedi gweld y tafarnwr yn gwerthu diod iddynt, ni allwn wneud dim i'w cosbi, ond teimlwn ei bod yn ddyletswydd arnaf i gael gair gyda'r tafarnwr y diwrnod canlynol, ac felly y bu. Er iddo ymddiheuro ac addo na ddigwyddai'r fath beth fyth eto, teimlwn fod yn rhaid i mi godi ofn arno. Dywedais wrtho, pe byddai unrhyw dorcyfraith yn ei dafarn fyth eto, yna byddwn yn gwrthod ei gais am drwydded i werthu alcohol. Tybiwn fod y bygythiad wedi gwneud y tric.

Er nad oedd llawer o droseddu difrifol yn digwydd yn yr ardal, a hynny, yn fy marn i, oherwydd presenoldeb cyson heddweision, digwyddodd un digwyddiad erchyll yn Llythyrdy Cwmann un bore ym mis Mai 1987. Roedd y llythyrdy newydd agor pan ddaeth dyn i mewn yn gwisgo mwgwd ac yn cario llawddryll. Bu'n bygwth gwraig y llythyrdy ac o ganlyniad cafodd ei holl arian. Dihangodd ar gefn beic modur i gyfeiriad yr A40 yn Llanwrda. Aeth y neges ar unwaith i'r Ystafell Weithredol yng Nghaerfyrddin ac anfonwyd heddweision i chwilio amdano. Nid oedd modd rhoddi disgrifiad o'r lleidr heblaw ei fod wedi mynd i ffwrdd ar gefn beic modur bach. Ni wnaeth ymholiadau yn yr ardal ddwyn unrhyw ffrwyth. Nid oedd neb ychwaith wedi'i weld ar y ffordd i Lanwrda, felly es i a heddwas arall i bentref Ffarmers.

Yno cefais wybodaeth fod dyn yn berchen ar feic modur bach yn byw yn ymyl y pentref. Cawsom hefyd wybodaeth ei fod wedi mynd drwy'r pentref dair gwaith y bore hwnnw – unwaith tuag at Lanbed ac yna yn ôl i'w gartref ac wedyn drwy'r pentref unwaith eto. Cawsom hefyd wybodaeth ei fod yn gweithio yn ardal Llanfihangel-ar-Arth. Anfonwyd yr wybodaeth yma ar unwaith i'r Ystafell Weithredol ac o fewn ychydig amser cafodd un o blismyn traffig Caerfyrddin afael ynddo ar ben mynydd Llanybydder a chanddo lawddryll, a daflodd i ffwrdd pan gafodd ei stopio. Diweddglo boddhaol ond byddai'n llawer gwell pe na byddai wedi digwydd.

Daeth fy ngwaith i ben yn Llanbed yn weddol sydyn. Roedd Raymond White yn awr yn brif gwnstabl Dyfed-Powys ac roeddwn yn ymwybodol bod ganddo dipyn o feddwl ohonof. Galwyd fi i'w swyddfa yn y pencadlys yng Nghaerfyrddin a dywedodd wrthyf ei fod yn fy ngwneud yn brif arolygydd â chyfrifoldeb am ddiogelwch ffyrdd a rheolaeth traffig yn ogystal â'r Ystafell Weithredol. Gyda gwên sbengllyd ar ei wyneb, dywedodd y dylai hyn fod wedi digwydd dair blynedd ynghynt. Diolchais iddo ac ysgydwodd fy llaw. Roeddwn yn teimlo'n falch a hefyd yn grac wrth i addewid gwag Mr Shattock ddod i'r cof.

Oherwydd salwch uwch arolygydd yr adran, dechreuais fy

ngwaith yn y pencadlys ychydig ddyddiau ar ôl hyn. Roedd tri swyddog arall yn yr adran, sef prif uwch arolygydd a oedd yn gyfrifol hefyd am adrannau eraill yn y pencadlys, uwch arolygydd ac arolygydd a oedd â chyfrifoldeb am yr Ystafell Weithredol. Roedd gan y prif uwch arolygydd ysgrifenyddes bersonol ei hun. Hefyd yn yr uned roedd ysgrifenyddes gyffredinol ac un heddwas, a oedd hefyd yn yrrwr personol i Mr White. Nid oedd newid staff wedi bod yn yr Ystafell Weithredol ers saith mlynedd.

Bob bore byddwn yn rhoi gwybod i arolygydd yr Ystafell Weithredol pa ddigwyddiadau o bwys oedd wedi digwydd yn ardal Dyfed-Powys yn ystod y 24 awr flaenorol. Byddem yn rhoi crynodeb o'r rhain i'r prif uwch arolygydd, a fyddai yn ei dro yn dweud wrth y prif gwnstabl mewn cyfarfod yn ei ystafell rhyngddo ef a phenaethiaid adrannau eraill y pencadlys. Gan nad oedd llawer iawn o ddigwyddiadau difrifol yn digwydd yn yr ardal, byr iawn fyddai fy nghrynodeb dyddiol iddo.

Fy ngwaith pennaf oedd ateb llythyron, pentwr ohonynt, wedi'u cyfeirio at y prif uwch arolygydd. Golygai'r ffaith nad oeddwn yn cael defnyddio ei deipydd llaw fer ei bod yn angenrheidiol i mi ysgrifennu atebion i bob un ac yna'u hanfon i'r 'pŵl' i'w teipio. Dyma, yn fy marn i, wastraff amser llwyr. Dywedais hyn wrth y prif uwch arolygydd, ond roedd am ddangos ei bwysigrwydd a chadw ei deipydd, er ei bod yn segur y rhan fwyaf o'r amser, i wneud ei waith ef yn unig. Meddyliais am Mrs Newing yn Llanbed yn cymryd fy llythyron i gyd mewn llaw fer ac yn eu teipio ymhen ychydig funudau. Yma roedd yn rhaid i mi aros fy nhro, am rai diwrnodau ambell waith.

Ym Mehefin 1989 darganfuwyd cyrff Peter a Gwenda Dixon, gŵr a gwraig o swydd Rhydychen, ar lwybr yr arfordir yn ymyl Little Haven, sir Benfro. Roeddent wedi'u saethu. Fy ngwaith yn awr oedd gofalu bod yna uwch arolygydd yn bresennol yn Ystafell y Digwyddiad gyda chyfrifoldeb am y lle 24 awr y dydd. Credai uwch swyddogion y CID ar y pryd mai aelodau o'r IRA oedd yn gyfrifol am eu lladd ac oherwydd hynny ni wnaethpwyd unrhyw gysylltiad rhwng eu marwolaethau a marwolaethau Richard a Helen Thomas, Scoveston Manor, Aberdaugleddau, a oedd hefyd wedi'u saethu adeg y Nadolig 1985. Fel y gwyddom bellach, cafodd John Cooper, dyn o'r ardal, ei garcharu am oes ym mis Mai 2011 am ladd y pedwar. Rwy'n tybio hefyd ei fod wedi lladd dau arall, ond nid oes gen i'r dystiolaeth i brofi hynny.

Roeddwn i hefyd yn gyfrifol am ddiogelwch aelodau'r teulu brenhinol pan fyddent yn ymweld â'r ardal. Dyma oedd fy ngwaith pan ymwelodd Tywysog Cymru ag ysgol yn y Canolbarth. Daeth mewn modur i Lanfair-ym-muallt ac oddi yno yn ei hofrennydd i'w gyrchfan. Bu'n rhaid i mi fynd yn yr hofrennydd ar hyd yr union lwybr y byddai ef yn ei ddilyn, a hynny ddiwrnod cyn ei ymweliad. Gallaf yn awr ddweud fy mod wedi eistedd yn sedd Tywysog Cymru yn ei hofrennydd a hefyd wedi yfed coffi allan o'i gwpan!

Un diwrnod, galwodd Mr White fi i'w swyddfa. Gofynnodd pa welliant y byddwn yn ei wneud i'r heddlu gyda swm sylweddol o arian. Atebais y byddwn yn cyflogi mwy o heddweision a hefyd yn prynu mwy o foduron. Atebodd nad oedd hynny'n bosib gan fod ganddo'r nifer uchaf o foduron a heddweision a gâi ei ganiatáu yn barod. Dywedodd wrthyf fod ganddo yn ei feddiant swm sylweddol o arian o gronfa gwerthu tai yr heddlu a'i fod wedi cael dewis gan swyddogion y Swyddfa Gartref naill ai i'w ddefnyddio neu ei golli.

Gorchmynnodd fi i chwilio am brisiau hofrenyddion gan ddweud ei fod yn meddwl cael un i'r heddlu. Synnais glywed hyn a gofynnais iddo a oedd yn credu y byddai digon o ddefnydd iddo gan Heddlu Dyfed-Powys. Atebodd nad oedd am golli arian y tai. Yn ôl ei ddymuniad, ymchwiliais i brisiau hofrenyddion a gwneud adroddiad iddo. A minnau wedi bod yn gweithio yn yr Ystafell Weithredol am gyfnodau, roeddwn yn ymwybodol o'r holl droseddau difrifol a fu ac o ganlyniad nid oeddwn yn credu bod pwrpas cael hofrennydd. Yn fy nhyb i, ni ellid cyfiawnhau gwario arian mawr arno gan na fyddai braidd byth yn cael ei ddefnyddio.

O ganlyniad i bwysau gwaith, nid oeddwn yn awr yn medru ymweld yn aml iawn â'm mam na'm modryb a oedd yn byw yng Nghwrtnewydd. Gyda'r ddwy yn eu hwythdegau, byddent yn ffonio'n rheolaidd i ofyn pa bryd y byddwn yn dod i'w gweld. Roeddwn yn teimlo'n euog iawn am hyn ac roedd y ffaith fy mod i'n eu hesgeuluso ar fy meddwl o hyd ac yn peri gofid i mi.

Ymddeol

ROEDD GEN I'R hawl i ymddeol ar y cyntaf o Ionawr 1990, a hynny ar bensiwn llawn, pensiwn a oedd yn ddwy ran o dair o'm cyflog. Golygai hynny y byddwn yn gweithio ar ôl y dyddiad hwn am draean o'm cyflog presennol. Os felly, byddai cwnstabl ar ddechrau ei yrfa yn cael llawer mwy o gyflog na mi. Nid oedd aros yn yr heddlu yn gwneud llawer o synnwyr felly. Ar y llaw arall, ni fyddai'n orfodol i mi ymddeol am 12 mlynedd arall. Roeddwn yn gwybod bod Mr White yn awyddus i mi aros ond roedd sefyllfa fy mam a'm modryb yn fy ngofidio'n fawr. Ta beth fyddai fy mhenderfyniad, byddai'n rhaid i mi eu gweld a hynny'n weddol aml.

Roedd fy ngwraig a minnau mewn iechyd da ac roedd y tri phlentyn wedi gadael y nyth. Yr unig reswm, felly, dros aros yn yr heddlu ar ôl y dyddiad hwn oedd y posibilrwydd o gael dyrchafiad pellach. Nid oedd hynny yn fy mhoeni rhyw lawer ac ar ôl trafod y peth efo'm gwraig penderfynais y byddwn yn ymddeol o'r heddlu ar y cyntaf o Ionawr 1990. Roedd Mr White ar ei wyliau pan luniais y datganiad, a phan ddychwelodd roedd yn siomedig iawn o glywed am fy mhenderfyniad. Ceisiodd llawer uwch swyddog fy nghael i newid fy meddwl, gyda rhai'n dweud fy mod yn ffôl gan fod dyfodol disglair o'm blaen. Drwy ffynonellau eraill, cynigiodd Mr White i mi unrhyw swydd prif arolygydd roeddwn am ei chael, dim ond i mi aros. Er imi deimlo fy mod, i raddau, yn ei siomi, roedd ymweld â'm mam a'm modryb yn rheolaidd yn bwysicach o lawer i mi nag unrhyw addewid ac felly, ar y cyntaf o Ionawr 1990, ffarweliais â Heddlu Dyfed-Powys.

Roeddwn yn awr yn byw yng Nghwm-ffrwd, pentref y tu

allan i Gaerfyrddin. Roedd Elfyn, fy mab hynaf, wedi ymuno
â'r heddlu, yn briod ac yn heddwas yn Abergwaun. Roedd fy
merch Eleri hefyd yn briod – ei gŵr oedd y plismon ifanc a
oedd yn gweithio gyda mi ar noswyl Nadolig yn Aberystwyth
yn 1987. Roedd Emyr, fy ail fab, hefyd yn heddwas ac yn
gweithio yn Llanelli. Yn ystod fy nghyfnod fel arolygydd
yn Llanelli, daeth Emyr yn enwog fel chwaraewr rygbi i
dîm Athletig Caerfyrddin, ac oherwydd ei rediadau nerthol
cafodd y ffugenw 'Tarw'. Y pryd hynny roedd yn y chweched
dosbarth yn Ysgol Bro Myrddin. Ychydig amser wedi hynny,
a phan oeddwn yn arolygydd yn Llanbed, cafodd ei ddewis
i chwarae i dîm cyntaf Llanelli. Cyfeirid ato yn yr ardal fel
'mab Inspector Llanbed'. O fewn ychydig amser, ac yntau'n
ennill enwogrwydd, dechreuwyd cyfeirio ataf i fel 'tad Emyr
Lewis'. Rhyfedd o fyd!

Yn y cyfnod hwn, nid oedd y gêm yn broffesiynol ac yn
aml iawn gweithiai shifft nos ar ôl chwarae yn y prynhawn
neu gymryd ambell awr o wyliau o'r shifft fore er mwyn
cael chwarae yn y prynhawn. Nid oedd pethau'n rhwydd.
Yn ystod ei yrfa fel heddwas bu'n aelod o dîm rygbi Heddlu
Dyfed-Powys a enillodd gwpan her timau rygbi heddluoedd
Cymru a Lloegr. Chwaraeodd Emyr ran flaenllaw yn y
bencampwriaeth.

Roedd Llanelli o dan reolaeth Gareth Jenkins yn dîm
da iawn ac yn ennill bron pob cystadleuaeth. Dyma'r adeg
yr enillodd y tîm gêm yn erbyn tîm rhyngwladol Awstralia,
a oedd yr adeg honno'n bencampwyr byd. Er hyn, nid yw'r
fuddugoliaeth yma'n cael cymaint o gyhoeddusrwydd â'r gêm
yn erbyn y Crysau Duon. Yn 1991 enillodd Emyr ei gap cyntaf
dros ei wlad fel wythwr, y safle y chwaraeai ynddo i dîm
Llanelli. Yn y cyfnod hwnnw, disgwylid i'r 15 a ddewiswyd i
chwarae dros eu gwlad chwarae gêm gyfan ac aros ar y cae
am yr 80 munud. Yr unig bryd y caent eu heilyddio oedd pan
fyddai eu hanaf mor ddifrifol fel bod y meddyg yn gwrthod
caniatáu iddynt chwarae rhagor. Gwahanol iawn yw'r gêm
heddiw, pan fydd oddeutu 22 chwaraewr yn chwarae mewn

gêm a rhai ohonynt yn ennill cap am ymddangos ar y cae am rai munudau yn unig.

Ar ôl ennill ei bedwerydd cap, un nos Sul pan oedd Emyr yn gweithio shifft nos yn Llanelli, derbyniais alwad ffôn oddi wrth reolwr tîm rygbi tri ar ddeg Sain Helen. Gofynnodd am gael siarad ag Emyr, a oedd ar y pryd yn ei wely yn gorffwys cyn mynd i'w waith. Gyda Jonathan Griffiths wedi symud i chwarae i'r tîm yma ychydig fisoedd ynghynt, roeddwn yn amau fy mod yn gwybod beth oedd pwrpas yr alwad. Siaradodd y rheolwr gydag Emyr am dros awr. Ar ddiwedd eu sgwrs, dywedodd Emyr wrthyf na fyddai'n mynd i chwarae rygbi tri ar ddeg gan fod mwy o'i eisiau ar Gymru. Dywedodd, pe byddai pob chwaraewr da yn mynd i ogledd Lloegr i chwarae, yna ni fyddai gan Gymru dîm o unrhyw werth ar ôl. Wrth ei glywed yn dweud hyn, daeth lwmp i'm gwddf ac efallai ddeigryn neu ddau i'm llygaid. Dywedodd wrthyf ei fod wedi cael cynnig tâl gan Sain Helen oedd dros ddwywaith y cyflog roedd yn ei ennill yn yr heddlu yn ogystal â modur newydd a'i holl dreuliau.

Oherwydd anghytundeb rhyngddo ef a rheolwr newydd Llanelli, a hynny ar ôl penodiad Gareth Jenkins fel rheolwr tîm Cymru, aeth Emyr i chwarae i dîm y brifddinas, er bod ei galon o hyd yn nhîm y Sosban. O fewn ychydig amser, trodd y gêm yn broffesiynol ac o ganlyniad gorfu iddo orffen yn ei swydd fel heddwas. Yr un oedd yr amodau pan oedd Emyr yn yr heddlu ag oeddent pan oeddwn innau yno – ni allai heddwas gael swydd arall ar wahân i'w waith yn yr heddlu. Dychwelodd Emyr i chwarae i dîm Llanelli cyn i'w yrfa orffen, gan ennill 41 o gapiau dros ei wlad. Gan fy mod wedi ymddeol, medrwn ganlyn pob gêm yr oedd e'n chwarae ynddi.

***

Tra oeddwn yn gweithio yn y pencadlys yng Nghaerfyrddin, ac oherwydd bod tipyn o bwysau yn fy swydd newydd, chwiliais am rywle i ymlacio ar nos Sadyrnau. Cefais gyngor gan ddau hen ffrind i fynd am dro i dafarn y Prince of Wales ym Mhorthyrhyd ac na fyddwn yn difaru. Gwir oedd eu cyngor. Gan fod hyn yn y cyfnod cyn y gwaharddiad ar ysmygu mewn tafarndai, roedd y lle yn fwg sigarennau i gyd. Ond pa ots? Roedd y bwyd a'r cwmni yno heb eu hail. Bob nos Sadwrn byddai'r wraig a minnau'n cyrraedd y tafarn am tua saith o'r gloch. Roedd hyn ar ôl galw am Linda, gwidw ers llawer blwyddyn, a oedd yn byw yn Llanddarog. Byddai rhai o'r cwmni yno'n barod, gan gynnwys Phill a Zena, ffermwyr wedi ymddeol oedd yn byw y tu allan i Gaerfyrddin. Roedd gan Phill lais tenor ysgafn a'r gân a ganai wastad oedd 'Y Pren ar y Bryn'. Canai Gary a Rita, dau ysmygwr trwm o ardal Cefneithin, ddeuawdau, a'u cân yn amlach na pheidio fyddai 'Robin Bach'. Y lleill a fyddai yno oedd: Glyn a Marian; Wyn a Nia; Joan a Ron 'y Blodau' o Landdarog; Wyn Edwards, y cynghorydd sir lleol, a'i wraig Enid; John a Sian Bowen gyda Iona a John Greville, a fyddai'n canu yn ystod y nos; John a Sian Gibbon; ac weithiau byddai'r dyfarnwr rygbi rhyngwladol Nigel Owens yn galw heibio gydag ambell jôc a chân. Bryd hynny, crwtyn ifanc oedd Nigel. Ar ôl llond bol o fwyd blasus, yng nghanol y mwg, deuai Gom, chwaraewr yr organ, i'r lolfa. Roedd ef a'i wraig Sian wedi bod yn y bar yn barod ac wedi cael gwydraid neu ddau.

Ar ôl un neu ddau arall âi Gom at yr organ a oedd dan y stâr a dechrau chwarae. Dyma fyddai dechrau'r noswaith go iawn. Cymcrai'r rhan fwyaf ohonom ran yn y difyrrwch, naill ai drwy adrodd, dweud storïau neu ganu. Hanner ffordd drwy'r noson deuai John, perchennog y lle, i'r lolfa gan ganu caneuon Tom Jones, ond ei ffefryn mawr oedd y 'Scottish Soldier'. Aem oddi yno tua hanner awr wedi un ar ddeg, yn drewi o fwg, a Gom ddim mewn unrhyw gyflwr i chwarae rhagor. Ie, amser da oedd hwnnw, amser i'w gofio ac amser y tybiaf na welir ei debyg fyth eto.

Cyn fy ymddeoliad gwnes ymchwiliadau i'r posibilrwydd o wneud gwaith fel archwiliwr annibynnol neu *private investigator*. Roedd gen i ddigonedd o gysylltiadau ac ar ôl

217

rhyw fis o seibiant dyma ddechrau arni. Aeth y deufis cyntaf yn rhagorol, gyda rhyw bedwar neu bum achos yr wythnos i'w datrys. Ond ar ôl hynny aeth pethau o ddrwg i waeth, gyda dros 20 o achosion yr wythnos yn cael eu cyfeirio ataf. Byddai'n amhosib i mi ddelio gyda'r rhain i gyd heb help ac nid oeddwn am wneud hynny. Roeddwn mewn penbleth ynghylch beth i'w wneud. A finnau yn y sefyllfa honno, derbyniais alwad ffôn gan John Davies, clerc ynadon sir Ceredigion. Gofynnodd a fyddai diddordeb gen i ddechrau uned casglu arian dirwyon y llys a oedd heb eu talu. Golygai hyn y byddwn yn gweithio o swyddfa clerc yr ynadon yn Aberaeron ac felly'n medru galw gyda'm mam a'm modryb mor aml ag oedd angen. Daeth y cynnig yma, felly, fel pe bai rhywun yn ymwybodol o'm sefyllfa ac wedi creu'r swydd yn bwrpasol i'm hachub. Ar ôl y cyfweliad gan John Davies, nid oedd angen meddwl ddwywaith cyn derbyn ac o fewn dim dechreuais yn fy swydd newydd. Anfonais y gwaith a oedd gen i heb ei wneud fel archwiliwr annibynnol i gwmni mawr tebyg yn Abertawe. Arhosais yn y swydd yn Aberaeron am bron i naw mlynedd a gadael pan fu'n rhaid i mi ymddeol oherwydd afiechyd.

Yn ystod fy nghyfnod yn gweithio yn swyddfa clerc yr ynadon yn Aberaeron, symudodd fy ngwraig a minnau i fyw o ardal Caerfyrddin i fro fy mebyd, sef Cwrtnewydd. Roeddwn yn awr yn byw gwta ddwy filltir o gartref fy mam a'm modryb yn y pentref. Er bod y ddwy yn eu hwythdegau hwyr, a heblaw am y ffaith fod cof a golwg fy modryb yn dirywio, roedd y ddwy mewn iechyd gweddol dda. Daeth terfyn sydyn i'r sefyllfa pan gwympodd fy modryb gan dorri pen uchaf ei chlun. Ni chafodd adferiad ar ôl y driniaeth a gafodd yn Ysbyty Glangwili, Caerfyrddin. Gyda'i golwg wedi dirywio roedd hi'n awr yn hollol ddiymadferth. Golygai hyn bod yn ofynnol iddi gael gofal 24 awr y dydd. Wrth lwc, fe'i symudwyd hi i gartref nyrsio Alltymynydd, ger Llanybydder, rhyw bum milltir o'm cartref. Ni allaf roddi canmoliaeth ddigon uchel i'r gweinyddwyr yno ac yn enwedig i Phyllis

(Meinigwynion Bach), a oedd yn adnabod fy modryb. Er ei bod yn wan ac yn ffaeledig, roedd fy modryb o hyd fel pìn mewn papur gyda'i gwallt wedi'i gribo ac yn lân. Ni fyddai'n fy adnabod pan fyddwn yn ymweld â hi, ond roedd fel petai'n synhwyro fy mod yn ei hystafell ac fe fyddai'n gofyn yn ddi-ffael, 'Ti Ken sy 'na?' Ar ôl i mi ei hateb byddai ar bob achlysur yn dweud wrthyf, 'Rho'r tân 'na mas 'te.' Byddai'n ailddweud hyn wrthyf sawl gwaith yn ystod fy ymweliad. Roeddwn yn fwy na hapus â'r gofal roedd hi'n ei gael yng nghartref Alltymynydd ac felly nid oedd rheswm i mi ofidio dim amdani.

Wrth reswm, roedd fy mam yn gofidio ac yn hiraethu am ei chwaer, ac er y byddwn yn rhoi gwybod iddi am ei chyflwr, nid oedd am fyned i'w gweld – tybiaf fod ofn arni. Roedd ei chyflwr a'i hiechyd hithau yn awr i'w gweld yn dirywio a hynny'n gyflym. Nid oedd mwyach yn medru edrych ar ôl ei hun, ond doedd hi ddim am adael yr aelwyd. Serch hynny, fe'i perswadiwyd i ddod i fyw aton ni a hynny am ychydig wythnosau yn unig. Byddai'n gofyn am ei chwaer bob dydd gan ddweud y byddai hi'n medru edrych ar ei hôl. Syllai ar nenfwd yr ystafell am gyfnodau hir, a phan fyddwn yn siarad â hi ni fyddai'n ymateb. Dyna fu'r sefyllfa am dros dri mis ac yn amlwg roedd yn effeithio ar fy ngwraig a minnau. Roeddwn hefyd o'r farn, pe na baem yn newid y sefyllfa, na fyddai fy mam gyda ni'n hir.

Roeddwn yn ymwybodol bod un o'i ffrindiau bore oes yn cael gofal yng nghartref henoed Hafandeg yn Llanbed ac oherwydd hynny gofynnais i Dilys, y rheolwraig, a fyddai modd i fy mam dreulio'r penwythnos yno. Ar ôl trafod hyn gyda fy mam a dweud wrthi bod ei ffrind yno, bodlonodd fynd, ac un dydd Gwener es â hi i'r cartref. Dychwelais y dydd Llun canlynol. Roedd ei gwedd wedi cyfnewid yn llwyr, ac roedd hi'n llawer mwy siaradus. Dywedodd wrthyf ar y ffordd adref y byddai'n hoffi mynd yn ôl i'r cartref eto a'i bod wedi gwneud llawer o ffrindiau yno. Oherwydd y newid a welais ynddi, gofynnais unwaith eto i Dilys a fyddai modd i Mam gael wythnos yn y cartref. Trefnwyd hynny, ac o fewn mis roedd Mam yn ôl yn Hafandeg, Llanbed.

Bu Mam yn organyddes yng nghapel Seion, Cwrtnewydd am flynyddoedd maith ac er bod ganddi biano yn yr ystafell ffrynt prynais organ fechan iddi i'w defnyddio yn y gegin am ei bod yn oer yn y gaeaf yn yr ystafell ffrynt. Roeddwn yn gwybod nad oedd hi wedi defnyddio'r piano na'r organ ers blynyddoedd. Ar ôl deuddydd yn Hafandeg, a minnau ar ymweliad yno, gofynnodd a fyddwn yn medru dod â'r organ fach iddi i'r cartref. Gyda chaniatâd Dilys, digwyddodd hyn ac ar fy ymweliad nesaf roedd fy mam yno yn chwarae'r organ gyda llawer yn canu wrth ei hymyl. Ni ddychwelodd Mam i'n cartref, ac er fy mod ar adegau yn teimlo'n euog fy mod wedi gadael iddi fynd i gartref henoed, roeddwn yn sicr fy mod wedi gwneud y peth iawn. Gyda gofal bendigedig ac yng nghwmni llawer ffrind, rwyf yn siŵr bod Mam wedi cael diwedd oes hapus iawn a bod Hafandeg wedi ymestyn ei hoes hyd at dair blynedd.

Ar 10 Rhagfyr 2002 bu farw fy mam, gyda fy modryb yn marw ddeng niwrnod wedi hynny. Cred rhai, gan mai hi oedd y chwaer hynaf yn 92 oed, ac er bod cyflwr ei hiechyd yn llawer gwaeth nag eiddo fy mam, iddi aros i Mam farw cyn ymuno â hi. Pwy a ŵyr? Oherwydd y gofal dwys a bendigedig a gafodd fy modryb yng nghartref nyrsio Alltymynydd, cyfansoddais benillion yn y Saesneg a'r Gymraeg i gofnodi fy niolch. Maent wedi'u fframio ac yn cael eu harddangos wrth y brif fynedfa yno.

A minnau'n methu bod yn segur, dechreuais unwaith eto wneud gwaith archwiliwr annibynnol, ond y tro hwn yn answyddogol ac yn hollol ddi-dâl. Golygai hynny fy mod yn medru cynghori heb wneud unrhyw sylwadau ar bapur. Roeddwn hefyd yn difyrru fy hun drwy ysgrifennu ambell bennill neu driban, a chyda wyrion wedi'u hychwanegu at y teulu a ninnau'n byw ym mro fy mebyd, roeddwn wrth fy modd.

Un noson ym mis Awst 2000 cefais alwad gan gyn-heddwas

yn gofyn a allai ddod i'm gweld. Dywedodd ei fod yn arfer bod yn rhingyll gyda Heddlu Dyfed-Powys a'i fod wedi'i ddiarddel o'r heddlu oherwydd celwyddau a ddywedwyd amdano. Gan nad oeddwn yn gwybod dim am ei achos, cytunais i'w weld. Y diwrnod canlynol daeth i'm gweld, gyda'i frawd. Roedd golwg drist ofnadwy arno ac erfyniodd arnaf i'w helpu. Rhoddodd i mi ffeil gyfan ynghylch yr achos, ynghyd â'r dystiolaeth a roddwyd yn yr achos, sef digwyddiad mewnol a gynhaliwyd ym mhencadlys yr heddlu yng Nghaerfyrddin.

Er bod y drosedd yr honnwyd iddo'i chyflawni yn un ddifrifol iawn, sylwais ar unwaith nad oedd cyfreithwyr Gwasanaeth Erlyn y Goron yn credu bod y dystiolaeth oedd gan yr heddlu yn ddigonol i brofi'r cyhuddiad yn ei erbyn. Ar ôl ei holi a'i groesholi am dros awr, heb ei ddal yn dweud celwydd, dywedais wrtho y byddwn yn darllen y ffeil y noswaith honno ac y byddwn mewn cysylltiad ag ef y diwrnod canlynol. Cyn mynd, dywedodd wrthyf ei fod wedi cael galwad ffôn rai diwrnodau ynghynt gan gyn-brif uwch swyddog yn heddlu Metropolitan Llundain a'i fod ef wedi darllen y ffeil pan oedd yn gweithio i'r Swyddfa Gartref. Credai fod llawer o gelwyddau wedi eu dweud yn yr achos ac na ddylai'r rhingyll fod wedi ei gael yn euog. Roedd yntau hefyd yn fodlon ei helpu. Y noswaith honno, darllenais y ffeil. Nid oeddwn yn hapus iawn gyda'i chynnwys ac, fel y cyn-swyddog yn heddlu'r Metropolitan, roeddwn innau'n awr yn fodlon ei helpu.

Dyma fraslun o'r digwyddiad. Ym mis Gorffennat 1999 yr oedd y rhingyll ifanc, ynghyd â llawer heddwas arall, ar ddyletswydd yng Ngŵyl Jazz Aberhonddu. Cafodd orchymyn i weithio gyda heddwas o'r Drenewydd, heddwas nad oedd yn ei adnabod yn dda a dyn oedd dipyn hŷn nag ef. Yn ystod y nos, pan oedd wrth ymyl un o'r pebyll, daeth stiward a oedd ar ddyletswydd yno draw ato gan gwyno wrtho bod yr heddwas a oedd gydag ef wedi ymosod arno drwy ei gicio yn ei ben-ôl pan oedd yn gwneud dŵr. Roedd y gic mor nerthol nes iddo fynd ar ei hyd ar lawr. Perswadiodd y rhingyll ef i

beidio â gwneud cwyn swyddogol am y drosedd, gan ddweud
y byddai'n rhoi'r cyngor angenrheidiol i'r heddwas. Cytunodd
y stiward. Ni wnaeth y rhingyll nodyn o'r digwyddiad yn ei
lyfr poced.

Yn ystod y nos daeth dynes a oedd yn byw yn ymyl yr iard lle
roedd y toiledau dros dro wedi'u gosod at y rhingyll gan ofyn
iddo a fyddai cystal ag atal aelodau o'r cyhoedd rhag gwneud
dŵr yn yr iard yn hytrach nag yn y toiledau. Oherwydd ei
addewid i'r wraig, beth amser wedyn aeth y rhingyll ar ei ben
ei hun i'r iard. Yno roedd fan wen wedi'i pharcio gyda'i phen
blaen bron yn cwrdd â'r wal y tu blaen iddi a chyda ochr y
gyrrwr yn agos at wal arall ond yn ddigon pell oddi wrth y
wal i adael lle i'r gyrrwr ddod allan ohoni. (Tybiwn y byddai'r
gofod wrth ochr y fan yn lle delfrydol i wneud dŵr heb i neb
allu gweld pan oedd y toiledau a oedd gerllaw yn gorlifo, fel
yr oeddent o hyd.)

Daeth dynes a'i merch ymlaen at y rhingyll, gyda'r fam yn
erfyn arno i roddi caniatâd i'w merch a oedd, yn ei dyb ef, yn
sâl i fynd y tu draw i'r fan. Ar ôl iddi wneud achos priodol
am gael caniatâd, gadawodd y rhingyll iddi fynd yno. Yn y
cyfamser, gwelodd fod ffrwgwd ym mhen uchaf yr iard ac
aeth i ymchwilio. Roedd yr heddwas a oedd gydag ef yn y
dref ynghynt yn awr mewn ffrwgwd gyda gŵr meddw. Roedd
y rhingyll am ei arestio ond perswadiodd yr heddwas arall ef i
beidio â gwneud hynny. Wrth gerdded yn ôl i ran arall yr iard,
gwelodd y rhingyll fod dwy ferch ifanc yn awr wedi mynd at
ochr y fan i wneud dŵr yno. Gwaeddodd arnynt i fynd oddi
yno. Daeth i'r penderfyniad fod y dyn meddw a oedd mewn
ffrwgwd gyda'r heddwas yn ffrind i un ohonynt ac efallai'n
gariad iddi.

Rhyw hanner awr yn ddiweddarach, a'r ddwy ferch bellach
yn bwyta sglodion yn ymyl pont y dref, a'r ffrind meddw yn
mynd o un heddwas i'r llall yn ceisio chwilio, mae'n debyg,
am yr heddwas a fu mewn ffrwgwd ag ef yn gynharach yn yr
iard, dywedodd un o'r merched wrth y llall fod yr heddwas
a safai gerllaw wedi cyffwrdd â hi pan oedd yn gwneud dŵr

yn ymyl y fan. Dywedodd ei chŵyn wrth blismones a safai gerllaw ond ni wnaeth honno fawr o sylw ohoni. Aeth at heddwas arall ac o fewn munudau cafodd yr heddwas yr oedd hi'n honni iddo ei chyffwrdd ei arestio. Roedd yn ddyn cryf o gorffolaeth fawr a thros ei chwe throedfedd.

Yn ystod yr oriau canlynol, profodd yr heddwas nad oedd wedi bod yn yr iard dan sylw, ac oherwydd hyn cafodd ei ryddhau. Dywedodd y ferch hefyd fod yr heddwas a wnaeth ei chyffwrdd yn yr iard wedi dweud wrthynt am fod yn glou oherwydd bod ei feistr yn dod. Er mwyn cadarnhau hyn, roedd wedi pwyntio at arolygydd a safai gerllaw gan ddynodi mai ef oedd y meistr. Ni fu'r arolygydd yma'n agos at yr iard felly roedd ei chyhuddiadau hyd yma yn hollol anghywir. Daeth y rhingyll yn ymwybodol o hyn oll pan oedd ar y ffordd adref ar fws yr heddlu. Dywedodd un o'r teithwyr a oedd yno fod y ferch wedi dweud celwydd a bod y cyfan drosodd.

Y diwrnod canlynol roedd y rhingyll, ynghyd â'r heddwas a fu yn ei gwmni y noswaith cynt, ar ddyletswydd unwaith eto yn Aberhonddu. Gofynnwyd i bawb a oedd yno ac a oedd wedi bod ar ddyletswydd yn yr iard y noswaith cynt ddweud hynny. Dywedodd y rhingyll wrth yr heddwas arall y byddai'n rhaid iddo ddweud eu bod hwy ill dau wedi bod yno. Dywedodd yr heddwas wrtho iddo roi cic i'r dyn meddw yn yr iard ac os byddai ef, y rhingyll, yn dweud eu bod nhw wedi bod yno yna fe fyddai ef yn dweud ei fod wedi clywed sgrech yn dod o gyfeiriad y fan lle roedd y ddwy ferch yn gwneud dŵr. (Roedd hi'n amlwg bod yr heddwas wedi clywed, yn y bws efallai, fod yr achos yn ymwneud â'r ferch drosodd a bod yna bosibilrwydd bod y meddwyn wedi gwneud cwyn yn ei erbyn am iddo'i gicio.) Ni chymerodd y rhingyll sylw o'i fygythiad ac fe ddywedodd wrth yr arolygydd ei fod ef a'r heddwas wedi bod yn yr iard.

Cafodd yr heddwas ei gyfweld yn gyntaf, ac fel y gwnaeth fygwth gwneud, dywedodd ei fod wedi clywed sgrech yn dod o gyfeiriad y fan pan oedd y ddwy ferch yno yn gwneud dŵr. Cafodd y rhingyll ei gyfweld, ac er iddo wadu popeth a dweud bod yr heddwas wedi dweud celwydd amdano, ni thalwyd sylw iddo. Dywedodd hefyd fod yr heddwas wedi cyfaddef wrtho ei fod wedi rhoddi cic i'r meddwyn, sef ffrind un o'r merched, ac mai dyna pam yr oedd yn dweud am y sgrech. Unwaith eto, ni thalwyd sylw i'w ddatganiad ac fe'i harestiwyd. (Rhaid cofio bod yr heddwas a gafodd ei adnabod gan y ferch y noswaith cynt fel yr un a gyffyrddodd â hi yn ddyn mawr o gorffolaeth a thros chwe throedfedd o daldra. Dyn o gorffolaeth fach oedd y rhingyll, a dim mwy na phum troedfedd naw modfedd o daldra – dau ddyn o faint cwbwl wahanol i'w gilydd.)

Yr oedd y sôn am y sgrech yn ddigon i ddechrau adeiladu achos yn erbyn y rhingyll. Pan ofynnwyd, yn y gwrandawiad dilynol, i'r ferch a wnaeth y cyhuddiad a oedd hi wedi sgrechian, atebodd nad oedd. Golygai hynny bod cyhuddiad yr heddwas yn gelwydd ac, yn fwy na thebyg, pe na byddai wedi dweud y celwydd yma ni fyddai'r rhingyll wedi cael ei arestio. Gwnaeth yr heddwas ddatganiad arall gan ddweud ei bod yn wybodaeth gyffredinol ymhlith yr heddlu bod y rhingyll yn hoff o wylio menywod yn gwneud dŵr a'i fod yn mynd i lawr lonydd tawel y dref er mwyn eu gweld yn gwneud hynny. Dywedodd hefyd fod y rhingyll wedi dweud wrtho am yr hoffter hwn. Cymerwyd datganiadau gan heddweision a oedd yn gweithio gyda'r rhingyll yn y dref ond ni chadarnhaodd yr un ohonynt eu bod yn gwybod am y cyhuddiad a wnaethpwyd gan yr heddwas yn erbyn y rhingyll.

Oherwydd fy mhryder am y celwyddau a oedd, yn fy marn i, wedi'u dweud gan yr heddwas yma, cysylltais â'r cyn-uwch swyddog o heddlu Llundain a oedd wedi bod mewn cysylltiad â'r rhingyll. Roedd yntau o'r un farn â mi nad oedd y rhingyll wedi cael unrhyw fath o gyfiawnder yn yr achos.

Penderfynais wneud ymholiadau ynglŷn â'r achos. Er mwyn cadarnhau fy marn bod y rhingyll yn dweud y gwir, siaradais â'r stiward a oedd wedi cael ei gicio gan yr heddwas a oedd yng nghwmni'r rhingyll ar noson y digwyddiad. Cadarnhaodd ei fod wedi cael ei gicio yn ymyl un o bebyll yr ŵyl a'i fod wedi gwneud cwyn am hyn wrth y rhingyll. Nid oedd neb wedi'i gyfweld ynglŷn â hyn ac nid oedd neb ychwaith wedi gofyn iddo am ddatganiad yn ymwneud â'r digwyddiad. Golygai hyn nad oedd y swyddogion a oedd yn ymchwilio i'r achos am gael unrhyw gŵyn yn erbyn yr heddwas, dyn a oedd yn un o brif dystion yr erlyniad. Gwnaeth y stiward ddatganiad yn cwyno am yr ymosodiad, a'i arwyddo.

Pan ddarganfyddais pwy oedd yr uwch swyddog a oedd yn gyfrifol am yr achos, nid oedd yr anghysondebau difrifol yn yr achos yn ddim syndod i mi. Roeddwn yn gwybod am ei waith a hefyd am ei wendidau a'i arferion amheus. Darganfyddais ei fod wedi gweithio gyda'r heddwas, sef prif dyst yr achos, a bod y ddau wedi bod yn ffrindiau. Darganfyddais hefyd ei fod yn ffrindiau gydag un o benaethiaid yr heddlu, yr un a oedd yn gadeirydd yr achos yn erbyn y rhingyll. Yr oedd hefyd yn ffrindiau gyda'r rhingyll benywaidd a oedd yn edrych ar ôl y ferch a wnaeth y cyhuddiad.

Tybiaf, oherwydd anghysondeb y ferch pan fu'n cyhuddo swyddogion o fod yn yr iard pan na fuont yn agos i'r lle, na allai'r uwch swyddog gymryd y siawns o adael iddi ddewis y swyddog roedd yn honni iddo gyffwrdd ynddi mewn llinell adnabod. Er tegwch i'r rhingyll, dylai hyn fod wedi digwydd. Cafodd y merched hefyd ymweld â'r iard cyn iddynt wneud eu datganiadau – peth hollol anarferol i'w wneud. Pam? Roedd yr ymchwiliad yn un cwbl unochrog ac yn un nad oedd am ddarganfod y gwir.

Fel y soniais, cynhaliwyd gwrandawiad yr achos ym mhencadlys yr heddlu yng Nghaerfyrddin, gyda'r pennaeth yn gadeirydd. Yn ei gynorthwyo roedd dau uwch swyddog a oedd hefyd yn gweithio yn y pencadlys ac felly yn yr un adeilad â'r uwch swyddog a oedd yn gyfrifol am ymchwilio i'r cyhuddiad yn erbyn y rhingyll. Gan gofio bod y gŵyn yn ei erbyn yn gŵyn ddifrifol iawn, ac er tegwch iddo, ni ddylai'r un o'r tri fod yn ymwneud â'r gwrandawiad o gwbwl. Dylai panel hollol annibynnol fod yn gwrando ar y dystiolaeth. Ond nid felly y bu.

Rhaid cofio bod y rhingyll wedi dweud wrth y swyddogion

a oedd yn ei holi bod yr heddwas a ddywedodd ei fod wedi clywed y sgrech wedi dweud wrtho ei fod wedi cicio ffrind meddw un o'r merched. Gwadodd yr heddwas y cyhuddiad hwn, ond pan glywodd yr erlyniad fod bargyfreithiwr y rhingyll am alw'r dyn hwnnw fel tyst, newidiodd yr heddwas ei feddwl gan gyfaddef ei fod wedi rhoddi ei droed ar benôl y meddwyn ac wedi rhoi gwthiad ysgafn iddo. Er syndod, roedd y cyfaddefiad hwn yn ddigon i fargyfreithiwr y rhingyll beidio â'i alw'n dyst. Roeddwn hefyd yn synnu nad oedd yr heddwas a gafodd ei arestio yn y lle cyntaf wedi cael ei alw'n dyst. Yn yr un modd, ni chafodd y stiward a gafodd ei gicio gan yr heddwas ei alw ychwaith – tri thyst y tybiwn i ei bod yn angenrheidiol eu galw er mwyn dangos yr anghysondeb yn nhystiolaeth y ferch a hefyd yr heddwas.

Wrth gael ei chroesholi, dywedodd ffrind y ferch a wnaeth y gŵyn mai hi (y ffrind) oedd ar yr ochr allan pan oedd y ddwy yn gwneud dŵr yn y lle cyfyng yn ochr y fan. Roedd y ferch ar yr ochr fewnol iddi. Dywedodd nad oedd yn credu i neb ei phasio. Os dyna'r sefyllfa, roedd hi'n ddadleuol a oedd lle i unrhyw un ei phasio. Beth oedd y pellter rhwng ochr y fan a'r wal? A oedd lle i ddau berson fod yno ochr yn ochr? Ac os nad oedd yno le, sut yn y byd mawr roedd y rhingyll wedi'i phasio? Y cwestiwn arall oedd yn fy mhoeni ynglŷn â chŵyn y ferch oedd hwn – hyd yn oed os oedd lle i basio, paham na wnaeth y rhingyll gyffwrdd â'r ffrind yn hytrach na'i phasio hi er mwyn cyffwrdd â'r gwynwraig a oedd yr ochr arall iddi?

Os oedd cwyn y ferch yn un ddilys, pam na fyddai wedi dweud wrth yr heddwas yn yr iard yn syth ar ôl i'r peth ddigwydd? Hefyd, pam aros am ryw hanner awr cyn sôn am y drosedd wrth ei ffrind? Credwn fod yr holl beth yn anghredadwy.

Gofynnwyd i'r heddwas enwi un heddwas a oedd yn gwybod bod y rhingyll dan sylw yn hoffi gwylio merched yn gwneud dŵr, fel yr oedd wedi dweud yn un o'i ddatganiadau. Methodd, gan ddweud ei fod wedi anghofio. (Rhaid cwestiynu pam na wnaeth y cyhuddiad yma yn ei ddatganiad gwreiddiol.

Rhaid gofyn hefyd a oedd rhywun wedi dweud wrtho wneud y cyhuddiad yma yn erbyn y rhingyll er mwyn cryfhau'r achos yn ei erbyn.)

Oherwydd fy syndod bod rhai tystion pwysig a allai fod wedi cefnogi achos y rhingyll heb gael eu galw i roi tystiolaeth yn y gwrandawiad, gofynnais am gael gweld ei fargyfreithiwr yn ei swyddfa. Felly y bu. Dywedodd wrthyf ei fod yn fwy na ffyddiog y byddai'r rhingyll yn cael ei ddyfarnu'n ddieuog yn y gwrandawiad, a hynny heb eu galw. Yn amlwg, ni ddigwyddodd hyn. Efallai ei fod yn delio â'r achos fel petai'n cael ei gynnal mewn llys barn ac o flaen barnwr, ond nid llys barn oedd hwn ond, yn hytrach, gwrandawiad mewnol lle roedd ymchwiliadau'n dangos bod llawer un pwysig iawn oedd yn ymwneud â'r achos yn ffrindiau â'i gilydd.

Yn union ar ôl y gwrandawiad, gwnaeth y rhingyll ddatganiad, drwy ei gyfreithiwr, yn dweud ei fod am apelio yn erbyn y dyfarniad. Cafodd y cyfreithiwr ateb oddi wrth Terence Grange, a oedd yn awr yn brif gwnstabl, yn rhybuddio'r rhingyll y gallai apêl aflwyddiannus gostio oddeutu £15,000 iddo. Gan nad oedd ganddo'r arian, ac wedi gweld beth a ddigwyddodd yn ei achos gwreiddiol, cymerodd y rhingyll sylw o eiriau Grange ac nid apeliodd. Yn fy marn i, nid oedd Grange am iddo apelio yn erbyn y dyfarniad a dyma oedd y rheswm iddo'i rybuddio am yr arian y gallai ei golli. Ar y pryd roedd y rhingyll yn isel iawn ei ysbryd, newydd gael ei ddyfarnu'n euog o drosedd nad oedd wedi'i chyflawni, yn cael ci daflu o'i gartref, sef tŷ heddlu yr oedd ef a'i wraig a'u tri o blant ifanc yn byw ynddo, a hefyd wedi colli ei swydd fel heddwas ac felly wedi colli ei bensiwn hefyd.

Po fwyaf roeddwn yn treiddio i mewn i'r achos, y mwyaf roeddwn yn credu nad oedd yr ymchwiliad i gŵyn y ferch yn un i ddarganfod y gwir ond, yn hytrach, yn ymchwiliad i adeiladu achos cryf yn erbyn y rhingyll heb unrhyw ots am y celwyddau a ddywedwyd amdano. Yr unig reswm y gallwn i feddwl pam y gwnaed hynny oedd bod yr uwch swyddog a oedd yn gyfrifol am yr achos am 'wneud enw' iddo'i hun.

Ysgrifennais at bawb y credwn y gallent roi pwysau ar y prif gwnstabl i gynnal ymchwiliad neu i ailgynnal yr achos, ond yn gwbwl aflwyddiannus. Cysylltais â'r Ysgrifennydd Cartref ar y pryd, hyd yn oed, gyda'r un cais, ond ofer fu'r ymdrech honno hefyd. Roedd yn amlwg nad oedd neb am wybod am yr anghyfiawnder a ddigwyddodd yn achos y rhingyll. Er hyn i gyd, nid oeddwn am roi'r gorau i'm hymdrech ac mi wnes gŵyn swyddogol i'r Prif Gwnstabl Grange fod yr heddwas, sef y prif dyst yn achos y rhingyll heblaw am y ferch, wedi dweud celwydd ar lw ac y gallwn brofi hynny. Golygai hyn y byddai'n rhaid iddo ailagor yr achos. Yn amlwg, nid oedd am wneud hynny a chefais ateb ganddo yn dweud wrthyf bod yn rhaid i mi ystyried bod achos y rhingyll wedi'i gau. Roedd hi fel petai pob drws wedi'i gau yn awr ac nid oedd unrhyw fodd cael ail wrandawiad i'r achos heblaw efallai am wneud cais i'r Uchel Lys am hynny. Erbyn hyn, y mae'r rhingyll mewn cysylltiad gydag un o fargyfreithwyr gorau'r wlad. Edrychaf ymlaen yn hyderus am ei benderfyniad gan obeithio rhyw ddiwrnod y daw'r gwir i'r fei.

**

Rwyf bellach yn byw ym mhentref Llanwnnen, rhyw ganllath o'r tŷ yr oeddwn am ei brynu pan oeddwn yn arolygydd Llanbed chwarter canrif yn ôl. Rwyf i a'm gwraig ers hanner can mlynedd yn gwirioneddol werthfawrogi ein cymdogion Cymraeg eu hiaith. Rwyf hefyd yn awr yn dad-cu i saith o wyrion ac yn fodlon fy myd, yn aelod o Gôr Cwmann a'r Cylch ac yn gadeirydd y côr. Rwyf hefyd yn aelod o Glwb Bowlio Llanbed, er nad wyf yn dangos llawer o ddawn.

Rwyf wedi maddau i bob un a dorrodd eu haddewidion i mi yn ystod fy ngyrfa, ac er bod hyn yn anodd, rwyf hefyd wedi maddau i'r prif uwch arolygydd a wnaeth fy mywyd yn hunllef yn ystod y chwedegau. Rwy'n ddiolchgar fy mod wedi gallu cyrraedd swydd prif arolygydd. Gwn fod llawer i heddwas cystal â mi heb gyrraedd rheng isaf yr ysgol a hynny am nad oeddent yn y lle iawn ar yr adeg iawn a hefyd am nad oedd yr un uwch swyddog yn fodlon eu cefnogi.

Dros y blynyddoedd diwethaf mae llawer un wedi gofyn fy marn ynghylch pa newidiadau y byddwn yn hoffi eu gweld yn yr heddlu heddiw. A minnau wedi ymddeol o'r heddlu ers dros chwarter canrif bellach, teimlaf na fyddai'n deg i mi feirniadu gwaith nac ychwaith ymddygiad yr heddlu heddiw. Nid wyf, mewn gwirionedd, mewn sefyllfa i feirniadu na rhoddi fy marn am waith nac ychwaith unrhyw beth arall sy'n ymwneud â'r heddlu heddiw. Teimlaf fod y cwestiynau hyn yn deillio o'r ffaith nad oes neb yn gweld heddwas yn cerdded y stryd heddiw fel oedd yn arferol yn ystod fy nyddiau i. Ond er diddordeb, dyma sut yr hoffwn weld yr heddlu'n gweithio heddiw a'm barn ynghylch ymhle y byddwn yn gwneud y toriadau sy'n hanfodol:

1. Y person pwysicaf yn yr heddlu yw'r cwnstabl mewn iwnifform, felly gyda'r holl doriadau ar y gweill dyma'r swyddi olaf y byddwn yn eu cwtogi.

2. Hoffwn weld pob cwnstabl yn byw yn yr ardal y mae ganddo gyfrifoldeb amdani. Nid wyf yn credu bod gan gwnstabl nac ychwaith unrhyw heddwas arall o unrhyw radd yr un diddordeb nac ychwaith yr un gofal am ardal sydd y tu allan i'w gynefin. Credaf ei bod yn hanfodol i holl breswylwyr ardal adnabod eu heddwas lleol. Un ffordd o wneud hynny yw drwy gerdded a siarad gyda phobol. Credaf nad oes unrhyw esgus i hyn beidio â digwydd. Dyma un ffordd o atal troseddau a'r ffordd orau o gasglu gwybodaeth.

3. Credaf mai gwastraff gweithlu yw cael dau heddwas mewn modur heddlu yn ystod oriau'r dydd. Gyda ffonau symudol ym meddiant pob heddwas heddiw, hawdd fyddai galw am gymorth pe byddai angen.

4. Mae plismona pob ardal yn hollol wahanol. Cefais brofiad o hyn pan oeddwn yn plismona Llanelli a Chaerfyrddin, dwy dref o fewn 20 milltir i'w gilydd ond gyda brodorion y ddwy dref yn hollol wahanol. Roedd gen i deimlad bod brodorion tref Llanelli yn agosach o lawer ataf ac y medrwn fynd atynt

yn llawer haws na brodorion tref Caerfyrddin. Efallai mai'r rheswm am hynny oedd mai tref ddosbarth gweithiol oedd Llanelli, gyda brodorion Caerfyrddin, efallai, yn perthyn i ddosbarth ychydig yn uwch. Mae felly bron yn amhosib plismona pob ardal yn yr un modd. Rhaid yw addasu. Dyma lle daw crefft plismona i'r amlwg – crefft na all fyth gael ei dysgu, dim ond trwy brofiad a llond pen o synnwyr cyffredin. Ni all yr un cwrs mewn unrhyw goleg ei dysgu i'r disgyblion. O'r herwydd, credaf na ddylai unrhyw gwnstabl gael ei benodi'n rhingyll nes bod ganddo o leiaf bum mlynedd o brofiad gwaith – gwaith sy'n ymwneud â delio â'r cyhoedd. Yn yr un modd, credaf na ddylai unrhyw ringyll gael ei benodi'n arolygydd cyn iddo gael profiad gwaith rhingyll, a hynny eto'n ymwneud â delio â'r cyhoedd am o leiaf ddwy flynedd. Credaf yn gryf na ddylai unrhyw un a chanddo radd coleg neu brifysgol gael mantais dros rywun na chafodd y fath addysg. Dim ond ysgol brofiad all ddysgu'r grefft o blismona i rywun.

5. Y PCSO: nid oes gen i lawer o gewc am y gweithlu yma, yn enwedig yn ein hardal ni. Efallai fod y swydd yn gweithio'n well yn y trefi mawrion pan maent yn gweithio yng nghwmni heddweision. Nid oes ganddynt fwy o awdurdod nag unrhyw unigolyn arall ac felly, os daw un ohonynt ar draws digwyddiad amheus, rhaid iddo alw am gymorth heddwas i ddelio ag ef. Gellid dweud felly eu bod fel cŵn heb ddannedd. Yn fy marn i, byddai'n well o lawer defnyddio arian cyflog y PCSO i gyflogi plismyn newydd yn lle'r rhai sydd yn ymddeol.

6. Yr oll sydd gen i i'w ddweud am uwch swyddi'r heddlu, o'm profiad i, yw nad oes eisiau llawer ohonynt. Credaf nad oes angen yr un swydd yn uwch na'r uwch arolygydd, sef yr uchaf o swyddi'r heddlu yng Nghaerfyrddin a Cheredigion, heblaw am un prif uwch arolygydd a oedd hefyd yn ddirprwy brif gwnstabl, cyn yr uniad. Nid yw'r unedau na'r rhanbarthau wedi newid ers hynny – pam felly bod eisiau yr holl ddyrchafiadau pan unwyd y tri heddlu?

7. Mewn amser o gyfyngu, rhaid dweud fy mod yn dal i gredu mai gwastraff arian oedd i Mr White brynu'r

hofrennydd. Ni allaf feddwl am unrhyw achlysur pan fu ei bresenoldeb yn llwyddiant i'r achos. Credaf nad oedd digon o waith iddo o fewn Heddlu Dyfed-Powys i gyfiawnhau'r gost o'i gadw, a deallaf nad yw'r hofrennydd ganddynt mwyach. Moethusrwydd drud ydoedd. Wedi dweud hyn, ac wrth roddi fy hun yn sefyllfa Raymond White ar y pryd, efallai y byddwn innau, yn hytrach na cholli swm sylweddol o arian a oedd yn ddyledus i Heddlu Dyfed-Powys, wedi prynu hofrennydd, heb ystyried a oedd ei angen na beth fyddai ei gost yn y dyfodol. Os bydd byth eisiau gwasanaeth hofrennydd yn yr ardal yna rwy'n siŵr y bydd yn hawdd llogi yr un sydd gan Heddlu Gwent a Heddlu De Cymru – y ddau'n gyd-berchenogion ar yr un hofrennydd.

Er bod yr uchod yn dangos fy marn a hefyd rai o'm syniadau, rhaid i mi unwaith eto bwysleisio fy mod yn anghyfarwydd â nifer o faterion yn ymwneud â gwaith yr heddlu erbyn heddiw. Er hynny, a chyda'r ychydig wybodaeth sydd yn fy meddiant, rwyf yn sicr na fyddwn am ailymuno â'r gwasanaeth yn ei gyflwr presennol. Roedd yn bleser bod yn aelod o heddlu Caerfyrddin a Cheredigion pan oedd pob heddwas yno'n Gymro Cymraeg. Yn yr un modd, roedd hefyd yn bleser bod yn rhingyll yng Nghaerfyrddin a Rhydaman ac yn arolygydd Llanbed, ond nid felly yn y pencadlys, lle roedd llawer uwch swyddog o Loegr wedi cael eu penodi i fod yn gyfrifol am yr adrannau hynny. Yn fy marn i, nid oedd llawer ohonynt yn deall ein ffordd ni o blismona a rhoddent yr argraff eu bod yn well na ni'r Cymry, ac uwchlaw ni.

Soniais yn gynharach am fy ngwrthwynebiad i heddweision fod yn aelodau o fudiad y Seiri Rhyddion. Y mae fy ngwrthwynebiad yr un mor bendant heddiw ag ydoedd bryd hynny. Ni ddylai aelodau'r heddlu fod yn aelod o unrhyw fudiad a allai amharu ar eu diffuantrwydd yn eu gwaith.

Cychwynnais y gyfrol hon gyda phenillion fy nhad-cu ac rwyf am ei gorffen gyda phenillion a gyfansoddais ar fy ymadawiad â'r heddlu ar ddechrau'r flwyddyn 1990:

Ar Gof
Fel heddwas bûm yn gweithio
Mewn cyfnod heb ei ail
Llanelli a Rhydaman
Dwy dref doedd gwell i'w cael.

Glan Fferi, tref Caerfyrddin
Ar lannau'r Tywi lân
Cymraeg oedd iaith bron pob un
Mewn ymgom ac mewn cân.

Hon oedd yr iaith siaradwyd
I sgwrsio ar y stryd
A'i medru rhaid pob heddwas
Oedd yma ar y pryd.

Nid felly y mae heddiw.
Nid pwysig mwy mo hi.
Saesneg iaith yr heddlu nawr
Ac hefyd llawer tŷ.

A beth am fro fy mebyd
Drefach a phentre'r Cwm
Cwrtnewydd lle fy magwyd
Gorsgoch a'i waundir llwm?

Pentrefi gwledig Cymru
Ardaloedd cân a chwrdd
Cymraeg oedd iaith pob aelwyd
Cyn imi fynd i ffwrdd.

Roedd siopau ym mhob pentref
Ynghyd â swyddfeydd post.
Heddwas oedd 'na yn Drefach
Nid ots beth oedd y gost.

Yr oedd dwy felin yma
A gweithdai llawer crydd
Dwy efail gof, teilwriaid lu
Capeli at bob ffydd.

Ond ers i mi ymadael
Dieithriaid yma ddaeth
Heb roddi parch i'm hardal
Nac i draddodiad chwaith.

Os agor yw'r capeli
Ar gau pob Ysgol Sul
Prinhau y mae'r aelodau
Sy'n teithio'r 'llwybr cul'.

Yn aml y cwestiynaf
Pa gyflwr y bydd hi?
A fydd 'na Gymry yma
Ar ôl fy nyddiau i?

Does heddiw siop na theiliwr,
Dim heddwas, crydd na gof
Dim swyddfa bost na melin
Dim byd. Dim ond eu cof.

y Faciwî

O Blits Lerpwl i Dalgarreg

Barbara Davies

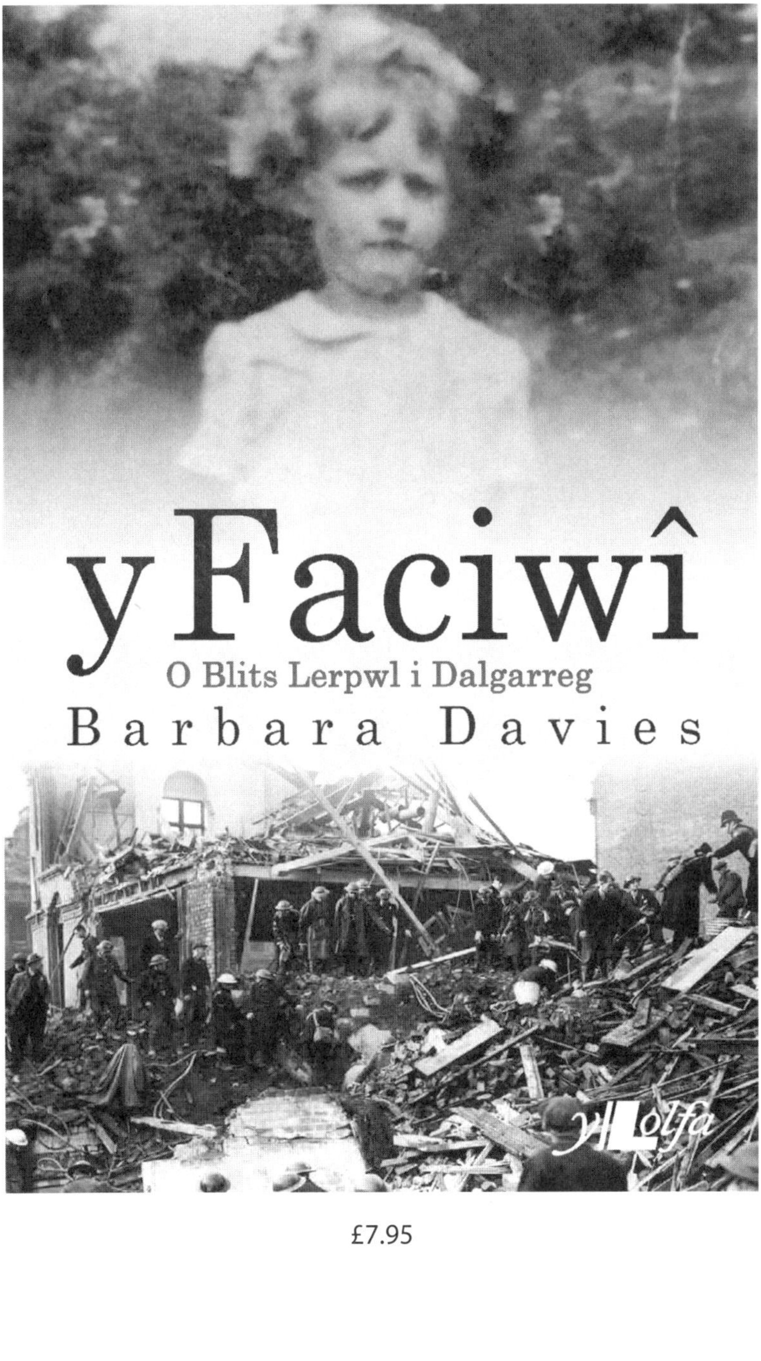

£7.95

yr Lolfa

hanes
hen
Feddyg

Dr E Tudor Jones

£9.95

HUNANGOFIANT MEDDYG

Anodd Credu

Joshua
Gerwyn
ELIAS

y Lolfa

£8.95

O Lwyfan i Lwyfan

Hunangofiant

Peter Hughes Griffiths

y Lolfa

£9.95

CYFRES  TI'N JOCAN

hiwmor
Y CARDI

Emyr Llywelyn

£4.95

CYFRES  TI'N JOCAN

hiwmor
GARNON

Garnon Davies
Golygydd: Emyr Llywelyn

£4.95

Am restr gyflawn o lyfrau'r Lolfa, mynnwch
gopi am ddim o'n catalog
neu hwyliwch i mewn i'n gwefan

www.ylolfa.com

lle gallwch archebu llyfrau ar-lein.

TALYBONT CEREDIGION CYMRU SY24 5HE
ebost ylolfa@ylolfa.com
gwefan www.ylolfa.com
ffôn 01970 832 304
ffacs 832 782